prometeo
libros

"¡Y al final un día volvimos!"
Los usos de la memoria en el discurso kirchnerista
(2003-2007)

Ana Soledad Montero

"¡Y AL FINAL UN DÍA VOLVIMOS!"

Los usos de la memoria
en el discurso kirchnerista
(2003-2007)

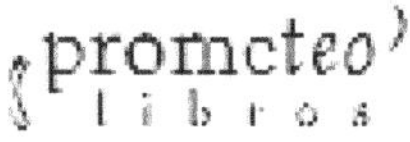

Tabla de contenidos

Ana Soledad Montero

Agradecimientos

Este libro tiene su origen en la Tesis de Doctorado que defendí en el año 2011 en la Facultad de Filosofía y Letras de la Universidad de Buenos Aires. Tarea dificultosa y solitaria, la escritura de una tesis requiere del apoyo y la colaboración de muchos.

Agradezco en primer lugar a mi directora de tesis, la Dra. María Marta García Negroni, porque sin yo siquiera haber terminado mi Licenciatura en Sociología, me apasionó con sus clases y me sembró interrogantes sobre el mundo del discurso, hasta entonces virgen para mí. En nuestros años de trabajo conjunto, María Marta confió en mí y me ofreció, desinteresada y generosamente, sus ideas, su acompañamiento, sus libros y su incansable capacidad de trabajo para la concepción, escritura y corrección de la tesis.

Deseo agradecer también a mi co-director, Luis Alberto Quevedo, que me orientó en el terreno de la teoría política y me mostró miradas, textos y debates que atraviesan mi trabajo de manera constitutiva.

A la Universidad de Buenos Aires, que me motivó a viajar miles de kilómetros desde el sur remoto para regalarme, en las aulas desvencijadas de Marcelo T. y Puán, mis más sublimes momentos intelectuales. Al Consejo Nacional de Investigaciones Científicas y Técnicas, que me brindó apoyo institucional y económico para realizar la investigación mediante dos becas doctorales, y a los organismos que me otorgaron subsidios para realizar viajes y estadías en el extranjero.

No quiero dejar de expresar mi gratitud a los docentes de grado y posgrado que, quizás sin saberlo, me han formado, inspirado y motivado durante todos estos años. Las clases e intercambios con Emilio de Ipola, Gerardo Aboy Carlés, María Elena Qués, Mónica Zoppi Fontana, Marina Franco y Paula Canelo fueron decisivos en distintos momentos de mi investigación.

Debo reconocer asimismo al honorable jurado que evaluó mi tesis por sus valiosas e inteligentes sugerencias, que espero vean reflejadas en esta versión. Y a los editores de Prometeo, por haber aceptado publicar mi trabajo sin condicionamientos.

Agradezco también a mis compañeros de Doctorado y a mis colegas en la cátedra Sociología Política y en el Instituto de Lingüística, con quienes comparto cotidianamente las alegrías y también las inquietudes más acuciantes del mundo académico: Manuel Libenson, María Laura Spoturno, Carolina Tosi, Daniela Lauría, Mara Glozman, Juan Bonnin, Mariana Cerviño y Lucía Vincent enriquecieron mi trabajo con discusiones, lecturas, correcciones y comentarios.

En el plano personal, agradezco a Julieta, mi hermana, porque entiende perfectamente la complejidad y la simplicidad del amor cotidiano. A Raúl, por su silencio reparador. A mi mamá Sandra, por los jacarandás y el Quijote -es decir, por el Sentido.

Mi mayor reconocimiento es para Toño, mi amor desde hace más de quince años, por lo que sabe, por lo que ve. Por la calidad, la intensidad y la persistencia de su abrazo.

Finalmente, dedico este libro a nuestro hijo Felipe, un tigrecito tenaz y risueño, porque mi ávido deseo de conocerlo y de disfrutarlo me dio impulso para terminar estas páginas.

Ningún sistema político puede durar, aunque sólo sea por una generación, solamente con la técnica de conservación del poder. A lo "político" le es inherente una idea, dado que no hay política sin autoridad, y tampoco hay autoridad sin un *ethos* de la convicción.

Carl Schmitt

Introducción

Néstor Kirchner asumió la presidencia argentina el 25 de mayo del año 2003 con sólo un 22% de votos, en un país sumido en una profunda crisis económica, política, social e institucional. Desde los inicios de su gestión, Kirchner introdujo importantes novedades en la política argentina. Como es sabido, su gobierno estuvo signado por un doble proceso de mejoramiento de los índices económicos[1] y de recuperación del rol de la autoridad política –desdibujada y deslegitimada tras los sucesos de la crisis de 2001– mediante el despliegue de un "estilo" político que buscó, desde el inicio, marcar la autonomía y la fortaleza presidenciales así como establecer una distinción tajante respecto de los mandatarios precedentes. De allí que el período kirchnerista haya sido caracterizado, desde distintos ámbitos, como fuertemente transformador.

En particular, la memoria del pasado reciente y la revalorización de los derechos humanos son hitos que signaron el mandato de Néstor Kirchner y tuvieron una gran centralidad durante sus casi cinco años de gobierno. En efecto, en ese período se impulsaron múltiples leyes y políticas públicas orientadas a reinstalar el debate sobre los derechos humanos en la Argentina y al mismo tiempo a proponer un nuevo relato "oficial" capaz de (re)elaborar y "resolver", de algún modo, el pasado traumático de la última dictadura militar. La creación de Museos de la Memoria en el ex predio de la Escuela de Mecánica de la Armada y en el de La Perla (2007), con notables ges-

---

[1] Al respecto, se destaca el significativo aumento del crecimiento económico (el promedio de crecimiento del PIB desde mayo de 2003 hasta fines del 2007 es del 8,85%) y el notable descenso de los índices de desempleo, pobreza e indigencia (Bonvecchi y Giraudy, 2008).

tos simbólicos como el descuelgue de cuadros de antiguos dictado-res; la declaración de nulidad[2] e inconstitucionalidad[3] de las leyes de Obediencia Debida y Punto Final y la reapertura de los juicios y pro-cesos a acusados de delitos de lesa humanidad son sin duda algunas de las acciones más destacadas y significativas.

De modo que el pasado reciente argentino –un pasado inconclu-so, inacabado, políticamente vigente, "abierto a las pasiones y a las luchas simbólicas (y no tan simbólicas) de diversos actores que pug-nan por capturar y edificar sus sentidos", que "aún barniza u opaca el poder de diversos grupos y que, asimismo, se proyecta de modo intenso en la creación de identidades tanto individuales y colecti-vas"[4] – ha ocupado un rol preponderante tanto en la gestión como en el discurso kirchneristas.

Sin embargo, desde nuestro punto de vista, el impacto de esta evo-cación/reelaboración de la memoria reciente tiene un alcance aún mayor: en efecto, uno de los rasgos más novedosos y distintivos del discurso kirchnerista consiste en haber recuperado un imaginario político nunca antes reivindicado desde la posición de enunciación presidencial: se trata de la "memoria militante setentista", esto es, de

---

[2] El 21 de agosto de 2003 se trató en el Congreso el proyecto de nulidad de las leyes de Obediencia Debida y Punto Final (ley 25.779), propuesto por la diputada P. Walsh (Izquierda Unida), que habilitaría el juzgamiento de mili-tares en la Argentina y no en el exterior. El 2 de septiembre el Presidente pro-mulgó la ley y entregó a los organismos de derechos humanos una copia del decreto, que se implementó a partir de ese día.

[3] El 14 de junio de 2005 la Corte Suprema de Justicia declaró la invalidez e inconstitucionalidad de las leyes de Obediencia Debida y Punto Final, habili-tando definitivamente el reinicio de las causas judiciales por crímenes de la dictadura. El Alto Tribunal sostuvo que las leyes son contrarias a normas inter-nacionales que hoy tienen jerarquía constitucional y tuvo en cuenta los linea-mientos fijados por la Corte Interamericana de Derechos Humanos. Se sostuvo que las leyes de impunidad fueron sancionadas luego de que Argentina ratifi-cara la Convención Americana sobre Derechos Humanos y otros tratados, lo que resultaba violatorio de las obligaciones internacionales. Asimismo, se esta-bleció que la desaparición forzada de personas es un crimen contra la huma-nidad y como tal imprescriptible e inamnistiable. Se abrió así la posibilidad de sanción penal a los responsables de desapariciones forzadas y torturas y el rei-nicio de las causas tal como habían quedado en los '80 (CELS, 2005).

[4] Levin, 2008: 1.

un "espíritu de época" que remite a los jóvenes militantes de los años setenta, con sus modos de imaginar y representarse la política. Al respecto, González señala que uno de los "textos" que sostienen la práctica interpretativa del ex presidente Kirchner ancla en las experiencias políticas del año 1973: "el '73 le dicta al Presidente frases informales, la distracción respecto a la pompa, la llamada 'quiebra del protocolo' [...]; en fin, la búsqueda del arquetipo popular"[5].

A partir de esta hipótesis inicial, en este libro analizamos, desde una perspectiva interdisciplinaria que articula elementos del análisis del discurso y de la sociología política, los modos de construcción de la imagen discursiva –es decir, del *ethos*– del ex presidente, en un corpus de discursos emitidos entre mayo de 2003 y diciembre de 2007. Examinamos, con especial interés, de qué modo este se vincula con la memoria del pasado cercano[6], y en particular con la memoria de la militancia "setentista", aspecto que caracteriza de manera singular a ese discurso político y lo distingue de otros discursos presidenciales argentinos en democracia.

En efecto, el ex presidente se filia expresamente en la "generación" de jóvenes militantes. Así lo manifestaba en un acto realizado en la Plaza de Mayo, el 25 de mayo de 2006, en ocasión de la celebración por los tres años de gobierno:

> Queridos hermanos, hermanas, compañeros y compañeras, argentinos, argentinas: *¡y al final un día volvimos a la*

---

[5] González, 2003: 22.

[6] Las nociones de "pasado cercano" o de "pasado reciente" han definido, en los últimos años, un nuevo campo académico de investigación: la "historia reciente". Esta se ocupa de estudiar los períodos históricos cercanos y aún inacabados cuyas tramas generan efectos en el presente (Franco y Levin, 2007), y se centran, con especial interés, en los períodos dictatoriales o procesos sociales considerados "traumáticos", las experiencias de activismo político y armado, los procesos transicionales, las políticas de memoria, etcétera. En el caso de nuestra investigación, la noción de "pasado reciente" o cercano comprende, a grandes rasgos, las últimas tres décadas de historia argentina: el contexto de surgimiento de la dictadura (incluyendo los procesos de radicalización política y de conformación de agrupaciones de jóvenes activistas, 1973-1976), así como el propio período dictatorial (1976-1983) y los períodos democráticos posteriores (1983-2007).

> *gloriosa Plaza de Mayo a hacer presente al pueblo argentino*
> *en toda su diversidad! Hace 33 años yo estaba allí abajo, el 25 de*
> *mayo de 1973, como hoy, creyendo y jugándome por mis convic-*
> *ciones de que un nuevo país comenzaba,* y en estos miles de
> rostros veo los rostros de los 30 mil compañeros desapare-
> cidos, pero igual veo la Plaza de Mayo de la mano de todos
> nosotros. (25/05/2006)

En una clara alusión a los festejos del 25 de mayo de 1973 –fecha mítica para el peronismo por la asunción de un gobierno peronista luego de 18 años de proscripción política y por el triunfo de la izquierda peronista–, el ex presidente identificaba ambos acontecimientos (la asunción de Cámpora el 25 de mayo de 1973, y la propia en 2003) como momentos fundacionales tanto para la historia argentina como para su propia trayectoria política.

La constelación de ideas, representaciones, creencias y valores de los jóvenes militantes setentistas constituye en efecto un pilar sobre el cual el discurso kirchnerista instaura un nuevo relato sobre el pasado y construye su propia imagen como líder político. Si bien el interés por elaborar y superar el pasado dictatorial también caracterizó al período alfonsinista, nunca antes se había reivindicado, desde una posición de enunciación presidencial, el entramado de voces, símbolos, prácticas y representaciones políticas de la juventud setentista.

En períodos democráticos previos al kirchnerista, especialmente durante la transición democrática iniciada en 1983, la experiencia de los jóvenes activistas políticos –sobre los cuales la dictadura había ejercido su máxima crudeza– había sido, si no negada, al menos velada bajo la figura de la "víctima inocente". Por otra parte, la instalación del relato de los "dos demonios" y la cada vez más extendida condena a los "desmanes" de las organizaciones armadas propició un relativo silenciamiento del pasado de la militancia radicalizada. Durante la década del noventa, fueron surgiendo discursos y relatos que, contra el olvido estatal, pusieron nuevamente en escena las prácticas de los militantes políticos de la izquierda revolucionaria (izquierda armada, sindical, partidaria, de base) y "repolitizaron" la memoria. En un proceso no exento de ambages y tensiones, el tema de la militancia política setentista, con sus contradicciones y complejidades, fue colocado en el ámbito de lo *pensable* y lo *decible*.

Es en el marco de esa "explosión de memoria", de ese "auge memorialístico", de esa puesta en circulación pública de historias y testimo-

nios sobre la militancia de los años setenta que el discurso kirchnerista cobra pleno sentido y relevancia. En efecto, su irrupción en el espacio público se inscribe en y se nutre de esta compleja trama de
discursos literarios, periodísticos, políticos y académicos sobre el
pasado reciente, que –más o menos crítica, moderada u orgullosa-
mente– han ido construyendo relatos e imágenes sobre aquellos tiempos de radicalización política.

La relación del gobierno kirchnerista con el pasado reciente, la
memoria y los derechos humanos ha sido abordada desde múltiples
aristas: políticas, judiciales, culturales, morales, entre otras. Asimismo,
muchos autores, desde la ciencia política, la historia reciente o el
periodismo, se han referido al carácter "izquierdista" o al "setentismo"
que caracteriza al kirchnerismo. Sin embargo, existe una dimensión
discursiva del fenómeno que aún no ha sido estudiada con exhaustividad, y que resulta crucial para dar cuenta de los mecanismos enunciativos y argumentativos que constituyen el *ethos* proyectado por el
discurso kirchnerista, y de los efectos de sentido que este desencadena
en la escena política nacional.

Proveniente de la retórica clásica, la categoría de *ethos* alude a la imagen que el locutor proyecta de sí mismo en su discurso, y constituye,
desde nuestra perspectiva, una clave para comprender las características
del liderazgo kirchnerista. Según la hipótesis que nos guía, el discurso
kirchnerista evoca y reelabora algunos elementos de lo que denominamos "memoria militante setentista", lo que contribuye a la configuración del *ethos* presidencial, que se proyecta como un *ethos* militante.

La filiación del discurso kirchnerista en la memoria militante
setentista puede ser abordada desde al menos dos ángulos. Por un
lado, mediante el análisis de la "memoria representada", esto es, la
representación discursiva, la interpretación o el relato que el discurso
kirchnerista ofrece sobre el pasado cercano, y especialmente sobre el
ideario, el entramado de creencias, representaciones y prácticas que
remiten a la generación de jóvenes militantes en la que el locutor se
inscribe. Por otro lado, la impronta setentista del discurso kirchnerista también puede abordarse a partir del análisis de la "memoria
incorporada", esto es, rastreando, en la materialidad lingüística del
discurso presidencial, las evocaciones –pero también las resignificaciones– que reenvían a la memoria discursiva de la militancia radicalizada y que "toman cuerpo" en la voz del locutor. En otras palabras,
puede observarse que en el acto mismo de su enunciación, el discur-

so kirchnerista hace resonar ciertos ecos del imaginario y el "espíritu de época" setentista[7], con el que entabla un vínculo de identificación. Se desencadena de ese modo un efecto de memoria discursiva que se plasma y se hace manifiesto en huellas en la *cadena tópico-argumentativa* y en *gestos de habla*, estos últimos materializados en tonos, léxico y formulaciones específicos[8]. Toma forma y cuerpo, así, un *ethos* militante que se sustenta en un espacio *ideológico-argumentativo*, un marco discursivo que define los sentidos y posicionamientos ideológicos del discurso kirchnerista.

De modo que el setentismo no es solo un objeto al que el discurso kirchnerista alude permanentemente, sino que funciona como una memoria discursiva inscripta en el propio *ethos* presidencial y que se manifiesta lingüísticamente, como queda dicho, en la evocación/reelaboración de discursos, voces, tonos, puntos de vista, en suma, de gestos de habla y de cadenas tópico–argumentativas. Como es evidente, esa memoria discursiva evocada, reelaborada y resignificada no carece de matices o mediaciones, especialmente vinculadas con la coyuntura histórica y política de su emergencia, que instaura y delimita *umbrales de lo decible*.

En este punto, dos aclaraciones se imponen. En primer lugar, si bien no es factible establecer la existencia de *una* única memoria

---

[7] La noción de "imaginario" (colectivo, social) alude, sintéticamente, al conjunto de ideas-imágenes y representaciones con las que las sociedades o grupos se visualizan a sí mismos, conciben sus límites, fronteras y divisiones pero también sus modelos e ideales, legitiman sus prácticas, en suma, se dan una identidad colectiva (Baczko, 2005). La noción de "imaginario militante setentista" que empleamos en este trabajo –y que intercalamos de manera indistinta con la categoría de "memoria militante setentista" o de "espíritu de época setentista"– se nutre tanto de las ideas, discursos y representaciones en torno al activismo político de los años setenta que se desprenden de los propios documentos de la época, como de aquellos relatos que, desde la actualidad, intentan dar cuenta de esa matriz representacional.

[8] Para dar cuenta de esas huellas lingüísticas en la materialidad del discurso presidencial, cuando resulta pertinente ilustramos las recurrencias en la cadena tópico-argumentativa y en gestos de habla mediante ejemplos extraídos de nuestro corpus de contraste -cuyos criterios de conformación explicitamos en el Capítulo I-, conformado por un conjunto aleatorio y abierto de textos y documentos de agrupaciones pertenecientes a la Nueva Izquierda (Tortti, 1999).

setentista, fija, homogénea e indiferenciada, numerosos especialistas sostienen que es posible sin embargo reconocer un "espíritu de época" o *zeitgeist*, que da cuenta de las similitudes y el "aire de familia" que están en la base de la configuración ideológica e identitaria de esa generación de jóvenes militantes. Por otra parte, es preciso reconocer que la discursividad setentista tiene también su propio interdiscurso, sus propios trayectos de memoria y su propio linaje, puesto que ancla tanto en el imaginario de las izquierdas tradicionales nacionales e internacionales, como en los discursos nacional–populistas del peronismo. Dicho esto, vale señalar que toda vez que empleamos el sintagma "memoria militante setentista" no aludimos a una memoria discursiva efectivamente preexistente, independiente de sus constantes lecturas e interpretaciones: nos referimos en cambio a la representación, reconstrucción, reapropiación y resignificación que el discurso kirchnerista ofrece acerca de esa memoria reciente, con sus retomes pero también sus olvidos. En ese marco, nos interesa examinar, en particular, el modo en que esa evocación/reelaboración incide en la configuración del propio *ethos* presidencial.

En segundo lugar, al sostener que el discurso kirchnerista reelabora y se apropia de ciertos elementos del imaginario militante, no pretendemos atribuir al locutor ningún tipo de intención o cálculo estratégico. Por el contrario, decimos que en el acontecimiento de su emergencia, el discurso kirchnerista genera un efecto de memoria que escapa a su estricto cálculo, desencadenando ecos y reminiscencias que delinean continuidades y recurrencias discursivas con respecto a la memoria militante. Así, si bien la memoria es un efecto de discurso, ese efecto no es necesariamente buscado o pergeñado por el locutor.

Desde el punto de vista teórico–metodológico, en este libro adoptamos un enfoque interdisciplinario, desde el cual aspiramos a articular de manera operativa algunas nociones de la Teoría de la polifonía enunciativa y la Teoría de los *topoï*, con categorías provenientes del campo de la argumentación en el discurso, del análisis del discurso en su vertiente francesa y de algunas teorías contemporáneas sobre la hegemonía, las ideologías y los imaginarios políticos. El enfoque adoptado atiende especialmente a la dimensión polifónico–argumentativa del discurso político, así como a los modos de construcción y reelaboración de sentidos ideológicos y a los procesos de conformación de espacios políticos hegemónicos.

El libro se organiza del siguiente modo: en el *Capítulo I* presentamos los antecedentes teóricos y analíticos que constituyen el punto de partida de nuestro trabajo, así como el marco teórico que vertebra nuestro análisis y la metodología empleada. En el *Capítulo II* analizamos la "memoria representada", es decir, la lectura "oficial" sobre el pasado reciente que el discurso kirchnerista instaura, y sus puntos de convergencia y diferencia con respecto a discursos democráticos precedentes. En el *Capítulo III* abordamos una primera dimensión de la "memoria incorporada": se trata de los modos de evocación/ reelaboración de ciertos aspectos de la memoria militante setentista en el plano de la configuración de un "nosotros" o "colectivo de identificación", que permite establecer un lazo de "creencia" con los destinatarios positivos. En el *Capítulo IV*, también en el ámbito de la memoria incorporada, examinamos los modos de definición e interpelación polémica del "otro", a través del análisis de ciertos núcleos polémicos, de los modos de interpelación, de las distintas formas de insulto y vituperio y de la representación crítica del discurso adversario. Finalmente, en el *Capítulo V* nos ocupamos de estudiar otras memorias que atraviesan y permean el discurso presidencial, atendiendo a la complejidad que esa "superposición de memorias" aporta en cuanto a la construcción del *ethos* presidencial y, por lo tanto, del liderazgo político kirchnerista.

Desde el inicio de su gestión, pero especialmente a partir de la muerte de Kirchner, han comenzado a circular una serie de discursos que delinean una imagen mítica de la figura del presidente que gobernó la Argentina entre 2003 y 2007, que parece ir cristalizándose, cada vez con más fijeza, en su doble carácter de *joven* y de *militante*.

El hecho de que se trate de un proceso todavía vigente, cuyos efectos son aún imponderables, impone prudencia. Por el momento, nos contentamos con proponer una lectura –entre otras posibles– sobre el discurso kirchnerista como acontecimiento político–ideológico que establece, desde el presente, una fuerte filiación con el pasado, y que nos devuelve así una nueva mirada sobre la historia reciente. El hilo que enhebra esa trama de sentidos no es otro que la propia materialidad del discurso presidencial, que se nos aparece como un puente poblado de huellas, rastros, pistas y vestigios que hacen resonar, polifónicamente, la memoria discursiva de la militancia setentista, con sus ideales, convicciones, tensiones, contradicciones y complejidades, en suma, con sus modos de hacer, decir e imaginar la política.

El *ethos* militante que allí se proyecta, en el sentido de imagen discursiva pero también de postura o disposición ética, es un *ethos* heroico y sacrificado, que se muestra como la encarnación de un mandato heredado de la generación de jóvenes militantes setentistas en la que abreva, mandato que la muerte fija en la figura mítica del "último hijo" o del "último militante" muerto en el fragor de la lucha política[9]. Los usos, interpretaciones, disputas y representaciones discursivas que esa figura desencadene de aquí en adelante, en el campo de lo simbólico, deberán ser objeto de futuras indagaciones.

---

[9] Así se refirieron algunas integrantes de Madres de Plaza de Mayo a Kirchner luego de su muerte.

Capítulo I
Discurso político y kirchnerismo: miradas y fundamentos teóricos

¿Qué puede decir el análisis del discurso sobre el mundo de lo político? ¿De qué modo puede esa disciplina dar cuenta de los procesos de conformación de identidades político–ideológicas o de las disputas hegemónicas por el sentido? ¿En qué medida el análisis del discurso puede contribuir a la comprensión de fenómenos políticos complejos y multifacéticos, como el populismo, los nuevos estilos de liderazgo o los modos de configuración de ideologías y creencias colectivas? ¿De qué herramientas lingüísticas podemos servirnos para iluminar aspectos de los que las teorías políticas y sociológicas no pueden dar cuenta aisladamente?

Este capítulo tiene dos propósitos: por un lado, repasar las distintas respuestas que el análisis del discurso político ha ofrecido frente a estos interrogantes. Examinamos en primer lugar los trabajos más significativos en el campo del análisis del discurso político, especialmente aquellos enmarcados en la denominada "corriente francesa" de análisis del discurso; proponemos también un recorrido por las investigaciones sobre el discurso populista y por último, nos referimos a los trabajos que se han ocupado de nuestro objeto de estudio, el discurso kirchnerista.

Por otro lado, partiendo de los interrogantes iniciales y de los antecedentes analíticos que nuestra investigación, invitamos a reflexionar, desde una perspectiva teórico–metodológica, sobre la efectividad del análisis del discurso para pensar la política contemporánea. Para ello, exponemos los principales aspectos teóricos de nuestra investigación y presentamos una propuesta de análisis interdisciplinario que articula elementos del análisis del discurso, del enfoque polifónico-argumentativo y de la teoría política. Por último, señalamos los supuestos metodológicos de nuestro trabajo.

1. El Análisis del Discurso y lo político

1.1. Primeras aproximaciones teóricas

Esta investigación se inscribe en una larga tradición teórica que, ya desde mediados de los años sesenta, se ha ocupado de vincular la lingüística con la historia, la ideología y lo político, desde enfoques que contemplan la dimensión enunciativa, argumentativa e ideológica de los discursos, y que encuentra en investigadores como Guespin, Marcellesi, Marandin, Guilhaumau, Sériot, Maldidier, Pêcheux y Courtine algunos de sus referentes pioneros[10]. Surgida en el marco de las luchas políticas de mayo del '68 en un contexto intelectual dominado por preocupaciones eminentemente políticas y permeado por el auge del estructuralismo, de las teorías de la enunciación y por las intervenciones de Althusser y Foucault, la llamada "corriente francesa de Análisis del Discurso" encontró, desde sus inicios, en los textos históricos y políticos su principal fuente de interés[11].

---

[10] Muchos de estos trabajos pioneros se reunieron en distintos números de la revista *Langages y Langue Française* y en la compilación de artículos presentados en el Colloque Matérialités discursives (1981). En Argentina, la revista *Signo & Seña* 1 (1992) ha recopilado artículos en torno al tema "Discurso/ historia". Sobre los postulados teóricos del Análisis del Discurso, cf. Maldidier, Normand, y Robin, 1972; Robin, 1973; 1986; Maingueneau, 1987; Goldman, 1989 y Mazière, 2007.

[11] En sus inicios, el Análisis del Discurso abordó discursos "doctrinarios": a modo de ejemplo, Maldidier (1971) se ocupó del discurso sobre la guerra de Argelia; Courtine (1981) del discurso comunista francés; Sériot (1986) del discurso soviético; Marandin (1979), del discurso sobre la China comunista. En la actualidad, y desde el año 1980, gran parte de las investigaciones en análisis del discurso político son publicadas en la revista *Mots. Les langages du politique*. Sus orígenes se remontan al Centro de Lexicología Política de Saint-Cloud, donde se analizaban discursos y documentos de la Revolución Francesa y del jacobinismo con métodos estadísticos de lexicometría.

Este nuevo campo disciplinar buscaba reflexionar, desde una mirada interdisciplinaria, sobre las condiciones socio–históricas de producción y los efectos de sentido de los discursos, considerando las formaciones discursivas e ideológicas en que estos se inscriben, y colocando la noción de interdiscurso en el centro de su andamiaje teórico. Para esta corriente el discurso es el lugar privilegiado de encuentro entre la lingüística y la historia, y en esa medida su desafío es, siguiendo a Foucault, "deshacer los lazos que, silenciosamente, teje[n] la relación entre el discurso y el poder, en la materialidad de sus enunciados"[12].

Recientemente, las ciencias del lenguaje han buscado incorporar la dimensión argumentativa al análisis de los discursos. En ese sentido, son sumamente relevantes los aportes de la Teoría de la Argumentación en el Discurso (TAD) (Amossy, 1999; 2000; 2001), que articula elementos de la Nueva Retórica, la pragmática, la semántica argumentativa y la sociología de los campos con los métodos y dispositivos del Análisis del Discurso. La TAD se propone "estudiar la eficacia de la palabra en sus dimensiones institucionales, sociales y culturales"[13] y poner en cuestión las líneas de demarcación que separan a las ciencias del lenguaje de las ciencias sociales[14]: para ello reac-

---

[12] Courtine, 2006: 52.

[13] Amossy, 2000: VI.

[14] La TAD ha dado lugar a numerosos análisis de discursos políticos, que ponen especialmente el acento en la construcción discursiva del *ethos* y del *pathos* de distintos locutores políticos (Amossy, 1999; 2000). Adam (2002) retoma los aportes de Ducrot sobre el *ethos* y propone distinguir diversos niveles de identidad del sujeto de la enunciación que interactúan permanentemente: por un lado, a nivel extratextual, existe un "*ethos* previo"; por otro, a nivel textual, existe un *ethos* explícito, mostrado (equivalente al locutor como "ser del mundo" de Ducrot) y otro implícito, no mostrado (asociado a L, el locutor en tanto tal). En otro trabajo, Adam (1999) estudia la "esquematización del orador" en discursos de Philippe Pétain y Charles De Gaulle en relación a la memoria interdiscursiva y al dialogismo, analizando conectores argumentativos e indicios personales. Amossy (1999), por su parte, analiza los discursos de Jean-Marie Le Pen, poniendo en juego las nociones de *ethos prediscursivo*, *ethos institucional* y *ethos discursivo* (Maingueneau, 1999; 2002). Más recientemente, las investigaciones han volcado su interés al estudio de los modos de configuración del *ethos* y el *pathos* en el discurso del presidente francés Nicolas Sarkozy (Lorda, 2008; Miche, 2008). Ver también los trabajos de Charaudeau (2005) sobre el *ethos discursivo*, y los de Plantin (1990; 1997) y Charaudeau (2009) sobre las emociones en el discurso.

27

tualiza y pone en funcionamiento nociones como *ethos*, *pathos* y *topos*, entre otras, y las vincula con las nociones de estereotipo y *doxa*, acentuando así su dimensión social e ideológica.

La búsqueda por articular categorías provenientes del análisis del discurso, la retórica, la historia de las ideas y la teoría política encuentra en los trabajos de Angenot (1982; 1989; 2000) una referencia fundamental, en la medida en que ellos se proponen estudiar las prácticas discursivas y, en particular, "la argumentación (que es inseparable de otros mecanismos de puesta en discurso) como un hecho histórico y social"[15]. El discurso es para Angenot un vector de ideas, creencias, representaciones e ideologías, y por ello el análisis argumentativo debe ocuparse de estudiar los "esquemas persuasivos" aceptables, razonables, dominantes y hegemónicos en una determinada comunidad ideológica, puesto que la historia material, económica y política está impregnada y atravesada por "ideas inextricables puestas en discurso, que *informan* las convicciones, las decisiones, las prácticas y las instituciones"[16]. De allí que la noción de *ideologema*, acuñada por el autor para dar cuenta de las máximas o fórmulas cristalizadas que subyacen a los enunciados argumentativos, locuciones eminentemente polifónicas que vehiculan sentidos políticos e ideológicos, resulte especialmente relevante para el análisis de los discursos políticos en general, y para nuestra investigación en particular.

Nuestro trabajo también entabla un diálogo con la Teoría de la hegemonía, también conocida como Análisis Político del Discurso (Laclau, 1996; 2000; Laclau y Mouffe, 2004). Desde un enfoque postmarxista, postestructuralista y deconstructivista que articula categorías de la teoría política, el psicoanálisis lacaniano y la pragmática, esta teoría considera que el discurso es el terreno en el que se producen las luchas por la hegemonía y se constituyen las identidades políticas: para Laclau "toda configuración social es una configuración significativa"[17], y en esa medida el discurso se define como una "totalidad que incluye dentro de sí lo lingüístico y lo extra-lingüístico"[18], como el conjunto de prácticas significativas que conforman un entramado sistemático de relaciones. Si las

---

[15] Angenot, 2010: 15.
[16] Idem: 16.
[17] Laclau, 2000: 114.
[18] Ibídem.

identidades políticas no pueden pensarse fuera del campo de lo discursivo es porque ellas se definen (al igual que en la teoría saussureana) como diferenciales y relacionales, y se articulan en torno a "significantes vacíos", términos privilegiados –en constante puja por su resemantización– alrededor de los cuales se establecen "cadenas" de sentido que dan unidad al campo político.

La Teoría de la hegemonía ha dado lugar a un vasto campo de investigación que se ocupa de abordar los discursos políticos y populistas en su dimensión ideológica y hegemónica. Si bien, en términos generales, esta teoría posee una gran fuerza explicativa en relación con la lógica general de *todo* discurso político que aspira a ser hegemónico, es necesario señalar que ella no ofrece suficientes herramientas para el análisis de discursos en su materialidad lingüística. En ese sentido, este enfoque puede ser enriquecido con el aporte de insumos lingüísticos que permitan comprender los mecanismos enunciativos y argumentativos, las diferencias, los matices y las estrategias discursivas que se despliegan en los procesos políticos concretos.

El análisis del discurso político en la Argentina tiene ya una larga tradición. En los tempranos años ochenta, el discurso alfonsinista atrajo el interés de los investigadores: entre los precursores, se destacan los trabajos inaugurales de García Negroni (1988), García Negroni y Raiter (1988), Menéndez y Raiter (1986) y Raiter (1999).

La sociología política, la historiografía y los estudios sobre comunicación también han acudido a herramientas del análisis del discurso para abordar los discursos políticos desde un enfoque interdisciplinario. En el campo de los estudios políticos, son destacables los análisis sobre el discurso alfonsinista realizados por Arfuch (1987), Landi (1985; 1988) y de Ipola (2004b). En cuanto al discurso menemista, Sidicaro (1990), Novaro (1994), Novaro y Palermo (1996), Armony (1992) y Canelo (2003; 2010), han trabajado, desde diferentes ángulos, sobre el imaginario y/o el discurso menemista, indagando en su relación con el discurso populista y peronista, el tipo de liderazgo y el dispositivo enunciativo de constitución de las identidades y alteridades políticas. Recientemente, desde el marco de la Teoría de la hegemonía, Barros (2002; 2009) y Aboy Carlés (2001) se han ocupado de abordar la transformación de las identidades políticas en el discurso político argentino, analizando los casos de Alfonsín y Menem.

En el campo de la historiografía es fundamental el trabajo de Goldman (1989) sobre el discurso de Mariano Moreno en el que la autora indaga acerca de la relación entre historia y lingüística, analizando los efectos de los discursos en la conformación de ideologías y representaciones sociales. Desde los estudios sobre comunicación política, Mangone y Warley (1994) han abordado los vínculos entre el discurso político y el formato televisivo; Podetti, Qués y Sagol (1988), por su parte, han indagado en el devenir del peronismo renovador en la década del ochenta, en base a las teorías de la enunciación y a los trabajos de Verón sobre mediatización.

1.2. El discurso populista

En Argentina el análisis del discurso político ha tenido un vasto desarrollo en torno al estudio del fenómeno del peronismo y su relación con el populismo. La resonancia que el peronismo ha tenido en la historia política argentina, la especificidad de su formato interpelativo e ideológico, las pasiones y luchas que ha suscitado y sus efectos de largo plazo despertaron el interés de numerosos investigadores provenientes de distintas latitudes y ámbitos académicos.

En este campo es precursor el trabajo de Sigal y Verón (2003), en el que se analizan "los fundamentos discursivos" del fenómeno peronista y se indaga sobre el dispositivo de enunciación, la configuración del enunciador, el "modelo de llegada", la delimitación de "colectivos de identificación", los modos de interpelación y definición de los adversarios políticos, entre otros aspectos, extrayendo conclusiones sobre los efectos simbólicos de construcción de la legitimidad política del peronismo. En la misma línea, en distintos trabajos de Ipola aborda el discurso peronista en clave ideológica, y lo vincula con la categoría de populismo. El autor explora los dispositivos y mecanismos de interpelación propios del peronismo en su etapa de constitución, y analiza su eficacia ideológica en tanto discurso que moviliza un doble componente: el nacional-popular y el nacional-estatal. En otros trabajos (1997; 2004a), de Ipola sostiene la hipótesis de que el peronismo no constituye una ideología en sentido pleno, en tanto está situado en un nivel diferente de la superficie discursiva: el nivel "práctico" propio del sentido común.

Los trabajos de de Ipola (1982; 1989; 2009) han entablado un fructífero diálogo crítico con los aportes de Laclau sobre la naturaleza y las características del populismo. La noción de "populismo" es, en efecto, objeto de intensos debates en el ámbito de la sociología política: concepto polisémico, se ha definido, desde miradas que comportan cierto componente peyorativo, sea como un conjunto de políticas intervencionistas y asistencialistas, sea como un proceso socio–político de incorporación de las "masas" a la política o como un estilo de liderazgo carismático, personalista y/o demagógico. En oposición a esos enfoques, desde la perspectiva abierta por Laclau, el populismo no puede definirse a partir de contenidos "esenciales" o empíricos –criterios que en muchos casos se superponen con las caracterizaciones que definen, por ejemplo, a las formaciones políticas fascistas, comunistas o liberales–: debe tratarse en cambio como una forma específica de discursividad política, un particular modo de articulación e interpelación discursiva que instituye un cierto tipo de identidad y lazo político. Para Laclau (2005; 2009)[19], la especificidad del populismo no es otra que el proceso de construcción discursiva de un "pueblo" como agente histórico colectivo, mediante la delimitación de dos campos antagónicos definidos por una frontera interna dicotómica entre un "nosotros" y un "ellos". Este proceso de constitución de la identidades populares está regido por una doble lógica equivalencial/ diferencial, y se fija en "significantes vacíos" (generalmente encarnados en la figura del líder) que, aunque particulares, encarnan demandas y aspiraciones universales. En la medida en que esos significantes carecen de una significación única y sustancial, un rasgo propio –y no un déficit– de los símbolos populistas para Laclau es su estructural "pobreza", "ambigüedad" y vaguedad, lo que habilita la existencia de populismos de "izquierda" o de "derecha". Otro aspecto central en el modelo de Laclau es el reconoci-

---

[19] Es necesario aclarar que los últimos trabajos de Laclau sobre el populismo reelaboran un artículo anterior (1978) en el que el autor adoptaba un enfoque gramsciano-althusseriano, y definía al populismo como un modo de presentación de las interpelaciones popular-democráticas en tanto conjunto sintético antagónico respecto de la ideología dominante. En este sentido, el populismo comportaba cierto contenido clasista, puesto que implicaba un movimiento de ruptura y oposición al *statu quo*. De Ipola y Portantiero (1989), Barros (2006b; 2006c) y Aboy Carlés (2003; 2007) discuten en profundidad esta acepción temprana.

miento de la incidencia de los afectos en la constitución del vínculo entre el líder populista y el pueblo.

Como señalamos, la teoría del populismo elaborada por Laclau ha dado lugar a numerosos y ricos intercambios teóricos: por un lado, los citados trabajos de de Ipola y Portantiero (1989) y de Ipola (1982; 2009) constituyen aportes significativos en relación con el carácter "rupturista" o "reformista" del discurso populista. Más recientemente, Barros (2006b; 2006c), Aboy Carlés (2003; 2005; 2007), Rinesi y Vommaro (2007); Rinesi y Muraca (2008), Groppo (2009) y Panizza (2009), entre otros, han realizado importantes contribuciones a la teoría de Laclau sobre distintos aspectos vinculados al populismo.

El populismo ha sido objeto además de numerosos estudios en el campo del análisis del discurso: por un lado, Charaudeau (2009) presenta las características generales del discurso populista, su retórica, su estilo y sus principales rasgos enunciativos y argumentativos. Surgido en contextos de crisis social, política o moral y representado por un líder carismático u "hombre providencial" que despliega un "*ethos* de autenticidad" y "de potencia", y promete devolver el "poder al pueblo", para Charaudeau el populista es un discurso que carece de homogeneidad ideológica y que radicaliza las características propias de todo discurso político: en esa medida, es manipulador y excesivo, y apela más a la emoción que a la razón política. El autor destaca que el discurso populista suele apelar a una tradición, filiación o herencia en la que se inscribe para exaltar los valores y la identidad de la comunidad a la que interpela.

En Latinoamérica, recientemente muchos autores se han volcado al estudio del discurso del presidente venezolano Hugo Chávez, considerado un caso estereotípico de discurso populista, dando cuenta de una preocupación creciente por examinar las estrategias discursivas de este líder político[20].

---

[20] Entre los trabajos más importantes se encuentran Bolívar (2001; 2003) y Molero de Cabeza (2002), quienes buscan dar cuenta de la construcción del "yo" del enunciador y de sus rasgos "autoritarios" y/o "personalistas" en el discurso chavista, así como de la configuración discursiva de una figura heroica y de la definición de los adversarios como "traidores"; Bolívar (2008), por su parte, se ocupa de los efectos y consecuencias pragmáticas y políticas del empleo de insultos y vituperios; Chumaceiro (2003) refiere a los "usos" del pasado (en especial de la figura de Simón Bolívar) en el dis-

1.3. Política y discurso en el kirchnerismo

Llegados a este punto, debemos referirnos a los trabajos de investigación que, desde distintos campos de conocimiento, han analizado diversos aspectos vinculados tanto con la gestión presidencial de Néstor Kirchner como con el "estilo" de liderazgo, la simbología, el ideario y la discursividad kirchneristas.

La sociología y la ciencia política: liderazgo e identidad kirchnerista

Ya desde los albores del ciclo kirchnerista, la sociología política y la ciencia política comenzaron a buscar indicios para dar cuenta de las novedades que el gobierno de Néstor Kirchner introducía en la política argentina tras el proceso de crisis política, social e institucional de los años 2001/2002. Así, algunos autores intentaron sentar un diagnóstico sobre las condiciones de acceso al poder, los desafíos y las limitaciones del novel gobierno kirchnerista, elegido con solo el 22% de los votos en mayo de 2003. Los trabajos de Cheresky (2003; 2004a; 2004b), Novaro (2004), y las entrevistas a prestigiosos académicos, economistas, sociólogos, politólogos y analistas políticos compiladas en Natanson (2004) son los primeros trabajos sistemáticos sobre el tema. Ellos analizan la campaña y el proceso electoral, las primeras medidas adoptadas por el gobierno, el vínculo entablado con el Partido Justicialista, y ponen el acento en los gestos de recomposición de la autoridad política y de afirmación de la propia legitimidad gubernamental, mediante el despliegue de un "estilo" político que buscó, desde el inicio, marcar la autonomía y la fortaleza presidencial y establecer una distinción tajante con los mandatarios precedentes mediante un discurso "nacionalista, productivista, anticorrupción,

---

curso de Chávez; Erlich (2005) examina los recursos lingüísticos empleados por el presidente venezolano en su programa "Aló Presidente" para entablar un vínculo interpersonal con su audiencia; Arnoux (2008), por su parte, analiza la inscripción del discurso chavista en la matriz de los discursos latinoamericanistas, aborda sus aspectos dialógicos y da cuenta de la configuración de un "cronotopo bolivariano", representación temporo-espacial que estructura el discurso presidencial.

33

antifrivolidad y antiimperialista"[21]. Entre las intervenciones reunidas en el libro *Argentina en perspectiva* (2005), es significativo el aporte de Torre, que alude al estatus de "outsider" de la política con el que Kirchner se identificó desde su –"accidentada" y casi azarosa– llegada al poder, e indica que este construyó su liderazgo por dos vías: por un lado, retomando las banderas de las movilizaciones de diciembre de 2001 para abrir "una brecha en la conducción del justicialismo" y así distinguirse de la clase política tradicional; por otro, recuperando los emblemas del peronismo de izquierda[22].

La ciencia política se ha volcado con interés al estudio de los componentes, cualidades y rasgos que hacen al estilo o tipo de liderazgo desplegado por el ex presidente Kirchner, también denominado "estilo K". En ese sentido, trabajos como los de Cheresky (2003; 2004a), Ollier (2005; 2009b) y Mustapic (2005) abonan la hipótesis de que el ex presidente forjó un liderazgo de tipo "personalista", que se mostraba "fuerte", "hiperactivo", pragmático, cuyos principales "recursos de imagen" se cifraban en ser un líder "igual a los ciudadanos", desprendido de estructuras partidarias tradicionales, con una importante presencia física en el espacio público y un cierto "aire de improvisación", y sobre todo, un estilo confrontativo, polémico, "dramatizador". Esos trabajos señalan también que, debido al bajo grado de institucionalidad, a la desarticulación de las identidades políticas tradicionales y al clima de "excepcionalidad" en que surgió el gobierno kirchnerista, este se configuró inicialmente como un liderazgo "de audiencia" o "de opinión", que debía renovar y "poner a prueba" permanentemente su lazo representativo con la ciudadanía y la opinión pública, en una suerte de "vínculo plebiscitario". De allí su carácter, en palabras de los autores, personalista, decisionista, instituyente y voluntarista, que redundó en un incremento de las atribuciones y poderes presidenciales y en un aumento del "hegemonismo". Por su parte, el reciente libro *Argentina en tiempos de los Kirchner* (2011) reune numerosos artículos que desde la ciencia política realizan un balance sobre las instituciones, los procesos políticos y las políticas públicas durante las gestiones de Néstor Kirchner y Cristina Fernández.

---

[21] Cheresky, 2004a: 48.
[22] Torre, 2005: 17-20.

En cuanto a la inscripción ideológica del kirchnerismo, muchos autores consideran que tanto el gobierno de Kirchner como su "estilo de conducción" política se encuadran en el "giro a la izquierda", el "retorno del populismo", el surgimiento de "regímenes nacional-populares", o de "gobiernos progresistas" que caracteriza a las nuevas democracias latinoamericanas[23]. Otros analistas, en cambio, al tiempo que ponderan los "éxitos" del nuevo modelo, alertan sobre las tensiones, los límites y los "costos políticos" del populismo y de los nuevos formatos que la "izquierda" adopta en los países latinoamericanos, y en particular en la Argentina, y plantean los desafíos para la consolidación de un marco institucional y democrático[24]. Otros, por último, ponen en duda la impronta "izquierdista" del kirchnerismo, y resaltan por el contrario los componentes económicamente ortodoxos o regresivos del modelo kirchnerista[25].

Los citados debates en torno al liderazgo kirchnerista constituyen un importante telón de fondo sobre el cual articular nuestros propios interrogantes acerca del tipo de *ethos* que se proyecta en ese discurso político. Los análisis sobre la impronta ideológica del kirchnerismo permiten, por su parte, evaluar el vínculo que este ha entablado con el universo ideológico de la izquierda, y en particular con la izquierda setentista.

Kirchnerismo, memoria y derechos humanos

En el ámbito de los estudios sobre la memoria o la historia reciente se han realizado algunos trabajos que indagan sobre las "políticas de la memoria" implementadas por el gobierno kirchnerista y su vínculo con el pasado cercano[26]. En ese marco, ellos se ocupan de discutir los sentidos y las orientaciones simbólicas de las medidas implementadas, y las complejidades inherentes a todo proceso de

---

[23] Cf. Elías, 2006; Godio, 2006; Laclau, 2006.

[24] Cf. Lozano, 2005; Vilas, 2005; Paramio, 2006.

[25] Cf. Gerchunoff y Aguirre, 2004; Mustapic, 2005; Ollier, 2005; Novaro, 2006b; Svampa, 2007; 2008; Bonvecchi y Giraudi, 2008.

[26] Los Informes sobre Derechos Humanos elaborados anualmente por el Centro de Estudios Legales y Sociales (CELS) constituyen fuentes invaluables de información y datos estadísticos al respecto.

resolución de un pasado traumático como el que ha vivido la Argentina durante la última dictadura militar[27]. Canoni (2007), por caso, sitúa las intervenciones del kirchnerismo sobre el pasado reciente en el marco de las disputas por la hegemonía, y sostiene que "a partir del gobierno de Kirchner ha habido un quiebre en el significante memoria, pasando de la negación de la ausencia a la presencia de lo ausente; ya que mediante la (re)significación del elemento memoria se ha construido una nueva articulación hegemónica y performado una nueva identidad del pueblo"[28].

Otros trabajos se refieren específicamente al acontecimiento de inauguración del Museo de la Memoria en el ex Centro Clandestino de Detención Escuela Mecánica de la Armada (ESMA) en marzo de 2004, y evalúan los efectos, consecuencias y desafíos que se abren para la democracia en materia de reelaboración de la memoria a partir de ese hecho[29]. Existen también algunas investigaciones de índole biográfico–periodísticas, que se ocupan de rastrear la trayectoria "militante" del ex presidente Néstor Kirchner.

Nuestra investigación se hace especialmente eco del trabajo de Lesgart (2006), que se ocupa de revisar los relatos, representaciones, reconsideraciones y resignificaciones actuales sobre los años setenta y ochenta en relación con el tema de la lucha armada y el rol de las organizaciones político–militares, pero también con los sentidos de la política y la democracia vigentes durante esas décadas. Desde nuestro punto de vista, el proceso de "actualización" y reconsideración de esas cuestiones constituye la condición de posibilidad del surgimiento del discurso kirchnerista y del despliegue de un *ethos* militante en la actualidad. Lesgart postula, por un lado, que la inscripción presidencial en la "generación del setenta" construye una bisagra y un punto de inflexión en la historia de nuestro país, tanto en el plano de los relatos sobre el pasado como en el proceso de configuración de la propia identidad política kirchnerista: se delinea así un "peronismo con ojos de izquierda" para el cual "los años setenta pueden y deben

---

[27] Ver, entre otros, Hilb, 2003; Sarlo, 2005; Smulovitz, 2005; Jelin, 2007; Vezzetti, 2009; Novaro, 2008.

[28] Canoni, 2007: 145.

[29] Ver Borrelli, 2008; Vezzetti, 2007; Carnovale, 2006a; Bonvecchi y Charosky, 2004; Sarlo, 2004.

considerarse desde los valores mantenidos con anterioridad a la derrota política de 1974/75"[30]. Por otro lado, la autora muestra que la restitución de la politicidad de la década del setenta y la reactualización del tópico de la política como ámbito de valores o convicciones, junto con la restitución de la lógica política binaria, se oponen al "ideal democrático" y republicano vigente en la década del ochenta, que acentuaba el carácter consensual de la política, lo que conlleva asimismo una revisión y una resignificación de la noción misma de "democracia", que ya no contrasta con la de "autoritarismo".

En suma, aunque Lesgart aborda las "representaciones" y reconsideraciones actuales del pasado sin ahondar en un análisis de corpus, su trabajo constituye un punto de partida fundamental para nuestra investigación, en tanto sienta las bases para el análisis minucioso de los modos –enunciativos y argumentativos– en que el discurso presidencial despliega estas representaciones y reelaboraciones de la memoria de los años setenta, en el proceso de configuración del propio *ethos* discursivo.

Discurso kirchnerista, populismo e ideología

En cuanto a los estudios sobre el discurso kirchnerista en sentido estricto, existen dos tipos de análisis: por un lado, aquellos que abordan las cuestiones culturales e ideológicas del kirchnerismo en sentido amplio: entre ellos, se destacan Sarlo (2011), Forster (2011) y González (2011). Por otro, aquellos que se ocupan del discurso kirchnerista como ámbito de disputas por los sentidos hegemónicos y por su relación con la lógica del populismo, desde el enfoque de la Teoría de la hegemonía y la Teoría del populismo.

Al respecto, existen distintas posiciones teóricas: por un lado, Barros (2006a) caracteriza el discurso kirchnerista como una articulación populista, en tanto introduce en el espacio institucional una demanda que previamente no tenía voz, lo que imprime una disrupción y una distorsión del espacio discursivo previo[31]: en este caso, se

---

[30] Lesgart, 2006: 182.

[31] Vale señalar que Barros define el populismo, combinando los aportes teóricos de Laclau y Rancière, como "un discurso de inclusión de una parte que no estaba articulada como parte, y que en el proceso de inclusión, rompe con el discurso institucional existente" (2006a: 4). Ver también Barros, 2006c.

trata de la articulación de los significantes "verdad" y "justicia" con el de "unidad nacional". Barros sostiene que el discurso kirchnerista rompe así con el institucionalismo alfonsinista y con el discurso neoliberal, dando lugar a acepciones "no neutrales" de justicia y verdad.

Aboy Carlés (2005), por su parte, sostiene que el populismo se constituye en una tensión entre ruptura e integración, en un constante péndulo de exclusión/inclusión del adversario en el propio campo de representación. En esa medida, el kirchnerista es definido como un discurso que posee algunos rasgos propios de populismo, porque instaura una frontera con el pasado inmediato mediante un giro fundacional que ofrece una promesa de recomposición comunitaria. En un sentido semejante, Aboy Carlés y Semán (2006) señalan que la "sutura" del espacio político que el discurso de Kirchner busca realizar se funda en "la tentativa de invertir el valor y el peso del término 'nación' en el sentido de una identificación con la democracia"[32], lo que da lugar a un "populismo moderado" o "atemperado" que toma distancia crítica de los aspectos autoritarios, unicistas, homogeneizantes y antiliberales de la tradición nacionalista y populista argentina, introduciendo ciertos componentes liberales e incluso republicanos. También Rinesi y Muraca (2008) plantean la existencia de una combinación de elementos populistas y republicanos en el estilo político de Néstor Kirchner, bajo la hipótesis de que, en última instancia, dicha distinción es improcedente y que es posible pensar en un republicanismo de raíz "conflictivista" que reconoce en la "división del cuerpo social" el principio fundante de la política.

Biglieri y Perelló (2007) abordan el carácter populista del kirchnerismo desde el enfoque de la teoría de Laclau, y sostienen que el discurso kirchnerista instauró un nuevo sujeto político, el "pueblo argentino", mediante un proceso de división dicotómica del espacio social ("el pueblo" vs. "los enemigos del pueblo") y desde una doble lógica de autorización/asamblea. Muñoz y Retamozo (2008), por su parte, también reconocen la existencia de una interpelación a la figura del "pueblo" en el discurso de Kirchner, y destacan que se trata de un "pueblo dañado" y al mismo tiempo "soberano".

Por su parte, para Novaro (2006b) si bien el kirchnerismo reproduce gran parte de los mecanismos típicamente populistas, estos se

---

[32] Aboy Carlés y Semán, 2006: 186.

combinan con prácticas políticas y económicas ortodoxas. En ese sentido, el kirchnerismo sería una peculiar combinatoria de peronismo progresista, fuerzas progresistas o de izquierda ("transversales") y sectores del peronismo tradicional (sindicalismo y dirigentes históricos). No obstante, según Novaro subsisten en el kirchnerismo "sectores inasimilables" del peronismo "abiertamente definidos [...] como 'oposición de derecha'"[33].

Aunque cada uno define el discurso populista a partir de distintos rasgos, cualidades y especificidades, e identifica diferentes "significantes vacíos" como puntos nodales que articulan la identidad política kirchnerista ("justicia", "verdad", "nación", "pueblo argentino"), todos los autores citados coinciden en definir al kirchnerista como un discurso que reúne, en mayor o menor grado, algunos rasgos propios del populismo. En particular, nos interesa rescatar aquellas perspectivas que complejizan el fenómeno del populismo, buscando introducir nociones que den cuenta de las mixturas y las variantes que hacen a la *especificidad* del discurso kirchnerista, distinguiéndolo de otros discursos populistas. Desde nuestro punto de vista, esa singularidad está dada por la evocación y reelaboración de la tradición militante setentista, y por el modo en que esa relectura del pasado se inserta, en la actualidad, en el campo de lo posible y lo decible, pero también en su hibridación y confluencia con otras memorias discursivas –liberal, republicana, etc.– que lo atraviesan de manera igualmente constitutiva.

Si bien todos los trabajos citados resultan fundamentales para situar nuestro objeto de investigación en el campo del discurso populista, y para reflexionar acerca de las luchas simbólicas y discursivas de las que el kirchnerismo participó en tanto discurso político en tensión por devenir hegemónico, debemos remarcar sin embargo que ellos abordan el objeto de análisis de manera asistemática, y no atienden a la materialidad lingüística de los discursos bajo estudio. De hecho, son pocos y aún incipientes los estudios que se abocan, desde el campo específico de la lingüística o del análisis del discurso, a analizar sistemática y exhaustivamente las características enunciativas o

---

[33] Novaro, 2006b: 18.

argumentativas del discurso kirchnerista, de modo que ese constituye un terreno relativamente virgen e inexplorado[34].

Este libro busca situarse precisamente en ese intersticio teórico–metodológico, y se propone estudiar, desde una mirada interdisciplinaria pero otorgando especial atención al análisis enunciativo–argumentativo, los modos en que el discurso kirchnerista evoca y reelabora la memoria discursiva setentista, y los efectos político-ideológicos que ello desencadena en el espacio político argentino.

Para ello, es fundamental situarse en un marco teórico-metodológico interdisciplinario, que permita articular adecuadamente la dimensión propiamente lingüística del fenómeno –esto es, los modos enunciativos y argumentativos de inscripción, en la propia materialidad lingüística del discurso kirchnerista, de la memoria militante– con los aspectos relativos a la construcción y despliegue de las ideologías y representaciones políticas. A eso nos abocamos en el siguiente apartado.

2. *Ethos*, polifonía y memoria discursiva. Lineamientos teórico-metodológicos

2.1. El *ethos*: acepciones lingüísticas y sociológicas

La categoría de *ethos*, actualmente en boga en el ámbito de los estudios del discurso, proviene de la retórica clásica. En la *Retórica* Aristóteles distingue tres tipos de pruebas para la persuasión: el *logos*, el *pathos* y el *ethos*. Mientras el *logos* se asocia a la razón, a la lógica o a las técnicas argumentativas del discurso (especialmente el entimema y el ejemplo), el *pathos* y el *ethos* son, en cambio, pruebas que atañen a la disposición (emotiva) del auditorio y a la imagen o carácter del orador, respectivamente. En la retórica clásica el *ethos* tiene un sentido moral o ético, en tanto remite a las virtudes y al conjunto de

---

[34] Aunque todavía es un campo incipiente el tema del discurso kirchnerista ha despertado el interés de varios investigadores que estudian las cualidades estilísticas del discurso kirchnerista en su dimensión visual y gestual (Dagatti, 2010; Cremonte, 2007), su vínculo con la matriz discursiva latinoamericanista y con otros discursos de la región (Manganego, 2010), su impronta hegemónica y representativa (Slipak, 2005) y el modo en que este se vincula discursivamente con los medios de comunicación y la prensa (Vincent, 2009).

atributos que contribuyen a garantizar el éxito de la empresa oratoria, y también un sentido "neutro", que alude a su carácter, sus costumbres, disposiciones y posturas, que deben ser acordes con los temas y el estilo elegidos en su discurso[35].

El ethos, *entre enunciación y argumentación*

Recientemente, en el marco de la reconsideración de la retórica y la argumentación como dimensiones esenciales de los discursos, la Teoría de la Argumentación en el Discurso (TAD) ha reformulado la noción de *ethos*, vinculándola con aspectos enunciativos, pragmáticos y sociológicos. Amossy, la mayor exponente de esta corriente teórica, sostiene que "todo uso de la palabra implica la construcción de una imagen de sí"[36], una representación de la persona que habla. El *ethos* se define como la imagen que el orador construye y proyecta de sí mismo en su discurso, imagen que contribuye a asegurar su autoridad, su eficacia y su credibilidad. En otras palabras, se trata del conjunto de rasgos o características que el orador muestra de sí mismo a fin de atraer la atención de su auditorio y de persuadirlo de forma eficaz. Esa proyección discursiva del sujeto en su discurso, sus modos de hablar y las propiedades que en virtud de estos rasgos se le atribuyen tienen, especialmente en el discurso político, fuerza persuasiva.

Para Amossy la noción de *ethos* se sitúa en un "carrefour" de disciplinas en el que se encuentran el análisis del discurso, la retórica, la pragmática y la sociología de los campos. El *ethos* es, a la vez, una construcción discursiva y un efecto de la posición social, política e institucional del locutor: así, la eficacia del discurso compete tanto a su estatus social, a su autoridad y a su posicionamiento político-ideológico, como a la escena de la enunciación y a la construcción discursiva del orador y del auditorio.

---

[35] Eggs destaca la doble dimensión de moralidad y estrategia discursiva de la noción de *ethos*, subrayando la importancia de considerar tanto las virtudes reconocidas del orador como su representación en el discurso, y demostrando que ambas "constituyen las dos caras necesarias de toda actividad argumentativa" (1999: 32).

[36] Amossy, 1999: 9.

Si bien, como señalamos, en Aristóteles la categoría de *ethos* comporta cierto aspecto moral, las teorías argumentativas contemporáneas conciben el *ethos* más como una posición de subjetividad en una determinada discursividad que como un conjunto de cualidades morales o éticas. Por eso, el *ethos* se distingue de los atributos "reales" del locutor y de los datos extra–discursivos sobre su persona, en tanto es un modo de movilización de la confianza y la adhesión del auditorio como efecto de la enunciación. El *ethos* es, además, indisociable del *pathos*[37] –las estrategias afectivas que buscan movilizar las emociones del auditorio al que el locutor busca interpelar y "seducir"– y de la *doxa* –los valores, saberes, creencias y evidencias comunes sobre los que se funda la tarea persuasiva. En efecto, la eficacia del *ethos* depende siempre de la capacidad del orador de captar, recuperar, movilizar y generalizar ese sustrato de ideas y representaciones comunes, mediante un "un trabajo sobre la *doxa*" que articula su propia palabra con las premisas y lugares comunes compartidos con su auditorio.

Desde un enfoque enunciativo–argumentativo, Maingueneau (1999; 2002) sostiene que el *ethos* "está ligado a la enunciación y no a un saber extradiscursivo sobre la enunciación"[38] y que este "se despliega en el registro de lo 'mostrado' y, eventualmente, en el de lo 'dicho'. Su eficacia reside en que éste envuelve la enunciación sin estar explícito en el enunciado"[39]. De allí que para el autor, el *ethos*

---

[37] Sobre el rol de las emociones en el discurso argumentativo, cf. Amossy, 2000; Plantin, 1997; 2005 y los trabajos compilados en Rinn, 2008.

[38] Maingueneau, 1999: 76. Vale señalar que Maingueneau reconoce, no obstante, la existencia de un "*ethos* prediscursivo" (o "previo") particularmente relevante en el dominio político, donde los posicionamientos ideológicos, los géneros discursivos o ciertos rasgos mediáticos del locutor pueden generar expectativas en materia de *ethos*.

[39] Idem: 77. La distinción entre decir y mostrar remite a la filosofía analítica de Wittgenstein, y alude a dos modos diferentes y complementarios de significar: al lado de lo que se dice, del "contenido" o los objetos de un discurso, los enunciados proveen indicaciones acerca de la forma o el modo en que ese texto es dicho, presentado y representado, indicaciones que conciernen exclusivamente a la enunciación y no al enunciado. Ducrot recupera la distinción entre decir y mostrar para dar cuenta de su concepción antirreferencialista del sentido, y distingue dos sentidos posibles del verbo decir: asertar ($decir_1$) y mostrar ($decir_2$), los cuales constituyen dos tipos de indicaciones de natura-

pueda estar asociado tanto al contenido del discurso, a la elección de argumentos y a los modos de decir como al "tono" o "voz" adoptados por el locutor, y a otros signos como gestos, vestimenta y miradas, entre otros que hacen a su "corporalidad". El *ethos* funciona así como el origen enunciativo, el "garante" o la "instancia subjetiva encarnada" en un cuerpo, una voz y un tono que permite dar cuenta de la identidad de los posicionamientos subjetivos[40]. Dado que el enunciador solo habla en el marco de un cierto contexto enunciativo interactivo que supone restricciones institucionales, culturales, políticas y también lingüísticas, la construcción y proyección del *ethos* se vincula especialmente con la "escena de enunciación" en que el discurso se despliega y que este presupone (Maingueneau, 1999: 82-83).

Si bien tanto Maingueneau como Amossy son referentes ineludibles en el desarrollo reciente de la noción de *ethos* discursivo, ambos reconocen que la teoría de Ducrot (1984) fue pionera, en el campo de las ciencias del lenguaje, en recurrir a la categoría de *ethos*, en el marco de su "semántica integrada". Eje articulador de este trabajo, la semántica argumentativa –compuesta por la Teoría Polifónica de la Enunciación y por la Teoría de la Argumentación en la Lengua– es en efecto un enfoque fecundo tanto para pensar los procesos de constitución del *ethos* discursivo desde una perspectiva no unicista del sujeto, como para abordar la naturaleza eminentemente argumentativa de los sentidos políticos desde un acepción antirreferencialista del sentido.

Antes de adentrarnos en ese campo teórico, complementaremos los abordajes retóricos, lingüísticos y discursivos sobre el *ethos* con un breve recorrido por las interpretaciones sociológicas sobre esa categoría, a partir de los aportes de Weber y Bourdieu.

---

leza diferente provistas por el enunciado. La primera concierne al tema de su discurso, y la segunda al hecho mismo de su enunciación (en tanto aserción, pregunta, ironía, etc.): "los comentarios del enunciado sobre la enunciación (esa descripción de la enunciación que, para mí, constituye el sentido del enunciado) no son el objeto de una aserción ($decir_1$) sino de un $decir_2$: son mostrados. [...] Sea cual sea su naturaleza, un enunciado comporta siempre, según creo, un decir2" (Ducrot, 1984: 151).

[40] En ese sentido, Barthes indica que en la retórica la categoría de *ethos* remite a los "aires" con los que el orador se muestra frente a su auditorio, en suma, a los tonos "en el sentido musical y ético que la palabra tenía en la música griega" (Barthes, 1985: 146).

Ana Soledad Montero

Usos sociológicos del ethos

Aunque los usos sociológicos de la noción de *ethos* pueden remontarse a Durkheim, es a partir de Weber que esa categoría adquiere un sentido sociológicamente relevante. Las nociones de "*ethos* protestante" y de "*ethos* burgués" que el autor acuña en *La ética protestante y el espíritu del capitalismo* (1995) en el marco de su examen sobre las "éticas" económicas de las distintas prácticas religiosas, refieren a dos prácticas particulares, que se presentan como un conjunto de reglas más o menos implícitas, históricamente construidas, socialmente compartidas sin necesidad de ser formuladas, principios de razonabilidad que articulan las conductas y orientan la acción de los individuos. El *ethos* weberiano da cuenta, en suma, del conjunto de disposiciones, creencias, ideas y motivaciones generadoras de prácticas, acciones y conductas, y se distingue de la ética o de la doctrina moral en tanto sistemas conceptuales y generales de normas, reglas y preceptos (Martínez, 2007: 42-43). Como se sabe, esta acepción de *ethos* dará lugar, en el modelo político weberiano, a una clasificación entre dos tipos de "éticas" políticas: el *ethos* de la convicción y el *ethos* de la responsabilidad, que responden a dos tipos de motivación y a dos lógicas de acción política divergentes e incluso opuestos (Weber, 1998).

El concepto weberiano de *ethos* constituye asimismo el punto de partida de la categoría de *habitus* elaborada por Bourdieu[41]. El *habitus* se define como un sistema socialmente constituido y abierto de "disposiciones", actitudes, maneras de ser, propensiones o inclinaciones interiorizadas e incorporadas, estructuradas y estructurantes, que organiza la práctica y la acción de los sujetos. Producto de la historia –y por ello no puramente reproductivo ni inmutable–, para Bourdieu el *habitus* reúne al mismo tiempo un *eidos* (sistema de esquemas lógicos o estructuras cognitivas), un *ethos* (disposiciones morales), una *hexis* (registro de posturas y gestos) y una *aisthesis* (gusto, disposición estética). Dice Bourdieu:

> He empleado la palabra *ethos*, después de muchas otras, por oposición a ética, para designar un conjunto objetivamente sistemático de disposiciones con dimensión ética,

---

[41] Bourdieu emplea originalmente la noción de *ethos* en su obra temprana *Trabajo y trabajadores en Argelia* (1963), y luego la retoma para la elaboración del concepto de *habitus*.

> de principios prácticos (la ética es un sistema intencional-
> mente coherente de principios explícitos)[42].

Así pues, el *ethos* no es una ética, en la medida en que no está articulado como un sistema puramente objetivo y coherente de principios explícitos.

Dado que el *habitus* engloba al *ethos*, este concepto fue crecientemente abandonado en pos de una acepción de *habitus* como sentido
práctico, como "principios prácticos de clasificación" que son "indi-
sociablemente lógicos y axiológicos, teóricos y prácticos"[43]. En el
habitus, "todos los principios de elección están incorporados, se han
convertido en posturas, disposiciones del cuerpo: los valores son gestos, formas de pararse, de caminar, de hablar. La fuerza del *ethos* está
en que es una moral hecha *hexis*, gesto, postura"[44].

Por otra parte, el *habitus* comporta necesariamente un "sistema de
esquemas clasificatorios" que se funda en un mismo "organon ético", una misma "matriz de lugares comunes" o una misma "gramática", y al mismo tiempo posee una dimensión de creatividad,
innovación y ruptura[45]:

> Todos aquellos que han empleado antes que yo este
> antiguo concepto u otros similares, como los de *ethos* o
> *hexis*, se inspiraban [...] en una intención teórica próxima
> a la mía, es decir, en el deseo de escapar tanto de la filoso-
> fía del sujeto, pero sin sacrificar al agente, como de la filo-
> sofía de la estructura, pero sin renunciar a tener en cuenta
> los efectos que ella ejerce sobre el agente y a través de él[46].

---

[42] Bourdieu, 2002: 133.

[43] Ibídem.

[44] Ibídem.

[45] Bourdieu (1995) también concibe el *habitus* como una "disposición estra-
tégica", lo que le permite romper con el punto de vista objetivista y con la
idea de "estructura sin agente" que suponía el estructuralismo, así como fle-
xibilizar la noción de *habitus*, confiriendo al sujeto autonomía y capacidad
de agencia, juego e innovación.

[46] Bourdieu, 1995: 83.

En ese sentido, puede decirse que el *habitus*, y por lo tanto también la noción de *ethos* que está en su origen, tienen un carácter eminentemente político. Mas adelante retomaremos esta cuestión.

2.2. La semántica argumentativa. Teoría de la Polifonía Enunciativa y Teoría de la Argumentación en la Lengua

Como señalamos, Ducrot (1984) incorporó tempranamente, en el marco de su Teoría de la Polifonía Enunciativa (en adelante, TPE), la noción de *ethos*. La teoría de Ducrot ancla en los trabajos pioneros de Bajtín, que inaugura una línea de reflexión según la cual "un enunciado está lleno de matices dialógicos", de "ecos y reflejos de otros enunciados con los cuales se relaciona"[47]. Desde esta perspectiva, reconocer la primacía de la polifonía y del dialogismo[48] supone indagar acerca del carácter heterogéneo y no–idéntico del discurso, y rastrear la presencia del discurso-otro –presencia más o menos formulable, más o menos explícita, más o menos constitutiva– en el hilo del propio discurso.

La TPE hace extensivo el enfoque bajtiniano, originalmente aplicado al campo de los estudios literarios, al ámbito de la lingüística, con el explícito propósito de impugnar "el postulado de la unicidad del sujeto hablante" y así dar cuenta de la existencia, en el enunciado, de "varias voces [que] hablan simultáneamente, sin que ninguna sea preponderante y juzgue a los demás"[49]. Según la TPE, el sentido de los enunciados está constituido por la superposición de una pluralidad de voces, ya que en la situación enunciativa se ponen en escena –como en una representación teatral– una serie de personajes cuyas voces y puntos de vista aparecen en distintas capas y niveles: por un lado, el Locutor (L), fuente de la enunciación y responsable del enunciado (y no necesariamente identificable con el sujeto empírico); por otro, el locutor como "ser del mundo", origen del enunciado (aquel que dice "yo") y objeto de su enunciación; finalmente, el o

---

[47] Bajtín, 1979: 253.

[48] Sobre las diferencias entre las nociones de polifonía y dialogismo en la obra de Bajtín, ver Nowakowska, 2005.

[49] Ducrot, 1984: 171.

los enunciadores que remiten a los distintos puntos de vista presentados y puestos en escena en el enunciado.

En ese modelo, el *ethos* está atado a la instancia discursiva del locutor (L), y no refiere a las afirmaciones que el locutor emite sobre sí mismo sino a "la apariencia que le confieren la cadencia, la calidez o severidad de la entonación, la elección de las palabras, de los argumentos"[50]. De este modo, el locutor se "muestra", en su compromiso enunciativo, como "investido" de determinados atributos que hacen "aceptable o rechazable su enunciación".

De naturaleza antidescriptivista, antirreferencialista y antiveritativa, fuertemente anclada en el estructuralismo saussureano y en ciertos conceptos de la pragmática anglosajona, la Teoría de la Argumentación en la Lengua (en adelante, TAL) postula, por su parte, que el sentido de las palabras, inescindible de su puesta en uso, está presente en la estructura de la lengua y no se define por elementos extralingüísticos como las ideas, las representaciones mentales o la referencia empírica. Una de las principales hipótesis de la TAL es que el valor semántico "profundo" de las palabras es de naturaleza argumentativa, y no informativa ni descriptiva: "significar, para un enunciado, es orientar"[51], dirigir el discurso en determinada dirección. Es decir que la dimensión argumentativa está inscripta en la estructura misma de la lengua, y no es un ornamento "retórico" agregado a un núcleo de sentido primigenio. Según Anscombre y Ducrot, el sentido de un enunciado debe describirse como una serie de instrucciones argumentativas que este provee sobre su enunciación: el sentido se define entonces como la evocación, en el discurso, de otros discursos o encadenamientos, i.e. posibles continuaciones, conclusiones o argumentos en su favor. Estas indicaciones conciernen tanto a la causa del habla, como a su poder jurídico, a su fuente o a sus repercusiones argumentativas. En cuanto al *ethos*, este constituye una de las indicaciones que el enunciado aporta sobre su enunciación, pues representa, califica y muestra el discurso como "algo que lleva a admitir tal o cual conclusión"[52].

---

[50] Idem: 201.
[51] Anscombre y Ducrot, 1983: i.
[52] Ducrot, 1984: 185.

Según la Teoría de los *topoï*[53], la garantía de los encadenamientos argumentativos está dada por la evocación de un principio general, un *topos argumentativo*. El *topos*, concepto recuperado de la retórica aristotélica que remite a las creencias comunes de una comunidad, constituye el pasaje o trayecto que lleva del argumento a la conclusión, el "garante" que crea un nexo entre ambos enunciados. Los *topoï* son principios argumentativos e ideológicos que no comportan ningún carácter lógico. Se trata de discursos utilizados pero no asertados que, implícitamente, forman parte del enunciado y que constituyen el trayecto o camino indicado que permite alcanzar la conclusión a partir de un enunciado dado. Estos discursos evocados pueden asociarse con voces identificadas o con un "se" impersonal y generalizado, la *doxa*, la ideología o el sentido común:

> es un hecho de lingüística que hay *topoï* [...]. Y es un hecho de sociología que, en una época dada, en lugar dado, existe tal *topos* particular. Dado que nuestras civilizaciones no son más monolíticas que nuestras ideologías, es frecuente que coexistan un *topos* y su contrario[54].

Desde esta perspectiva, el sentido de un enunciado o de una palabra se define, entonces, como un abanico de *topoï* asociados y atados a ellos. La naturaleza ideológica de estos discursos argumentativos que están detrás del sentido de las palabras y los enunciados hace que, como sostiene Anscombre, "el discurso político [sea] el lugar por excelencia de ejercicio de los *topoï*"[55].

Los *topoï* se presentan como lugares comunes universales, esto es, como compartidos y aceptados por una determinada colectividad; como generales, i.e. como válidos para situaciones análogas a la situación en que son empleados. Finalmente, los *topoï* son graduales en la medida en que ponen en relación dos propiedades o escalas argumentativas (p y q) estableciendo a la vez vínculos graduales (+ y –) entre ellas[56].

---

[53] La teoría de los *topoï* se encuentra desarrollada en Anscombre, 1995a; 1995b; 1995c; Ducrot, 1988b; 1989.

[54] Anscombre, 1995a: 39.

[55] Anscombre, 1995c: 190.

[56] Debemos señalar que para Ducrot (1989) los *topoï* no sólo configuran pasajes "externos" de un argumento a una conclusión, sino que ellos "inter-

Debemos remarcar que según la teoría de los *topoï*, cada *topos* puede aparecer bajo dos formas tópicas (FT) recíprocas y equivalentes, puesto que no es posible admitir una sin admitir también la otra. Así, un *topos* 1 (T1) comportará al mismo tiempo una FT'1 y una FT"1, formas tópicas que expresarán dos aspectos recíprocos de la ideología vehiculada por el *topos*. La noción de forma tópica permite dar cuenta del espectro de opciones argumentativas e ideológicas que se abre a partir de una palabra o un enunciado, y pone de manifiesto que si bien los *topoï* constituyen caminos o trayectos obligados para alcanzar una conclusión a partir de un argumento, ellos se inscriben en distintas ideologías o principios dóxicos, y en esa medida movilizan elementos culturales, políticos e históricos[57].

Así pues, los *topoï* constituyen discursos ideológicos que, al ser evocados, funcionan como garantes de la argumentación y remiten a las voces, puntos de vista o capas de discurso que constituyen el sentido del enunciado y frente a los cuales el locutor adopta posiciones. Ellos dan cuenta asimismo del carácter fundamentalmente polifónico del sentido, en tanto evocan puntos de vista argumentativos –y por lo tanto ideológicos– sobre los que el locutor necesariamente se apoya para orientar su discurso[58].

---

vienen también al nivel del léxico" (García Negroni, 2005: 13), como discursos inscriptos en el sentido mismo de las palabras. Así, el autor distingue entre los *topoï* intrínsecos y los extrínsecos: mientras los primeros constituyen una definición de la palabra en cuestión, los segundos son los encadenamientos que se pueden realizar a partir de ella.

[57] Según creemos, el enfoque provisto por la teoría de los *topoï* permite además realizar una descripción semántica minuciosa del funcionamiento de lo que Laclau denomina "significantes flotantes", términos, palabras y discursos polisémicos y ambiguos que participan de la lucha política por los sentidos hegemónicos (Laclau y Mouffe, 2004; Laclau, 2005), y cuyo funcionamiento semántico, polifónico y argumentativo no ha sido estudiado aún. Nos detenemos en este punto en el Capítulo IV.

[58] No existen investigaciones sistemáticas en el campo del discurso político realizadas desde esta perspectiva teórica. Una excepción es el trabajo inédito de Salsmann (2008), en el que la autora analiza una conferencia de prensa del presidente francés Nicolas Sarkozy y un proyecto de ley sobre el sistema penal francés, desde el marco de la TBS.

> *Nota bene.* Es necesario remarcar que la Teoría de los *topoï* ha sido recientemente sustituida por la Teoría de los Bloques Semánticos (TBS) (Carel y Ducrot, 2005), última elaboración de la semántica argumentativa, a la que aquí no recurrimos. En la TBS el enfoque inmanentista se ha radicalizado: de hecho, las nociones de *topos* e ideología se han eliminado por considerarse extra-lingüísticas, y el sentido solo es aprehensible a partir de los bloques semánticos inscriptos en la estructura misma de la lengua. Mientras la Teoría de los *topoï* basa la argumentación en principios exteriores al enunciado, la TBS se propone en cambio describir el sentido de las palabras desde un punto de vista estrictamente intralingüístico (García Negroni, 2005). Dado nuestro interés en abordar la dimensión argumentativa de lo ideológico, nos situamos en la primera de las versiones reseñadas.

Críticas al modelo de Ducrot: el sujeto, la historia y la ideología

Desde sus inicios, el énfasis que la semántica argumentativa ha puesto en establecer criterios exclusivamente intra–lingüísticos para dar cuenta del sentido ha despertado no pocas críticas y cuestionamientos, especialmente desde el campo del análisis del discurso. Esos cuestionamientos apuntan, sobre todo, a dos aspectos centrales e íntimamente vinculados de la teoría elaborada por Ducrot y Anscombre. Por un lado, el estatus atribuido al sujeto de la enunciación por la TPE y la TAL. Por otro lado, los vínculos que la teoría establece con el ámbito de lo "extralingüístico", esto es, con la historia, el inconsciente, la ideología y lo político.

Como señalamos, Ducrot se rehúsa a incluir en su modelo teórico, de fuerte inspiración estructuralista, una categoría de sujeto de la enunciación con anclaje histórico; en efecto, la noción de sujeto empírico está excluida de la definición de enunciación propuesta por Ducrot, siendo las únicas categorías lingüísticas que participan del acto enunciativo el Locutor y los enunciadores, instancias puramente discursivas. Para Ducrot la enunciación se define como "el acontecimiento [histórico] constituido por la aparición de un enunciado", como "la aparición momentánea" que da existencia a "algo que no existía antes de que se hablara y que no existirá después"[59]. En esa

---

[59] Ducrot, 1984: 179.

concepción de la enunciación, la noción de sujeto empírico carece de relevancia teórica:

> El concepto de enunciación del que me voy a servir no tiene nada de psicológico, no implica siquiera que el enunciado sea producido por un sujeto hablante. [...] Doy, en efecto, a ese concepto una función puramente semántica. Para ello, pido solamente que se me conceda que existen enunciados que se producen[60].
>
> La determinación del SE no es un problema lingüístico [...]. [Lo que me] interesa es lo que está en el enunciado y no las condiciones externas de su producción[61].

Según algunos de sus críticos, esta noción de sujeto de la enunciación tiene, por un lado, una fuerte impronta "estructuralista" que, ocupada en describir la lengua como un sistema "cerrado sobre sí mismo"[62], rechaza aquello que le es heterogéneo y elide así la dimensión histórica, ideológica e inconsciente constitutiva del sistema lingüístico y de la subjetividad que lo habita. Así, Authier–Revuz sostiene que la "concepción intralingüística de la enunciación y del sentido [adoptada por Ducrot], que supone autonomía y completitud del campo lingüístico" implica un desconocimiento de "la doble determinación a la que está sujetado el 'sujeto intencional' que allí funciona: la de la historia en tanto el discurso se produce en un inter-discurso y la del inconsciente"[63], así como una asepsia y una protección disciplinar que expulsa los elementos "problemáticos" hacia una radical exterioridad[64]. Vinculando el dialogismo bajtiniano con

---

[60] Ducrot, 1980: 34.

[61] Ducrot, 1988a: 17.

[62] Authier-Revuz, 1995: 60.

[63] Idem: 60-61.

[64] Los cuestionamientos de Authier-Revuz a la teoría de Ducrot se inscriben en una polémica previa, plasmada en el libro *Le mauvais outil*, de Paul Henry (1977), en el que este reprochaba a Ducrot su renuencia a considerar el inter-discurso -en tanto dimensión exterior y anterior que constituye y determina al sujeto y su decir- en su concepción de "acto de presuposición". En respuesta a las objeciones de Henry, Ducrot reafirma la especificidad de la lingüística como disciplina autónoma frente a los intereses de otras disciplinas cuyos métodos le escapan.

la noción de interdiscurso desarrollada por el Análisis del Discurso y con la teoría lacaniana, Authier–Revuz (1982; 1984; 1995) se propone reintroducir, en el campo de los estudios del lenguaje, la dimensión extralingüística de la lengua y el sujeto, sin por ello borrar las fronteras propias de la lengua como sistema, y se pregunta por los modos de presencia de lo heterogéneo en el discurso. En ese marco, la autora reconoce la existencia de una heterogeneidad constitutiva, definida como la presencia inherente, inerradicable e informulable de una otredad radical en el propio decir, que opera en el plano del inconsciente y de la ideología[65].

Por otro lado, Amossy (2005) y Bres (2005) cuestionan la impronta fuertemente "pragmática" de la teoría de Ducrot, en tanto el locutor (L) aparece como un "estratega" o un sujeto intencional que moviliza y "pone en escena" voces y puntos de vista con fines argumentativos. Así, para Bres,

> [h]ablar de *puesta en escena* es reemplazar el sujeto único, solista, por el sujeto *metteur* en *scène* o director de orquesta, pero implica seguir posicionándose en los marcos de un sujeto tan pleno y dueño de su decir como del universo. Y las comparaciones de la puesta en escena enunciativa con el teatro o con la narración (Ducrot, 1984) lo muestran de manera elocuente. [...] Más allá de las voces que el locutor pone en escena, están aquellas con las que se encuentra sin querer, sin saberlo; aquellas que atraviesan su discurso a su pesar, aquellas que él ignora tanto más cuanto que ellas habitan su discurso y que tienen para él la transparencia y la familiaridad de la evidencia[66].

---

[65] Authier-Revuz distingue la heterogeneidad constitutiva de la heterogeneidad mostrada, lo que instituye dos planos de emergencia de la palabra ajena -con distinto estatus teórico- que todo análisis *discursivo* debe reconocer. La segunda remite a las formas lingüísticas (marcadas y no marcadas) que "inscriben al otro en el hilo del discurso" alterando su "unicidad aparente": discurso directo, comillas, formas de retoque o glosa, discurso indirecto libre, ironía. La tesis de la autora es que esas formas lingüísticas "representan modos diversos de negociación del sujeto hablante con la heterogeneidad constitutiva de su discurso" (1984: 106).

[66] Bres, 2005: 58-59.

En esa misma línea, Amossy propone considerar la dimensión *dialógica* (equivalente a la "heterogeneidad constitutiva" de Authier) propia de todo discurso, dimensión que atañe a un sujeto constituido, determinado y atravesado, involuntariamente, por palabras ajenas y por la *doxa* de su tiempo, y que se complementa y superpone con los fenómenos de *polifonía* descriptos por Ducrot:

> el locutor es a la vez un sujeto constituido por la palabra del otro que lo atraviesa a su pesar (no puede decir ni decirse fuera de la *doxa* de su tiempo [...]); y sujeto intencional que moviliza las voces y los puntos de vista para actuar sobre su alocutario (es la polifonía). Lejos de ser contradictorias, esas dos concepciones representan dos facetas complementarias del sujeto hablante y dan cuenta del vínculo con lo social a la vez en sus determinaciones, su individuación y su querer-decir, que es también un querer-hacer[67].

De modo que, desde los enfoques críticos citados, la semántica argumentativa mantiene una relación problemática con los aspectos extralingüísticos (i.e. la historia, la ideología, el inconsciente, la *doxa*) que operan sobre el sentido. No obstante, a pesar de lo que parece un déficit teórico, esta teoría argumentativa constituye, desde nuestro punto de vista y como ya lo adelantamos, un campo sumamente fértil y aún inexplorado para pensar los procesos de significación y de constitución de los sentidos políticos. En efecto, como sostiene Žižek en su artículo "El espectro de la ideología",

> [l]a versión más elaborada de este abordaje [que 'desnaturaliza' el contenido enunciado al sacar a la luz los procedimientos discursivos que engendran la evidencia del Sentido] es la teoría de la argumentación de Oswald Ducrot; aunque no emplea el término 'ideología' su potencial ideológico-crítico es enorme[68].

Para Žižek, ese potencial "ideológico-crítico" está dado tanto por la prioridad que la teoría ducrotiana otorga al nivel argumentativo

---

[67] Amossy, 2005: 69.
[68] Žižek, 2003: 18-19.

sobre el descriptivo, así como por la noción de *topos* en tanto lugar común naturalizado y "automático". Sin embargo, el autor no avanza en el análisis de sus posibles vínculos y articulaciones con las teorías de la ideología. Para llevar a cabo esa tarea, es preciso efectuar algunas salvedades que permitan articular los presupuestos de la teoría de Ducrot con aquellos enfoques que abordan los aspectos ideológicos, históricos y políticos del sentido.

2.3. Hacia una noción de sujeto político de la enunciación: entre la determinación y el acontecimiento

Como indicamos, si bien en este libro nos situamos en los principios de la teoría argumentativa propuesta por Ducrot, es necesario articular ese aparato teórico con otros que permitan pensar al sujeto de la enunciación como una figura que, aunque en el enunciado tiene estatus discursivo, está constituida histórica, ideológica y políticamente.

En oposición a las teorías "pragmáticas" que sitúan la actividad lingüística del sujeto en el marco de actos de lenguaje que responden a "intenciones" o "estrategias", el Análisis del Discurso concibe al sujeto como inserto en una "topografía social" que define "lugares" ("places") de enunciación. En la medida en que esos lugares de decir se inscriben en *formaciones discursivas* (que a su vez remiten a *formaciones ideológicas*), el sujeto no es dueño absoluto de su decir: por el contrario, está constitutivamente determinado por su inscripción histórica e ideológica[69]. Esas *posiciones de subjetividad* son el resultado de un proceso discursivo

---

[69] Concepto originalmente acuñado por Foucault, para Pêcheux la formación discursiva (FD) es un dominio de saber que regula "lo que puede y debe ser dicho (articulado bajo la forma de una arenga, de un sermón, de un panfleto, de una exposición, de un programa, etc.) a partir de una posición dada en una coyuntura" (1990:58) Las FD constituyen la forma material y lingüística de las formaciones ideológicas (FI), concebidas como un "conjunto complejo de actitudes y representaciones que no son ni 'individuales' ni 'universales' pero remiten más o menos directamente a posiciones de clase en conflicto". Constitutivamente habitadas por el conflicto y el antagonismo, las FI están necesariamente compuestas por "una o muchas formaciones discursivas interligadas" (ídem). Ver también Pêcheux, 1991 y Robin, 1986.

de interpelación ideológica de acuerdo con el cual el individuo, en primer lugar, se vuelve sujeto, y en segundo lugar, *se representa* su propia situación en función de la formación discursiva en que está ubicado. De modo que el sujeto, para el AD, es un "efecto-sujeto", doblemente afectado por el inconsciente y por el interdiscurso, esto es, por la determinación histórico–ideológica de sentidos que no son individuales: en esa medida su decir no es transparente para el enunciador, sino que le escapa y le resulta irrepresentable (Authier–Revuz, 1995: 66).

Como es sabido, a partir del "giro lingüístico" y el auge del postestructuralismo y la deconstrucción (Culler, 2008; Jameson, 1972) el AD (y con él el estructuralismo y el marxismo) han sido cuestionados por efectuar un "borramiento" de la capacidad de agencia del sujeto, que aparece como enteramente dominado por una estructura que lo excede y lo determina. Se ha puesto así en cuestión la noción de sujeto "determinado" por la estructura (económica o ideológica), intentando recomponer la noción de acción política del sujeto. Para esas teorías el sujeto posee, en efecto, un grado de agencia, una capacidad de acción y de decisión. La acción constituye, ciertamente, la razón de ser de la política, en la medida en que es un acto instituyente en un contexto indecidible, acto que no se deduce ni se desprende de las condiciones estructurales u objetivas. En cuanto a la estructura, ella está fundamentalmente fallada y agrietada, lo cual habilita la irrupción de la "novedad" y la dislocación estructural. De allí que el momento específicamente político en que la acción del sujeto disloca la estructura se defina como un *plus* que, por no ser estructural, es contingente e indeterminado (Laclau, 1998)[70].

En ese sentido, la noción de acontecimiento aporta una dimensión de disrupción política y de mutación histórica que no estaba plenamente contemplada por el estructuralismo[71]. La instancia política del

---

[70] Gran parte de la teoría política postestructuralista se sostiene en esa idea. Cf. de Ipola, 2001; Laclau, 1998; Laclau y Mouffe, 2004; Marchart, 2009, entre otros.

[71] Los pares conceptuales situación/acontecimiento (Badiou), sedimentación/reactivación (Laclau), policía/política (Rancière), pretenden dar cuenta de la doble dimensión de toda estructura y considerar el componente subjetivo, no racionalizable, no calculable ni predecible, no predeterminado, y por ese motivo plenamente político, que opera en toda situación estructural generando dislocamientos, rupturas e innovaciones.

acontecimiento es fundamentalmente enunciativa: definida por Ducrot como el "acontecimiento [histórico] constituido por la aparición de un enunciado"[72], la enunciación puede pensarse como la instancia en la que el sujeto construye su propia identidad política configurando –siempre en una relación de alteridad que es constitutiva– espacios políticos e ideológicos de sentido. Desde este punto de vista, la impronta pragmática de la teoría de Ducrot, aunque cuestionada por el AD, no sería totalmente inadecuada para dar cuenta de esa instancia de enunciación, como una instancia decisión en la que el locutor, en tanto figura discursiva, produce sentidos, a condición de considerar que esos sentidos no son totalmente ajenos a la historia y a la ideología.

Es esta la perspectiva que adopta Guimarães en el marco de su semántica del acontecimiento, donde reelabora algunas categorías de la semántica argumentativa para definir un sujeto político de la enunciación. Guimarães considera, a diferencia de Ducrot, que el sujeto hablante debe conceptualizarse como "una figura política constituida por los espacios de enunciación. Y en esta medida debe ser incluida entre las figuras de la enunciación"[73]:

> los espacios de enunciación son espacios de funcionamiento de lenguas, que se dividen, se redividen, se mezclan, deshacen, transforman por una disputa incesante. Son espacios habitados por hablantes, o sea, por sujetos divididos por sus derechos a decir y a los modos de decir. Son espacios constituidos por la equivocidad propia del acontecimiento: de la deontología que organiza y distribuye papeles, y del conflicto, indisociado de esta deontología, que redivide lo sensible, los papeles sociales. El espacio de enunciación es un espacio político (2002: 18)[74].

El locutor (L) es aquel que asume la palabra y que se representa en el propio decir como la fuente de ese decir, como el origen de su

---

[72] Ducrot, 1984: 179.

[73] Guimarães, 2002: 18.

[74] La acepción de "lo político" de Guimarães remite a los trabajos de Rancière (1996), para quien lo político consiste en la contradicción que instala el "conflicto" y el "desacuerdo" en el centro del decir: se trata del proceso de dislocación y reconfiguración de los espacios y la distribución de lo sensible.

discurso, y remite a su vez a un lugar social, institucional y político autorizado: "es preciso distinguir el Locutor del lugar social de locutor, y es solo en tanto él se da como lugar social (locutor-x) que se da como Locutor. O sea, el Locutor es dispar a sí mismo. Sin esta disparidad no hay enunciación"[75].

Desde esta perspectiva es posible reconsiderar la doble inscripción del locutor político, a la vez sujeto de la estructura y agente capaz de innovar y dislocar esa estructura, doble inscripción que, creemos, puede también desprenderse del marco conceptual de Ducrot. En efecto, por un lado, para la semántica argumentativa –heredera del estructuralismo saussureano–, el sujeto, en tanto instancia discursiva, está restringido, condicionado y limitado por la estructura de la lengua. Como sostiene Ducrot, "*nuestra caverna es el lenguaje. Estamos obligados a utilizarlo*, y a causa de esto [...] solo podemos tener puntos de vista argumentativos, solo podemos evocar *topoï*"[76]. Pero por otro lado, por la impronta ideológica, cultural e histórica de esos *topoï* evocados, el locutor, se inscribe inevitablemente en un marco ideológico y dóxico, un terreno de opciones argumentativas, un abanico de posibles posicionamientos y puntos de vista argumentativos que son también eminentemente político-ideológicos.

Como señalamos, esta doble dimensión del locutor político también está presente en la propia noción de *ethos*, que se configura a la vez como un efecto de discurso, como una instancia afectada por un lugar social, político e institucional y como una serie de elecciones lingüísticas pero también prácticas. Retomando los aportes de Bourdieu, podemos decir que el *ethos* es, en efecto, un sistema o conjunto de disposiciones estructuradas y estructurantes que definen posicionamientos, actitudes, prácticas y modos de ser, hacer y decir. Por todo lo dicho, consideramos que es posible incorporar al modelo de Ducrot los aspectos ideológicos, históricos y políticos que, según creemos, constituyen de manera fundamental al sujeto de la enunciación en tanto locutor político[77].

---

[75] Guimarães, 2002: 24.

[76] Ducrot, 1988a: 170, el resaltado es nuestro.

[77] Para desarrollar nuestro análisis, hablaremos de "locutor" (L) o de "locutor político", manteniendo los términos propuestos por Ducrot pero considerando también los aportes Guimarães.

2.4. Las huellas de lo ideológico: Interdiscurso, memoria discursiva e ideologemas

Retomando los principios bajtinianos, Pêcheux[78] dice que "una [formación discursiva] está constitutivamente frecuentada por su otro"[79] y que ella está siempre, de algún modo, "sobredeterminada" por la alteridad, lo que sistemáticamente afecta y amenaza su unidad. Para el Análisis del Discurso todo discurso es habitado, atravesado y dominado por lo heterogéneo, lo extraño, lo otro, alteridad que será denominada *interdiscurso*.

En los textos iniciales de Pêcheux, el interdiscurso es definido como una "zona inaccesible al sujeto", como el "exterior específico" de un proceso discursivo dado y como los "procesos que intervienen en la constitución y organización" de ese proceso discursivo. Se trata de aquello que constituye y a la vez bordea una formación discursiva, el dominio "exterior" y "anterior" que la determina, y que aparece allí (al igual que la ideología o el inconsciente) como "impensado", y por lo tanto como evidente y eterno. Por su carácter constitutivo y determinante, el interdiscurso es "informulable" y en ese sentido, se diferencia del ámbito enunciativo–argumentativo. Ahora bien: en los últimos textos del autor[80] se produce una modificación en la definición de interdiscurso, que se figura ahora como un dominio lingüísticamente "aprehensible", cercano a la noción de memoria discursiva que Courtine (1981) elabora por esos años. El interdiscurso es entonces definido como un conjunto de huellas –un "corps de traces"– que constituyen la materialidad discursiva y la memoria de una secuencia dada. En esta acepción permanece la naturaleza "exterior" y "anterior" de esos elementos no dichos, pero, en tanto elementos materiales, esas huellas son lingüísticamente aprehensibles: en esa medida,

---

[78] Vale recordar que gran parte de la producción teórica de Pêcheux, realizada entre 1969 y 1983, fue compilada en el libro *L'inquiétude du discours* (1990). Cuando los textos están incompletos o no se incluyen en la compilación citamos la obra original.

[79] Pêcheux, 1981: 7.

[80] Ver especialmente "Lecture et mémoire" (1983) y "Le discours: structure ou événement?" (1983), compilados en Pêcheux (1990). Sobre la noción de interdiscurso, ver Glozman y Montero (2010).

la noción de interdiscurso puede vincularse con el análisis interfrástico, intradiscursivo, "léxico–sintáctico y enunciativo".

A partir de estos trabajos pioneros, la reflexión sobre el problema de la memoria y sobre los efectos que los discursos del pasado tienen sobre el presente adquirirá un especial interés para lingüistas e historiadores. Para Courtine, "el lenguaje es el tejido de la memoria [...] su modalidad de existencia histórica esencial"[81]. Mediante la noción de memoria discursiva, Courtine enfatiza en el hecho de que "toda producción discursiva que se efectúa en las condiciones determinadas de una coyuntura, pone en movimiento, hace circular, formulaciones anteriores, ya enunciadas [...] como un efecto de memoria en la actualidad de un acontecimiento"[82]. Así, la *memoria discursiva* de un determinado discurso consiste en el conjunto de secuencias preexistentes que, al entrar en redes de formulaciones, configuran su interdiscurso. Se trata del

> proceso de reconfiguración incesante en el cual el saber de una FD es conducido [...] a incorporar elementos preconstruidos producidos en su exterior, a producir su redefinición o su inversión, a suscitar, igualmente, el recuerdo de sus propios elementos, a organizar su repetición, pero también a provocar su eventual desaparición, olvido o inclusive su negación[83].

En tanto retorno y evocación de discursos pretéritos, las memorias discursivas permiten vincular el discurso con la historia y con la memoria social y colectiva. Estudiar la(s) memoria(s) de una determinada discursividad supone entonces analizar las continuidades, recurrencias y alusiones a otra(s) serie(s) de discursos con las que esta dialoga permanentemente para así dar cuenta de la repetición y transformación, en la actualidad de un acontecimiento discursivo, de enunciados anteriores, ya dichos en otra parte:

> ¿Qué recuerdan [los discursos políticos], y cómo lo recuerdan, en la lucha ideológica, respecto de lo que con-

---

[81] Courtine, 1994: 10.
[82] Courtine, 1981: 52.
[83] Idem: 49.

> viene decir y lo que no, a partir de una posición determinada en una coyuntura dada, al redactar un pasquín, una moción, una toma de posición? Es decir: ¿cómo permite el trabajo de una memoria colectiva en el seno de una FD [formación discursiva], el recuerdo, la repetición, la refutación, pero también el olvido, de esos elementos del saber que son los enunciados? Finalmente: ¿sobre qué modo material existe una memoria discursiva?[84]

Courtine señala asimismo que las memorias discursivas pueden instaurar diversos tipos de relación entre enunciados: relaciones de oposición, respuesta, rechazo, refutación o acuerdo[85]. En el caso que nos ocupa, la relación entre el discurso kirchnerista y los discursos de la Nueva Izquierda setentista es de *alianza* o *identificación*[86]: en los próximos capítulos intentaremos mostrar que el entramado de evocaciones, continuidades y reelaboraciones que en el discurso presidencial hacen resonar la memoria militante setentista permite dar cuenta de un notable terreno de identificación entre el discurso presidencial y el imaginario setentista.

Con el propósito de abordar la dimensión persuasiva de las memorias discursivas, Vitale (2006) acuña el término de "memoria retórico–argumental", con el que busca dar cuenta de "los mecanismos desplegados por las memorias discursivas para provocar la adhesión" del auditorio a un determinado evento. Vitale vincula, así, la noción de memoria discursiva con los aportes de la Nueva Retórica (Perelman, 1997; Perelman y Olbrechts–Tyteca, 1989), para indagar sobre las tópicas que, en una coyuntura histórica, recurren y reapare-

---

[84] Ibídem.

[85] Dos de las investigaciones más relevantes sobre las memorias discursivas son, por un lado, el estudio de las formulaciones y secuencias interdiscursivas en el discurso comunista de Courtine (1981), y por otro, el análisis sobre los morfemas lexicales y las nominalizaciones en el discurso soviético realizado por Sériot (1986). Más recientemente, en Argentina, se destaca la investigación de Vitale (2006), que abordamos a continuación y el trabajo de Amoux (2010) sobre el discurso de Chavez y la matriz latinoamericanista

[86] Nagamine Brandão sostiene que las relaciones de alianza se producen cuando "la formación discursiva del locutor procura identificarse con la formación discursiva del Otro, buscando ideológicamente establecer una relación de continuidad" (1998: 28).

cen para dar sustento ideológico a un determinado suceso. La autora analiza específicamente las tópicas recurrentes, en la prensa escrita, en las diversas coyunturas golpistas en la Argentina, y las aborda en tanto discursos tendientes a provocar el apoyo ciudadano a las interrupciones democráticas por parte de las fuerzas militares.

Si bien el citado trabajo de Vitale constituye una referencia fundamental para nuestra investigación, debemos señalar que los presupuestos teóricos del enfoque en que se inscribe difieren sensiblemente de los nuestros. En primer lugar, como ya indicamos, la perspectiva teórica que aquí adoptamos no concibe la argumentación en su aspecto retórico ni persuasivo, y por lo tanto no es compatible con la idea de que los tópicos son discursos destinados a persuadir al auditorio. En cambio, la semántica argumentativa supone que todo discurso es inherentemente argumentativo, y por lo tanto no distingue entre los discursos argumentativos y los que no lo son; ella supone, además, que los tópicos, o *topoï*, constituyen los fundamentos o garantes de todo enunciado, y no sólo de aquellos destinados explícitamente a "persuadir". Por esa razón, proponemos abordar la memoria discursiva en términos de cadenas tópico-argumentativas, que consideramos, siguiendo a Ducrot, como encadenamientos argumentativos que constituyen el sentido de las palabras y enunciados, y que remiten a marcos ideológicos o culturales. Esas cadenas tópicas, compuestas por dos predicados escalares, pueden ser retomadas y repetidas de forma completa, y empleadas con una misma fuerza de aplicación; pueden ser retomadas y reelaboradas en tanto se aplica una forma tópica distinta; o, por último, pueden ser alteradas mediante un cambio de *topos* argumentativo, esto es, mediante la alteración de uno de sus predicados y su inscripción en otro marco discursivo.

En segundo lugar, mientras Vitale analiza la recurrencia de formulaciones en el plano de los temas o tópicos argumentativos, aquí consideramos que es posible identificar repeticiones, transformaciones y reelaboraciones de una determinada memoria también en el plano de la enunciación. Así, al igual que el *ethos*, la memoria no se despliega solamente en la repetición de enunciados ya–dichos, sino que lo hace también en la enunciación y en la recurrencia, transformación y reelaboración de *gestos de habla*: en este sentido, un discurso no sólo puede evocar y reelaborar determinados tópicos o temas, sino que también puede recuperar y transformar aspectos de la enunciación –especialmente aquellos vinculados con la configuración del *ethos* del locutor– propios de una determinada discursividad.

El análisis de la dimensión ideológica de las memorias discursivas se vincula asimismo con la noción de "ideologema" acuñada por Angenot. En su análisis de los discursos pertenecientes al género del "panfleto", Angenot sostiene que, en tanto discurso netamente argumentativo y polémico, este se compone de "lugares comunes", que no son simplemente –como en el esquema aristotélico– formas vacías y universales, sino que consisten en "verdades antropológicas" y "máximas ideológicas". Caracterizados por su polivalencia funcional y su relatividad histórica, los ideologemas son principios o máximas subyacentes a los enunciados "desprovistos de realidad sustancial"[87], fórmulas cristalizadas, cercanas al estereotipo[88]. El ideologema

> no es necesariamente una locución única sino un complejo de variaciones fraseológicas, una pequeña nebulosa de sintagmas más o menos intercambiables. [...] el ideologema no es monosémico o monovalente; es maleable, dialógico y polifónico. Su sentido y su aceptabilidad resultan de sus migraciones a través de las formaciones discursivas e ideológicas que se diferencian y se enfrentan, y se realiza en las innumerables descontextualizaciones y recontextualizaciones a las que se lo somete[89].

En tanto discursos pertenecientes a la historia, a la tradición y al acervo ideológico y cultural de una comunidad, los ideologemas remiten entonces al interdiscurso, al conjunto de *topoï*, voces, discursos y capas de sentidos que son evocadas polifónicamente en el proceso de construcción de sentidos políticos[90]. De allí que la noción propuesta

---

[87] Angenot, 1982: 169-180.

[88] Amossy (1999) denomina "estereotipos" o "clichés" a estos términos cristalizados que condensan significaciones del sentido común y tienen un rol fundamental en el discurso argumentativo. Ver también Amossy y Herschberg Pierrot, 1997.

[89] Angenot, 1989: 894.

[90] Bajtín (1989) es el primero en referir a la noción de ideologema, que define como un "cuerpo ideológico concreto", esto es, un significante, una forma material que es a la vez ideológica y textual. El ideologema está incluido

por Angenot permita remarcar la dimensión ideológica de esos *topoï* argumentativos, términos, locuciones o fórmulas cristalizadas que, en una determinada discursividad, hacen resonar discursos pretéritos.

2.5. Balance y propuestas de análisis

El punto de partida de este libro es que uno de los rasgos más distintivos del discurso kirchnerista es su filiación en una "memoria militante setentista" mediante la evocación y reconstrucción de ese imaginario. Esa filiación puede ser abordada desde dos ángulos: por un lado, existe una memoria representada, que remite al plano del relato, de lo narrado, del enunciado, y al modo en que el pasado reciente es tematizado, puesto en discurso y representado. Por otro lado, identificamos una memoria incorporada, que se despliega en el plano del decir, del discurso, de la enunciación, y se plasma en la propia materialidad lingüística y particularmente en la configuración del *ethos* discursivo del locutor, que se define como un *ethos* militante. Esta "incorporación" de la memoria[91] implica que las huellas lingüísticas que reenvían al interdiscurso y a los discursos pretéritos "toman cuerpo" en la figura del locutor, y supone la evocación/reelaboración de cadenas tópico–argumentativas (encadenamientos de *topoï* argumentativos) y de gestos de habla (materializados en tonos, léxico y formulaciones específicas). Debe tenerse en cuenta asimismo que esas huellas

---

en el texto como contenido pero es precisamente el puente, el nexo entre el texto y su afuera: es a la vez interno y externo al texto. En su lectura de Bajtín, desde el campo de los estudios literarios, Kristeva (1969) recupera la noción de ideologema en tanto función "intertextual" que se materializa en los textos y da cuenta de su intersección con lo histórico y lo social. Al respecto ver Altamirano y Sarlo (1993).

[91] La noción de "incorporación" está ligeramente inspirada en Maingueneau (1999). Para este autor, ese término da cuenta del proceso de identificación y adhesión del auditorio con el locutor: este adquiere, mediante la enunciación, una "corporalidad" que es incorporada por los destinatarios, dando lugar a una entidad mayor, el "cuerpo" político imaginario de los que adhieren al mismo discurso. Desde nuestro punto de vista, la memoria incorporada alude a los procesos lingüísticos por los que el interdiscurso o la memoria discursiva se encarnan en la figura del locutor, es decir, en su *ethos*.

lingüísticas se despliegan en un doble proceso de identificación/alteridad, es decir, tanto en los modos de configuración del "nosotros" que define al "colectivo de identificación" del discurso kirchnerista como en los modos de la polémica, que consisten en la definición, interpelación, y descalificación de los "otros".

En este trabajo mostramos además que el discurso kirchnerista está permeado también por otras memorias. Esa convergencia de memorias reconfigura los sentidos del espacio discursivo en el que el discurso presidencial se inscribe, y termina de dar forma al *ethos* y al tipo de liderazgo que allí se despliega.

Habida cuenta de la articulación de teorías, enfoques y categorías que hemos presentado en este capítulo, en nuestro análisis atendemos simultáneamente al nivel *interdiscursivo*, vinculando el discurso kirchnerista con la memoria militante setentista (con la que entabla vínculos de alianza e identificación); y al nivel *interlocutivo* (es decir, intradiscursivo), a la relación del locutor con los otros participantes de la escena enunciativa (destinatarios positivos y adversarios).

El proceso de configuración del *ethos* militante kirchnerista se sustenta en lo que proponemos llamar un "espacio ideológico–argumentativo", que definimos, inspirados en Maingueneau (1987) y Anscombre (1990), como una zona de intersección en la que se establecen relaciones de interdiscursividad entre un discurso de referencia y un conjunto amplio de discursos que remiten a un "espíritu de época" con el que el primero comparte un aire de familia. Ese espacio ideológico–argumentativo configura un "marco discursivo" (enunciativo y argumentativo) que define a su vez los posicionamientos político-ideológicos desde los cuales el locutor político organiza su discurso, y que permite establecer sentidos ideológicos a partir de la articulación de distintas cadenas tópico–argumentativas y gestos de habla.

Dijimos que la noción de espacio ideológico-argumentativo remite, en primer lugar, a la de "espacio discursivo" propuesta por Maingueneau, conjunto de, al menos, dos formaciones discursivas interligadas que mantienen entre sí relaciones privilegiadas que son "cruciales para la comprensión de los discursos concernidos"[92]. Dado que aquí no analizamos estrictamente formaciones discursivas sino relaciones de interdiscursividad y memoria, preferimos adaptar

---

[92] Maingueneau, 1987: 85.

el concepto de Maingueneau a nuestro caso de estudio: la noción de espacio ideológico-argumentativo nos permite de ese modo dar cuenta de las zonas de intersección entre discursos en términos tanto argumentativos como ideológicos. En ese sentido, nuestra propuesta se inscribe fundamentalmente en la categoría de "espacio discursivo" acuñada por Anscombre (1990), que alude al "marco" discursivo, semántico –y, agregamos, también ideológico– desde el cual se habla. Ese marco se fundamenta en *topoï* argumentativos, que constituyen la garantía y el soporte de los puntos de vista ideológico-argumentativos allí desplegados.

2.6. Acerca del imaginario setentista: Fuentes y corpus

Nuestro corpus de análisis está compuesto por el conjunto de alocuciones presidenciales oficiales pronunciadas por Néstor Kirchner en calidad de primer mandatario entre el 25 de mayo de 2003 y el 10 de diciembre de 2007[93]. Dado que en general se trata de discursos considerablemente extensos, que en muchas ocasiones reiteran ideas, reflexiones y datos, con el fin de facilitar y amenizar su lectura hemos seleccionado sólo algunos ejemplos para cada fenómeno considerado, a modo de ilustración. En cada caso, se intenta aplicar un criterio cronológico de exposición de los ejemplos, y cuando ello resulta revelador, se destacan las posibles lecturas diacrónicas.

El propósito de nuestra investigación –rastrear y reconstruir las huellas de la "memoria militante setentista" en tanto interdiscurso específico del discurso kirchnerista–, impone la necesidad de identificar y recortar un segundo cuerpo de textos, una serie de discursos "militantes" que funcionen como un "corpus de contraste" con el cual cotejar enunciados, formulaciones y modos de decir presentes en nuestro corpus de referencia. Es preciso entonces explicitar los criterios teórico– metodológicos que subyacen a la categoría de "memoria militante setentista". Esto da lugar sin embargo a dos grandes cuestiones metodológicas.

Por un lado se evidencia la dificultad para definir la especificidad

---

[93] La totalidad de los discursos (aproximadamente 830) fueron descargados de la página www.presidencia.gov.ar

de la categoría de "memoria militante setentista", dada la enorme variedad y diversidad de discursos, programas y organizaciones políticas que ella puede abarcar. A esto se agrega la inexistencia de estudios sistemáticos sobre el discurso militante desde el análisis lingüístico, y por ende la falta de datos sobre sus características enunciativas y/o argumentativas. Por otro lado, se suscita también una cuestión de orden teórico, inherente a la noción de "memoria discursiva" tal como es elaborada por Courtine, puesto que, a nuestro entender, ella implica cierta "circularidad" en tanto supone siempre un recorte de los datos, a partir de la mirada, los intereses y las preguntas del investigador. En este contexto, ¿cómo abordar las continuidades entre nuestro objeto de análisis y la "memoria setentista" con la que dice identificarse? ¿Cómo dar cuenta de esos efectos de memoria discursiva en la textura del discurso?

Ethos *de los setenta, imaginario o espíritu de época*

El discurso militante es un género relativamente inexplorado por el análisis del discurso. Los trabajos de Angenot sobre el discurso panfletario (1982) y sobre los "grandes relatos militantes" de los siglos XIX y XX (2000) son sin duda precursores, en tanto inauguran una línea de investigación que busca definir y caracterizar una tipología con regularidades específicas –el panfleto o el discurso militante– a partir del análisis de las "tópicas" que caracterizan a esta "literatura de combate" o "de ideas"[94]. El autor considera al género "panfleto" como una forma transhistórica e ideológicamente neutra cuyos contenidos varían históricamente. En cuanto al "discurso militante", este se

---

[94] En *Le discours pamphlétaire* (1982) Angenot analiza un "corpus de textos polémicos, panfletos y sátiras", que abarca *grosso modo* un siglo (1868-1968) de escritos, ensayos y artículos periodísticos provenientes del socialismo, el anarquismo, el nacionalismo, el sindicalismo, pero también del fascismo y el surrealismo, entre otras vertientes. En *Les grands récits militants* (2000), el corpus abordado por Angenot se compone de libros, folletos y periódicos publicados entre la Restauración y la Primera Guerra Mundial en el marco del pensamiento "romántico", el socialismo científico, el anarquismo, el feminismo, el pacifismo, entre otros "ismos".

inscribe en los "grandes relatos" emancipadores modernos, y en el conjunto de doctrinas utópicas que postulan programas de cambio radical. De los textos no se desprenden con claridad las diferencias genéricas entre ambas tipologías; podría pensarse, entonces, que el segundo –el discurso militante– constituye un sub–tipo del primero, y que se define por el abanico de recursos narrativos y argumentativos que despliega. Podríamos afirmar así que lo que denominamos "discurso militante setentista" se inscribe en los "grandes relatos" modernos a los que alude el autor: complejos ideológicos totalizantes, emancipadores, utópicos, estos grandes relatos políticos se asientan en "comunidades de creyentes" donde la voluntad y la "capacidad de acción" militante tienen un rol central. Ellos proporcionan al sujeto justificaciones y motivaciones político–ideológicas para la lucha, una lucha heroica y fatal que compromete la vida entera, y que se experimenta como un "mandato" histórico.

En el ámbito nacional, no existen investigaciones sistemáticas sobre las características de los discursos de las organizaciones políticas y político–militares argentinas surgidas al calor del Cordobazo y de las movilizaciones revolucionarias latinoamericanas[95]. Una excepción es la tercera parte del libro *Perón o muerte. Los fundamentos discursivos del fenómeno peronista*, donde Sigal y Verón describen la "posición de enunciación" y la "producción discursiva de la juventud peronista" a partir del análisis de varios editoriales de los periódicos *El Descamisado* y *Militancia*. Últimamente, a partir del renovado interés académico por los estudios sobre la memoria reciente, se ha abierto un fecundo campo de investigación que, aunque aún es incipiente, se ocupa de estudiar los discursos de algunas organizaciones políticas de los setenta –como el PRT–ERP y Montoneros–, a partir del análisis de fuentes documentales de la época (periódicos, folletos, artículos, panfletos, etc.)[96].

---

[95] Para un panorama general sobre el período de emergencia de las organizaciones de la Nueva Izquierda, cf. De Riz, 1981; Hilb y Lutzky, 1984; Ollier, 1998; James, 1999; Pucciarelli, 1999; Altamirano, 2001; Tcach, 2002; Calveiro, 2005; Romero, 2003; entre otros. Sobre la trayectoria, los inicios y los principales datos acerca de Juventud Peronista-Montoneros cf. Gillespie, 1986; Giussani, 1984 y Gasparini, 2005. Sobre el PRT-ERP cf. Mattini, 1995, Pozzi, 2001 y De Santis, 2004.

[96] Ver Greco, 2007; Peller, 2008 y Slipak, 2010.

Además de los estudios anteriores, realizados a partir de fuentes documentales, existen también investigaciones basadas en testimonios, entrevistas e incluso relatos ficcionales que aportan evidencia sobre las representaciones simbólicas, el imaginario, el ideario, la subjetividad y, en general, las prácticas de las agrupaciones militantes pertenecientes a la Nueva Izquierda. Muchas de ellas apuntan a dilucidar las "estructuras de sentimientos", el universo referencial o los esquemas ético–morales que guiaban la práctica política de las organizaciones políticas y armadas de izquierda surgidas en los años setenta[97].

Pero, ¿es posible, a partir de estos trabajos, recortar un campo discursivo que refiera al entramado de representaciones, creencias e ideas comunes al colectivo de jóvenes activistas políticos setentistas, en tanto unidad de conjunto? El concepto de "Nueva Izquierda" acuñado por Pucciarelli (1999) y Tortti (1999) parece dotar de contenido histórico a esa categoría que damos en llamar "memoria militante setentista". Se trata, en palabras de Puccarelli, de un

> complejo y expansivo conglomerado de fuerzas sociales y políticas que, a pesar de no haber generado un actor político unificado, encabezó un vasto proceso de protesta social, confrontación ideológica y activación política, hacia fines de la década del sesenta. Un haz de fuerzas que, portadoras de programas que combinaban cuestiones tales como "liberación nacional", "socialismo" o "revolución", imprimieron en la sociedad argentina, los impulsos de una etapa de contestación generalizada. Un lenguaje compartido y un común estilo político que daban cierta unidad "de hecho" a grupos sociales, generacionales y herederos de diversas tradiciones políticas e ideológicas: peronismo, izquierda tradicional, nacionalismo y grupos católicos influenciados por la "teología de la liberación".
>
> Los discursos y las acciones que producían resultaban convergentes en la manera de oponerse a la dictadura, en sus críticas de diverso alcance al sistema y, también, en sus intentos de esbozar principios de legitimidad política diferentes[98].

---

[97] Ver, entre otros, Ollier, 1998; 2009; Carnovale, 2004; 2005; 2006b; Calveiro, 2005; Guglielmucci, 2006; Tcach, 2006; Longoni, 2007.

[98] Pucciarelli, 1999: 15.

Si bien existen diferencias y especificidades que definen a cada una de esas organizaciones políticas, Tortti señala que

> pese a la diversidad, todos [los grupos y tendencias de la Nueva Izquierda] pueden ser considerados como partes de un mismo movimiento, en la medida en que compartían objetivos y metodologías de tipo radical. Aunque partieran de posiciones cristianas, nacionalistas, peronistas o de izquierda, las unificaba el "deseo de compromiso"–entendido como urgencia por involucrarse en la vida política–, la confianza en las virtualidades revolucionarias del pueblo y la creencia en que era necesario contar con una "vanguardia" que, representando sus intereses, tomara la iniciativa en la lucha[99].

La categoría de "imaginario" parece adecuada para aludir a ese entramado de representaciones, imágenes y creencias colectivas amalgamadas en torno a la Nueva Izquierda. Baczko (2005) define los imaginarios sociales o colectivos como el conjunto de ideas–imágenes, símbolos y representaciones a partir de las cuales las sociedades, comunidades o grupos se visualizan a sí mismos. Son "representaciones de la realidad social (y no simples reflejos de esta) inventadas y elaboradas con materiales tomados del caudal simbólico, tienen una realidad específica que reside en su misma existencia"[100]. Ellos proveen a los colectivos referencias sobre los límites, fronteras y divisiones que los atraviesan y definen, distribuyen sus papeles y posiciones sociales y también configuran sus modelos formadores y sus ideales –el "valiente guerrero", el "buen ciudadano", el "militante comprometido"–. Sustrato simbólico de una comunidad, los imaginarios legitiman las relaciones de poder, y proveen a las sociedades y comunidades de una identidad colectiva. Ellos tienen una historia, un pasado y una tradición de la que se nutren, y abren al mismo tiempo una puerta hacia el futuro. En suma, los imaginarios configuran un vasto campo donde se articulan ideas, imágenes, pero también ritos, formas de actuar, y, agregamos, modos de decir y de hablar.

---

[99] Tortti, 1999: 213.
[100] Baczko, 2005: 8.

Aunque en otro registro, también la categoría de "espíritu de época" (*air du temps* o *zeitgeist*) da cuenta de ese universo creencial, representacional e ideológico que caracteriza a una determinada comunidad. Proveniente de la tradición hegeliano–romántica y habitualmente cuestionado por su carga sustancialista o idealista, ese concepto alude al "perfil" de una época, al conjunto de actitudes, los modos de ser y de actuar, los valores y las creencias dominantes vinculados a una cultura o una comunidad en un determinado período de la historia.

Por nuestra parte, las nociones de "imaginario militante setentista", que empleamos de manera indistinta con la categoría de "memoria militante setentista" o de "espíritu de época setentista", aluden tanto a las ideas, discursos y representaciones en torno al activismo político de los años setenta que se desprenden de los propios documentos de la época, como a aquellos relatos que, desde la actualidad, intentan dar cuenta de esa matriz representacional.

Svampa (2003) denomina casualmente "*ethos* de los setenta" al espíritu de época o al imaginario dominante durante esos años de pasión, movilización y radicalización política:

> el período que va de 1973 a 1976 presenta una especificidad propia, pues encarna como pocos un punto de máxima condensación de tensiones y contradicciones [...].
> ...la época expresa también el clímax de un *ethos* específico, consustancial a la acción de los actores centrales de la sociedad movilizada de los años setenta, procedentes de las clases medias y de las clases trabajadoras[101].

> El *ethos* de los '70 se caracterizó entonces por la desconfianza en las vías reformistas y el desprecio por el sistema partidocrático, en suma, por el compromiso revolucionario. Su encarnación más acabada fue la figura del militante político, definido por una "mística" revolucionaria, vale decir por un compromiso que se postulaba como permanente y radical[102].

Aunque no existen estudios sistemáticos sobre las propiedades enunciativas y argumentativas de los discursos de la militancia seten-

---

[101] Svampa, 2003: 27.
[102] Idem: 28.

tista, es interesante remarcar, sin embargo, que varios estudios sobre el imaginario militante setentista aluden a la naturaleza marcadamente "dialogal" o "dialógica" de esa discursividad, aspecto especialmente relevante para nuestra investigación por cuanto se vincula con un rasgo que también caracteriza, de manera notable, al discurso kirchnerista. Al respecto, Svampa (2003) señala que

> en los '70, la reivindicación del diálogo como modalidad fundacional del vínculo entre Perón y el Pueblo encontraba afinidad con una serie de prácticas constitutivas de la experiencia política de la JP, como lo muestran paradigmáticamente los actos políticos de la época, en los cuales era habitual que los oradores fueran interrumpidos por algún participante o por la multitud, para corear una consigna determinada. La revista *El descamisado*, el órgano de Montoneros, se había encargado de ilustrar lo esencial de la dinámica de relación, utilizando la estructura del 'diálogo' a la hora de reproducir los discursos de sus dirigentes[103].

En efecto, el diálogo aparece como un formato propio de la discursividad militante setentista: en las publicaciones consultadas –especialmente, pero no solo, en aquellas provenientes de organizaciones peronistas–, es habitual que los militantes dialoguen con Perón –su líder o su adversario, según los posicionamientos de cada organización–, con el pueblo, con sus adversarios, y entre sí. En ese sentido, también Sigal y Verón se han referido al carácter "dialogal" del discurso de la Juventud Peronista, orientado, exhibido y "mostrado" al menos ante dos destinatarios: el primero y privilegiado era el mismo Perón; el segundo, los compañeros militantes y los enemigos internos[104]. Mediante ese "cifrado" y "ambiguo" diálogo con múltiples blancos, la JP identifica enemigos, se acerca o aleja de su líder y busca su identidad político–ideológica en un contexto de fuertes disputas y luchas en el seno del peronismo. Por su parte, Hilb y Lutzky también remarcan la importancia del "diálogo" en los modos de identificación entre Perón y la Juventud Peronista: "la Juventud Peronista legitimaba así su representación del Pueblo: el pueblo es Perón, la JP es Perón;

---

[103] Idem: 19.
[104] Sigal y Verón, 2003: 161.

ergo la JP es el pueblo. *El elemento central de esa identificación era el 'diálogo' en contraposición a la representación formal*"[105].

El *corpus de contraste*

Teniendo en cuenta los objetivos de nuestra investigación, y dada la ausencia de investigaciones sistemáticas sobre las propiedades lingüísticas de los discursos militantes, construimos un corpus de contraste conformado por un conjunto abierto y aleatorio de textos, folletos, artículos, editoriales y notas periodísticas representativas de lo que denominamos "memoria militante setentista". Para ello, nos fundamentamos en el concepto de "Nueva Izquierda" acuñado por Pucciarelli (1999) y Tortti (1999), que refiere a una serie de agrupaciones peronistas y no peronistas, armadas y no armadas de jóvenes militantes, surgidas en los años setenta en la Argentina, que comparten una serie de rasgos comunes. El objetivo de este cuerpo de textos es dar cuenta del imaginario setentista que, según postulamos, aparece representado, evocado y reelaborado en el discurso presidencial, para así rastrear las recurrencias, continuidades, reelaboraciones y reapropiaciones de ese universo político-ideológico.

Para la conformación de este corpus de contraste recurrimos a fuentes primarias y secundarias. Entre las primarias, tomamos algunos folletos, artículos, editoriales y notas extraídos de las principales publicaciones y órganos de difusión (entre los años 1973 y 1976) de cuatro de las organizaciones políticas más significativas entre las seleccionadas por Tortti (1999), intentando seguir el triple criterio metodológico de exhaustividad, complementariedad y mutua excluyencia, y cuyo recorte responde al criterio de saturación. La elección del período 1973-1976 responde a que se trata del período de mayor

---

[105] Hilb y Lutzky, 1984: 50, el resaltado es nuestro. Esto era asimismo reivindicado y señalado por los propios militantes peronistas, que en un panfleto afirman: "Nosotros en la JP tenemos ese estilo peronista, porque como lo dijo el General Perón recientemente lo conocemos, lo sentimos y lo vivimos en nuestros hogares: el diálogo, exclusividad peronista, lo llevamos grabado en el subconsciente" (*JOTAPE, Órgano oficial de la Juventud Peronista* N° 0, septiembre de 1973, en Hilb y Lutzky, 1984: 50).

crecimiento y mayor presencia pública de las agrupaciones, durante el cual proliferan múltiples publicaciones en las que se despliega una "doctrina" militante. En ese sentido, consideramos las siguientes publicaciones, de las que consultamos los números disponibles en la hemeroteca del Centro de Documentación e Investigación de la Cultura de Izquierdas en Argentina (CeDInCI): *El Descamisado*; *Militancia* (Juventud Peronista-Montoneros); *Estrella Roja*; *El Combatiente* (Partido Revolucionario de los Trabajadores-Ejército Revolucionario del Pueblo); *Nueva Hora* (Partido Comunista Revolucionario); *Avanzada Socialista* (Partido Socialista de los Trabajadores)[106]. Las cuatro agrupaciones políticas consideradas conforman un abanico amplio: al tomar en cuenta materiales provenientes de organizaciones peronistas y no peronistas (trotskistas, foquistas y comunistas) y organizaciones que abrazaron la lucha armada y otras que rechazaron esa metodología, buscamos construir una muestra representativa de los discursos, ideas, representaciones, imágenes, símbolos, modos de decir y de hablar que conforman el imaginario de la militancia setentista[107].

Entre las fuentes secundarias, consultamos las compilaciones de textos y documentos de organizaciones políticas y armadas realizadas por Baschetti (1996) para las organizaciones peronistas y por De Santis (2004) para el caso del PRT–ERP; y nos nutrimos asimismo de los numerosos trabajos de investigación en el campo de la historia reciente, que tomamos como referencia para aprehender los principales ele-

---

[106] Empleamos las siguientes abreviaturas para referirnos a cada una de las publicaciones: *El Descamisado* (ED); *Estrella Roja* (ER); Nueva Hora (NH) y *Avanzada Socialista* (AS). Consultamos 46 números (entre mayo de 1973 y abril de 1974) de ED; 18 números de ER (entre junio de 1973 y marzo 1976); 11 números de NH (entre mayo de 1973 y agosto de 1974) y 39 ejemplares de AS (entre enero de 1973 y diciembre de 1974). La revista *El Combatiente* (EC), fue compilada por De Santis (2004); *Militancia, Cristianismo y Revolución* (CyR) y *Envido*, por su parte, se encuentran en Baschetti (1996).

[107] Dado que no es nuestro objetivo estudiar ni analizar esas agrupaciones políticas, los textos citados funcionan como referencias meramente ilustrativas, y no conforman un corpus sistemático. Para conocer sus modos de organización, sus alianzas y divisiones internas, sus puntos de debate, confrontación e identificación remitimos a Hilb y Lutzky (1984), a Tortti (1999), así como a los trabajos referidos en la nota 95.

mentos del universo de referencias de la militancia setentista. Ellos constituyen una rica fuente de información sobre los aspectos representacionales y simbólicos de ese imaginario, de gran utilidad para elaborar criterios comparativos y analíticos que echen luz sobre las características de nuestro propio objeto de investigación, y así dar cuenta de los modos de evocación/reelaboración de la memoria setentista.

La remisión al corpus de contraste no solo aporta evidencia empírica para apoyar nuestro análisis, sino que, sobre todo, enriquece y engrosa los saberes sobre el universo de representaciones, ideas y creencias que configuran el imaginario o el "espíritu de época" setentista. En efecto, como dice Sarlo,

> sobre las décadas del '60 y '70 existe una masa de material escrito, contemporáneo a los sucesos –folletos, reportajes, documentos de reuniones y congresos, manifiestos de programas, cartas, diarios partidarios y no partidarios–, que seguían o anticipaban el transcurso de los hechos. Son fuentes ricas, que sería insensato dejar de lado porque, a menudo, dicen mucho más que los recuerdos de los protagonistas, en todo caso, *los vuelven comprensibles porque le agregan el marco de un espíritu de época*[108].

Aunque, como señalamos, la memoria setentista no puede conceptualizarse como un bloque cerrado y homogéneo, es posible hablar de un espíritu de época o de un imaginario setentista, esto es, una "unidad de hecho" que comprende discursos y acciones convergentes, cierto ideario, ciertos modos de concebir la política, un "lenguaje común" y un "común estilo político", al decir de Pucciarelli. Desde nuestro punto de vista, la "memoria militante setentista" no es un objeto preexistente e independiente de su reinterpretación contemporánea, sino que resulta de una "elaboración" discursiva que retoma pero también olvida aspectos de ese pasado reciente. Esa categoría alude tanto a las ideas y discursos que se desprenden de los propios documentos de la época, como a aquellos relatos que, desde la actualidad, reconstruyen esa matriz creencial, ideológica y representacional. En ese sentido, no es nuestro interés cotejar la "adecuación" del discurso kirchnerista con

---

[108] Sarlo, 2005: 83, el resaltado es nuestro.

respecto al setentista, sino dar cuenta del modo en que este es representado y reactualizado en el discurso político contemporáneo.

A partir del recorrido analítico y teórico que realizamos en este capítulo, y atendiendo a nuestras hipótesis y preguntas de investigación, en los siguientes nos concentramos en el análisis del discurso kirchnerista en relación con la memoria militante setentista en sus dos dimensiones: en tanto memoria representada y en tanto memoria incorporada.

Capítulo II
La memoria representada.
Relatos sobre el pasado reciente

Todo discurso político construye algún tipo de vínculo con el pasado, en la medida en que busca filiarse en cierta tradición histórica y rechazar otra(s). En cuanto al kirchnerista, este se distingue de otros discursos políticos en tanto se inscribe en una tradición nunca antes reivindicada desde la posición de enunciación presidencial: la memoria de los jóvenes militantes de los años setenta, una memoria que se construye y configura discursivamente, y que, por ello, incide directamente en los modos de definición del *ethos* presidencial. Como es evidente, la identificación del discurso kirchnerista con esa memoria se incluye en un relato integral sobre el pasado, relato que, a su vez, participa de las luchas por la hegemonía.

Desde nuestra perspectiva, tal como adelantamos, el vínculo que el discurso kirchnerista entabla con la memoria militante setentista debe abordarse, por un lado, considerando la representación discursiva, la interpretación o el relato que el discurso presidencial construye, desde el presente de la enunciación, sobre el pasado cercano, aspecto del nos ocupamos en el presente capítulo. Por otro lado, mediante el análisis de la "incorporación" de la memoria, examinando los ecos y las reverberaciones que, en la propia materialidad lingüística del discurso y del *ethos* kirchnerista, reenvían una y otra vez a la matriz discursiva de la militancia radicalizada, dimensión que tratamos en los próximos dos capítulos.

1. Interpretaciones, relatos y representaciones del pasado en el discurso político

A partir de los postulados de la pragmática y especialmente del llamado "giro lingüístico", lo discursivo ya no puede concebirse como una dimensión distinguible o derivada de los "hechos", ni como el mero reflejo de una realidad externa y preexistente, sino como un aspecto constitutivo de su emergencia, fuera del cual no existe orden simbólico ni realidad posible. En ese sentido, y dado que la memoria es un fenómeno social y colectivo, una compleja construcción dinámica, procesual y no azarosa, en la que se entrelazan recuerdos individuales y colectivos, experiencias pasadas y situaciones presentes (Halbawchs, 1950), el pasado debe pensarse como una elaboración discursiva, como un "artificio", un relato o una narración producto del modo en que los historiadores y/o los protagonistas lo recortan, lo interpretan y lo reconstruyen desde el presente.

Para abordar los procesos históricos y los hechos del pasado, los discursos políticos se nutren de representaciones, esto es, de imágenes, ideas, discursos, creencias, todos ellos componentes imaginarios y culturales que, como afirma Vezzetti, constituyen "la materia misma de la memoria y las experiencias sociales"[109] y que otorgan espesor y legitimidad a su trama discursiva. Como sostiene White, los acontecimientos históricos se narran, se representan, se escriben y reescriben como si fueran reales, pero de acuerdo con las reglas de una trama ficcional (narrativa, argumentativa y explicativa) que "nos muestra un mundo supuestamente 'finito', acabado, concluso, pero aún no disuelto, no desintegrado [en el que] la realidad lleva la máscara de un significado"[110]. El pasado no es un "dato" objetivo dado al observador, sino que se construye simbólicamente en procesos de interpretación y dotación de sentido. Si bien es cierto que las interpretaciones posibles están sujetas a ciertas reglas y límites que definen lo decible, lo pensable y lo debatible en un determinado momento histórico, el pasado es un terreno simbólico plástico, maleable, abierto e indefinido, siempre al alcance de los intereses, las ideologías y las luchas políticas del presente.

---

[109] Vezzetti, 2009: 14.
[110] White, 1992: 35.

En esa medida, todo relato o narración del pasado tiene un enorme potencial disruptivo y transformador, esto es, político, porque participa del conflicto por las interpretaciones y de las luchas por el sentido, y se posiciona en esa disputa por la "hegemonía hermenéutica"[111]. De este modo, el sentido del pasado es siempre el producto de una lucha por la interpretación y hegemonización de los acontecimientos pretéritos, y surge de narraciones, relatos e interpretaciones discursivas que crean performativamente efectos políticos en el presente. Como dice Forster:

> La memoria es una política. La memoria es un territorio de conflictos. La memoria nunca es ingenua, nunca es neutral, nunca es objetiva. [...] La memoria entonces es un campo de batalla, es un lugar de conflicto, es un lugar bélico[112].

En un trabajo clásico, Hobsbawm (1983) sostiene que los grupos políticamente dominantes "inventan" tradiciones con el fin de inculcar ciertos valores, normas, creencias o verdades por medio de su repetición, y de legitimar relaciones de autoridad o acciones presentes en base a la evocación de (ciertos) hechos del pasado. Estas prácticas o rituales "inventados" conforman el sustento de los procesos de cambio o de institucionalización política e ideológica, y están en la base de la configuración de las comunidades reales o artificiales. Esta pretendida continuidad entre las tradiciones inventadas y el pasado histórico referido puede ser, en gran parte, ficticia o falseada, pero debe en todo caso resultar "adecuada" a los fines perseguidos en la actualidad. De allí que las historias "oficiales" se nos presenten siempre "en la forma de una narrativa que atribuye a esas entidades la continuidad de un 'sujeto'"[113], figura histórica recuperada del acervo de la memoria colectiva para dar forma y sustento a una identidad nacional o comunitaria.

En el proceso de configuración de la memoria colectiva no todos los grupos o actores sociales tienen la misma capacidad para fijar las coordenadas o establecer la agenda acerca del pasado: en efecto, existen memorias dominantes y dominadas que se superponen y están en disputa. Las distintas interpretaciones en pugna pueden pasar por procesos de "oficialización" que las cristalizan en relatos estables, perdurables y políticamente operativos. Relatos selectivos, las "memorias

---

[111] Grüner, 1995: 14.
[112] Forster, 2002: 16.
[113] Briones, 1994: 115.

oficiales" son "intentos más o menos concientes de definir y reforzar sentimientos de pertenencia, que apuntan a mantener la cohesión social y a definir fronteras simbólicas"[114]. Esos procesos de oficialización dan lugar a interpretaciones públicas que definen memorias dominantes, y a su vez pueden ser cuestionados por "contra–historias" que pujan por hegemonizar sentidos sobre el pasado. Las luchas por la interpretación del pasado son, así, procesos fundamentalmente identitarios, puesto que ellas contribuyen a definir un "nosotros" que busca hegemonizar ciertas lecturas, en tensión con otras, "fijando" una interpretación del ayer y otorgando así un sentido al presente.

Aboy Carlés dice que todo discurso político es inherentemente fundacional o refundacional, en la medida en que siempre se presenta a sí mismo como una ruptura radical con un pasado demonizado o denostado –frente al cual se erigiría el "verdadero" país–, y como la fundación de una novedad:

> La construcción de un "efecto de frontera" entre dos realidades, entre dos tiempos históricos, no es tarea fácil. Este proceso de demonización del pasado y elaboración de un futuro venturoso puede, sin embargo verse facilitado cuando muestras arquetípicas de ese pasado aparecen en una dimensión presente y pueden ser organizadas en el discurso de quien se asume como constructor de un nuevo horizonte bajo la forma del riesgo, riesgo a un retroceso hacia el punto que él mismo ha definido como calamitoso[115].

Así, todo discurso político supone siempre la recuperación de una determinada tradición política –con la consiguiente negación de otras, todas ellas resignificadas desde la óptica hegemónica–, y la presentificación de un futuro armonioso en el que se habrán superado los conflictos heredados, de modo que las lecturas hegemónicas del pasado siempre cobran sentido a partir de la coyuntura en la cual este es reinterpretado y de las perspectivas futuras que ellas inauguran.

En este marco, al referirnos a la memoria representada, aludimos a las lecturas, interpretaciones o relatos del pasado que el discurso kirchnerista elabora; en otras palabras, nos referimos al modo en que este

---

[114] Jelin, 2002: 40.
[115] Aboy Carlés, 2001: 187.

tematiza, narra o relata el pasado cercano, seleccionando ciertos acontecimientos, hechos y aspectos (y dejando de lado otros), y construyendo series que, retrospectivamente, ofrecen una determinada visión –que participa de las luchas por los sentidos del pasado y pugna por devenir hegemónica– sobre los últimos treinta años de historia argentina.

2. Dos relatos sobre el pasado reciente

En el conjunto de alocuciones del ex presidente Kirchner existe una gran proporción de discursos dedicados a tematizar, narrar y relatar el pasado reciente, en los que se delinea una imagen, se trazan recorridos históricos y se reconstruyen ciertas representaciones acerca de los últimos treinta años de historia argentina[116]. Un recorrido por esos discursos pone de manifiesto que en el discurso kirchnerista coexisten al menos dos representaciones del pasado reciente, que participan de distintos universos y espacios discursivos. A partir de ambas lecturas, ya desde los albores del período, el discurso kirchnerista ha tomado parte en la lucha política por el sentido del pasado y fijado una lectura "oficial" sobre la cuestión, lo que también permitió dar forma a la identidad política del kirchnerismo y delinear los principales rasgos del *ethos* presidencial.

2.1. El pasado denostado: preconstruido y metáfora

Una primera representación sobre el pasado cercano, que se muestra como "objetiva" y como no mediada por el posicionamien-

---

[116] Aproximadamente 180 discursos presidenciales (21% de los 830 totales) se ocupan -más o menos extensa y explícitamente- del pasado inmediato. En algunos casos, esas alocuciones se pronunciaban en el marco de fechas alusivas (24 de marzo, día de la militancia, cenas de camaradería o eventos con las Fuerzas Armadas, homenajes); en otros casos, el locutor introducía fragmentos referidos al pasado reciente en actos vinculados con temas diversos (actos de campaña, inauguraciones, aniversarios, firmas de convenios, presentaciones, etc.). En los discursos de Apertura de Sesiones, por su parte -los más pautados y estandarizados en términos de organización y disposición de la disertación-, siempre se dedica al menos una sección a la cuestión de los derechos humanos y la memoria del pasado reciente.

to subjetivo del locutor, consiste en identificar una continuidad y una identidad política, económica, ideológica y simbólica entre la última dictadura militar y la instauración y desarrollo de un régimen econó-mico –el neoliberalismo– cuyo corolario y máxima expresión se habrían manifestado en la década del noventa y en el estallido del año 2001. De este modo, el discurso kirchnerista reconstruye las últi-mas tres décadas como un bloque temporal que va desde el año 1976 hasta el 2001, bloque que aparece definido casi sin matices ni amba-ges y en el que, reiteramos, se homologan las prácticas dictatoriales con el modelo económico neoliberal.

Es preciso remarcar que, ciertamente, esta lectura del pasado reciente no es totalmente arbitraria, sino que ancla en cierta tradición de pensamiento científico–académico (especialmente, en la sociolo-gía y la historia económica), que postula desde hace ya varios años que, en efecto, con la dictadura militar se produjo una interrupción súbita del proceso de sustitución de importaciones iniciado décadas atrás, y su reemplazo forzado por un nuevo patrón de acumulación económico, fundamentalmente centrado en la valorización financie-ra (Basualdo, 2006; Novaro, 2006a; Azpiazu y Schoor, 2010)[117].

Este modo de representar el pasado reciente constituye, desde nues-tro punto de vista, una de las apuestas discursivas más eficaces que el kirchnerismo llevó adelante durante los primeros años de gobierno, puesto que logró un alto grado de aceptación y circulación social. En efecto, en diversos ámbitos –tanto académicos como en la opinión pública– se ha expandido la idea de que uno de los principales objeti-vos perseguidos por la dictadura militar iniciada en 1976 fue imponer un plan económico cuya apoteosis y cara más extrema se vivió durante

---

[117] En palabras de E. Basualdo, "[e]l régimen social de acumulación que impuso la dictadura militar, interrumpiendo la industrialización basada en la sustitución de importaciones, constituyó un caso particular del nuevo fun-cionamiento de la economía mundial, quizás el más profundo y excluyente en América Latina en términos relativos. [...] en la sociedad argentina se impuso un planteo donde la valorización financiera del capital devino como el eje ordenador de las relaciones económicas, lo cual, por cierto, no aludió únicamente a la importancia que adquirió el sector financiero en la absor-ción y asignación del excedente sino a un proceso más abarcativo que revo-lucionó el comportamiento microeconómico de las grandes firmas oligopólicas, así como el de la economía en su conjunto" (2006: 130).

el menemismo y que derivó en la crisis del año 2001. Sin embargo, esa no era una visión corriente, ni mucho menos hegemónica, antes de la emergencia del kirchnerismo: es cierto que en determinados círculos, especialmente en el académico, el vínculo entre dictadura y neoliberalismo ya había sido profusamente estudiado, y puede decirse que también en ciertos espacios políticos –las organizaciones de derechos humanos, ciertos movimientos sociales– esa lectura era predominante. Pero esa interpretación del pasado no era ni legítima ni expandida en el espacio político, ya que nunca antes se había planteado, desde el discurso oficial, la connivencia y el vínculo existente entre la represión militar y la implantación del neoliberalismo en la Argentina. La instauración de esta interpretación del pasado constituye, en efecto, un importante éxito del kirchnerismo en la batalla ideológico-discursiva por hegemonizar y fijar sentidos sobre el pasado reciente.

Puede decirse que dos son las repercusiones que este modo de reconstruir e interpretar el pasado reciente argentino genera en el espacio público. Por un lado, se homologan los "delitos penales" (torturas, secuestros, desapariciones) perpetrados por el régimen militar con los "delitos económicos" que el modelo avalado por la dictadura impuso (Novaro, 2008). Por otro lado, en estrecha relación con esto, una segunda implicancia, fundamental en términos de construcción de una memoria colectiva sobre el pasado cercano, consiste en la instauración del concepto de "dictadura cívico-militar"[118], concepto que permite, discursiva y políticamente, equiparar a distintas figuras de la sociedad civil pertenecientes a diversas corporaciones –dirigentes y funcionarios políticos, miembros del Poder Judicial, prensa, Iglesia, sector agropecuario, empresarios, organismos internacionales– con los integrantes y partícipes directos del régimen militar. A partir de esta visión incluso se ha procesado judicialmente a algunos actores de la sociedad civil por su participación en distintos delitos durante el período dictatorial[119].

---

[118] Novaro y Palermo (2004), Novaro (2006a) y Vezzetti (2009), entre otros, analizan el proceso dictatorial en esa clave. Según esta hipótesis de lectura, la dictadura se sustentó en una "convergencia cívico-militar" que proporcionó las bases de apoyo del régimen.

[119] Es el caso del ex capellán Cristian von Wernich (2006), y, recientemente, del ex juez federal Víctor Brusa (2009) y del ex ministro de Economía José Alfredo Martínez de Hoz (2009).

Pero ¿cómo se articula y se despliega este primer tipo de lectura del pasado en el discurso presidencial? En el fragmento que sigue, extraído del discurso pronunciado en el Día de la Memoria del año 2006, el ex presidente ofrece una revisión extensa y explicativa de la última dictadura militar, que pone el foco, precisamente, en el vínculo existente entre la represión, la fragmentación social, el silenciamiento político, y la implantación de un modelo económico "de valorización financiera y ajuste estructural", cuya vigencia hasta la década del noventa es acentuada. En el segmento predomina un tono pedagógico que ancla, aunque no de forma explícita, en el imaginario académico de la economía política:

> El poder dictatorial pretendía así que el pueblo todo se rindiera a su arbitrariedad y su omnipotencia. *Se buscaba una sociedad fraccionada, inmóvil, obediente, por eso trataron de quebrarla y vaciarla de todo aquello que lo inquietaba*, anulando su vitalidad y su dinámica y por eso prohibieron desde la política hasta el arte.
>
> *Sólo así podían imponer un proyecto político y económico* que reemplazara al proceso de industrialización sustitutivo de importaciones por un nuevo modelo de valorización financiera y ajuste estructural con disminución del rol del Estado, endeudamiento externo con fuga de capitales y, sobre todo, con un disciplinamiento social que permitiera establecer un orden que el sistema democrático no les garantizaba.
>
> Para el logro de estos objetivos querían terminar para siempre con lo distinto, con lo plural, con lo que era disfuncional a esas metas. Ese modelo económico y social que tuvo un cerebro, que tuvo un nombre y que los argentinos nunca deberemos borrar de nuestra memoria y que espero que también la memoria, justicia y verdad llegue, se llama José Alfredo Martínez de Hoz.
>
> Lamentablemente, *este modelo económico y social no terminó con la dictadura; se derramó hasta fines de los años '90*, generando la situación social más aguda que recuerde la historia argentina". (Colegio Militar de la Nación, 24/03/2006)[120]

---

[120] En los ejemplos, los resaltados en cursiva son siempre nuestros.

El empleo del pretérito perfecto simple ("trataron", "prohibieron", "tuvo", "no terminó", "se derramó"), aporta una idea de conclusividad y cierre: el bloque histórico, político e ideológico al que el discurso kirchnerista alude tiene un principio y un fin, y, sobre todo, tiene un responsable. En ese sentido, a pesar de que el fragmento incluye numerosas frases nominales y nominalizaciones ("el poder dictatorial", "ese modelo económico y social"), y construcciones impersonales ("se buscaba", "trataron", "prohibieron", "querían terminar", "se derramó") que concuerdan con su tono pedagógico y académico, el proceso que el locutor denuncia no es un proceso desagentivado ni impersonal, sino un "modelo económico y social" y un "proyecto político y económico" llevado adelante por actores históricos con un "cerebro" y un "nombre". El fragmento enfatiza además el hecho de que ese modelo tuvo plena vigencia hasta los años noventa: allí el empleo del verbo "derramar" hace resonar, en la misma sintonía, las "teorías del derrame" asociadas con el paradigma neoliberal. El carácter conclusivo de esta interpretación del pasado se observa también en el siguiente discurso, donde claramente se pone de manifiesto el aspecto fundacional de la intervención discursiva kirchnerista, que al identificar, nombrar y delimitar ese pasado demonizado, lo clausura y abre así un nuevo ciclo:

> Vivimos el final de un ciclo, estamos poniendo fin a un ciclo que iniciado en 1976 hizo explosión arrastrándonos al subsuelo en el 2001. (02/09/2003)

El mismo tipo de relato se bosqueja en los siguientes fragmentos: mientras en el primero las prácticas represivas de "persecución" política a ciertos sectores son vinculadas con un proceso más amplio de "persecución a un proyecto colectivo de país", en el segundo la dictadura y la década del noventa aparecen, ambas, como causantes –en igual medida– del exilio de numerosos sectores de la sociedad:

> …sabemos también que construir justicia es vencer la indigencia, la pobreza, la desocupación, la exclusión, dar acceso a las posibilidades de investigación, de educación, la defensa de las ideas, la consolidación de nuestros intelectuales, que nuestros trabajadores, de nuestra clase media, están mancomunados y no son cosas separadas. Porque evidente-

> mente las cosas que pasaron en el '76 y durante toda la dic-
> tadura militar tampoco estaban separadas, cuando se proce-
> día sobre determinados hermanos y hermanas era
> precisamente para consolidar la entrega, la exclusión, el des-
> amparo y la destrucción de la Patria, no eran persecuciones
> individuales, era la persecución a un proyecto colectivo de
> país, con pluralidad, consenso y democracia. (15/12/2006)
>
> Es una emoción profunda encontrarme con hermanos y
> hermanas que la mayoría de ellos forma parte de los dos
> últimos grandes exilios que vivió la Patria, el exilio del terri-
> ble y horroroso golpe de 1976 que dejó sobre las espaldas
> de la Patria 30.000 desaparecidos, impunidad, quiebre de
> valores, y se llevó la parte más lúcida y más importante de
> nuestra generación, y el país, lamentablemente sintió dura-
> mente esa pérdida. El otro exilio fue el de la década del '90,
> las conclusiones finales del proyecto elaborado por la dicta-
> dura militar a través de Martínez de Hoz, que tuvo su refle-
> jo en la etapa democrática que nos tocó vivir en la década
> del '90. (23/06/2006)

En cuanto a los modos de construcción discursiva de ese "bloque"
histórico que vincula la dictadura con el neoliberalismo podemos
decir que, en primer lugar, este se configura mediante el empleo de
estructuras que generan un efecto de evidencia o de preconstruido[121], tales como las presuposiciones de existencia:

> Entre todos tenemos que repensar profundamente esta
> Argentina, la tenemos que ir levantando ladrillo tras ladrillo
> con mucho esfuerzo y, más allá de la visión que cada uno ten-
> ga, más allá del concepto filosófico que cada uno tenga pero
> teniendo en claro este principio central que es la recuperación
> entre todos, que es una tarea conjunta de la dignidad avasa-
> llada y perdida por las políticas que se profundizaron en la
> década del '90 y que empezaron en 1976. (13/08/2003)
>
> Con toda honestidad y con la mano sobre el corazón, les
> digo que no podemos seguir analizando la política argentina
> y las decisiones institucionales con la cultura y la práctica polí-
> tica de los '90 o con la que se fue cultivando del '76 en ade-

---

[121] La noción de *preconstruido* pertenece a Pêcheux (1975).

> lante que tuvo su profundización aquel momento, donde parecía ser que cada decisión política tenía una alquimia maléfica para destruir otras cosas, otros hechos, otras personas o decisiones. (Acto de designación de G. Ocaña, 06/01/2004)

Como se observa en los últimos ejemplos, la asociación entre dictadura y neoliberalismo es presentada como un saber preexistente, evidente o presupuesto. La presuposición de existencia se desencadena por la presencia de la descripción definida (las políticas que se profundizaron; la cultura y práctica política que se fue cultivando del '76 en adelante y que tuvo su profundización en los '90), y provee al discurso presidencial de un efecto de verosimilitud y evidencia que lo valida y lo legitima.

Este primer relato que el discurso kirchnerista construye acerca del pasado reciente, que refiere a un tiempo, un régimen y un espacio político–ideológico denostado y destinado a ser superado, también aparece representado en ciertos enunciados metafóricos. En efecto, es posible identificar algunos sintagmas en los que se producen deslizamientos y desplazamientos semánticos desde el campo de lo militar o dictatorial hacia lo económico. Un primer sentido metafórico se registra en los siguientes enunciados:

> También dijimos que íbamos a poner en marcha paulatinamente un plan de obras públicas. ¿Con qué plata?, nos decían los economistas ortodoxos, que las cuentas, que el ajuste; toda esta teoría con que nos han atormentado y torturado durante tanto tiempo. (27/06/2003)
>
> …para dejar atrás esa vieja Argentina que hasta hace muy poco tiempo martirizó a todos los argentinos en el marco de la conducción y el proyecto político que tuvo este país lamentablemente de manera fundamental en la última década del '90, pero que se inició en el marco de 1976 hasta la explosión del 2001. (21/08/2003)

En los fragmentos anteriores la "teoría económica [ortodoxa]" aparece como un mecanismo de torturas y tormentos; luego se afirma que "la conducción y el proyecto político" de la "vieja Argentina" (nuevamente, iniciados en 1976 y concluidos en el 2001) "martirizaron" a los argentinos: mientras "teoría económica", "proyecto" y "modelo político–económico" pertenecen al campo semántico de la economía, "torturar", "atormentar" y "martirizar" se inscriben claramente en la isotopía dictatorial.

Los siguientes fragmentos ilustran otro notable sentido metafórico, ya que en ellos se evoca el sintagma "pensamiento único" –proveniente del campo político–económico– y se lo desplaza hacia el terreno de lo militar–represivo, sustituyendo el calificativo único por uniforme. Como se sabe, "pensamiento único" es una expresión que refiere, globalmente, a las políticas y reformas económicas, de corte neoliberal, impulsadas por el Consenso de Washington para Latinoamérica en la década de 1990, las cuales supusieron una significativa reducción del debate ideológico en la región[122].

> Es evidente que algunos piensan como único futuro posible el que se solucionen temas de su propio interés de la manera que ellos quieren, pero ya vimos adónde llegó la Argentina con la ortodoxia, el fundamentalismo de mercado y el discurso uniforme. Debemos salir del pensamiento único para consolidar la marcha hacia la construcción de un proyecto estratégico que con creatividad, pluralidad y capacidad de adecuación nos contenga a todos los argentinos [...]. Por eso, mis queridos amigos, sé que ustedes sienten la patria y la nación como la sentimos nosotros; sé que ustedes aman la pluralidad y no el discurso uniforme, como lo hacemos nosotros. (10/07/2003).
>
> ...el mal ya estaba insertado, ya había empezado ese modelo que se inició de las manos de Martínez de Hoz y continuó. Después durante la década del '90 se instauró la idea del modelo único, pensamiento uniforme. (Entrevista con la periodista Magdalena Ruiz Guiñazú, 24/05/2007)

El discurso o pensamiento uniforme al que alude el locutor no solo remite al "pensamiento único" neoliberal, sino que reenvía, subrepticia y metafóricamente, al campo de los "uniformes" militares, que además

---

[122] La expresión "pensamiento único", proveniente del campo de la izquierda como crítica al neoliberalismo, remite a una doctrina cuyas principales premisas son, según Ramonet (1995), la primacía de lo económico sobre lo político, la independencia del mercado por sobre el Estado, la importancia del libre cambio, la desregulación, la privatización y la liberalización. Ella supuso una significativa reducción de la discusión y el debate ideológico por imponerse como "única alternativa" (recuérdese la célebre expresión "There is no alternative" de Margaret Thatcher).

se asocian con el "fundamentalismo", la ortodoxia, la "inmovilidad" y la "arbitrariedad". Esos valores negativos, compartidos por el mercado y por el régimen dictatorial, se oponen sustancialmente a la pluralidad, la creatividad y a "lo distinto", "la vitalidad" y la "dinámica", atributos "disfuncionales" que atentan contra la uniformidad y homogeneidad militar y neoliberal.

Finalmente, con efectos discursivos semejantes, organismos y políticas vinculadas con el modelo económico vigente durante la década del noventa impulsado por el Consenso de Washington y por los organismos internacionales de crédito son metafóricamente vinculadas con el campo semántico de lo militar y lo dictatorial:

> Pagamos y dijimos basta. Durante años, aceptamos todo tipo de vejaciones en la Argentina. Venía el Estado gendarme del Fondo Monetario Internacional a decirnos qué es lo que teníamos que hacer… (25/01/2006)
>
> Pagamos 10.200, 10.300 millones de dólares, […] y ya no tenemos más la dictadura del Fondo Monetario Internacional manejando los destinos de los argentinos. (01/03/2007)
>
> La ley ahora que salió, la Ley Previsional, terminamos con la dictadura del sistema previsional donde nadie podía elegir. (28/02/2007)
>
> Un párrafo aparte merece la modificación al régimen previsional que posibilita la libre opción jubilatoria, terminamos con la dictadura, los trabajadores pueden volver a optar por qué sistema se van a jubilar. (01/03/2007)

Así, mientras el FMI aparece definido primero como un "Estado gendarme" y luego como una "dictadura", el sistema jubilatorio implementado en la década del noventa –política que representa de manera paradigmática el modelo de desregulación estatal promovido durante esa década– es caracterizado, también, como una "dictadura previsional" que restringía la posibilidad de elegir.

En suma, esta primera representación del pasado cercano propuesta por el discurso kirchnerista, que visualiza e interpreta las últimas décadas de historia argentina como un bloque temporal con idénticos principios ideológicos, políticos y económicos comprendido entre los años 1976 y 2001, sintetiza, en una única imagen, los atributos propios del universo dictatorial (especialmente su naturaleza represiva, intolerante, arbitraria y violenta. Es decir, su "uniformidad", su carácter mesiánico, fundamentalista e irracional en oposición a "lo diferente", lo "plural" y lo "diverso") y aquellos rasgos que, de manera también estereotipada, parecen caracterizar al modelo económico neoliberal (sobre todo, el hecho de ser restrictivo y represivo en términos de dominación sobre los sectores más desfavorecidos, violento en cuanto a las consecuencias sociales que desencadenó y "fundamentalista" en materia de la ortodoxia que lo sustentaba). Ambos universos, el dictatorial y el neoliberal, son entonces definidos como igualmente siniestros, crueles y atroces, y en esa medida aparecen como un pasado que debe ser superado de forma definitiva[123].

A esa entidad discursiva que es el bloque dictadura–neoliberalismo –en tanto unidad temporal con una clara identidad político–ideológica, que tiene inicio y fin y es imputable a ciertos actores responsables– se opone otra representación del pasado, radicalmente distinta, que remite al pasado de la militancia y el activismo político, encarnado paradigmáticamente en la figura de los jóvenes militantes setentistas.

2.2. El pasado rememorado: narración y subjetividad

En paralelo y en oposición a la primera interpretación del pasado cercano que acabamos de describir, en el discurso kirchnerista es posible identificar un segundo tipo de relato: se trata de una lectura más intimista, más personal, más testimonial y subjetiva que la anterior, que se vincula con la experiencia del locutor como joven militante, por

---

[123] Aunque corresponde al mismo período temporal, en nuestro análisis no consideramos los segmentos en los que el discurso presidencial construye representaciones sobre la Guerra de Malvinas y sus protagonistas, dado que ellos no poseen un peso significativo en el conjunto de las alocuciones presidenciales. Sin embargo, debemos apuntar que los protagonistas de Malvinas no fueron olvidados: por el contrario, desde un posicionamiento ambiguo que condena la guerra impulsada por un gobierno dictatorial pero honra a los "héroes malvineros", ellos fueron repetidas veces homenajeados e incluso resarcidos económicamente, pero no son figuras con las que el discurso presidencial se identifique.

lo que predomina el tono narrativo, con una marcada presencia de anécdotas, homenajes y testimonios, y una notable cantidad de marcas de subjetividad-afectividad que remiten a la posición de enunciación del propio locutor. Si este relato sobre el pasado de la militancia está plagado de tópicos, rasgos y atributos estereotípicos, podemos decir que, a su vez, ellos tienen correlato en la propia discursividad de la Nueva Izquierda radicalizada: como veremos en los próximos capítulos, la subjetividad militante también se configuraba en torno a ciertos atributos típicos que daban forma a un cierto *ethos*, el *ethos militante*.

Para construir esta segunda representación del pasado, el ex presidente se inscribe explícitamente en esa "generación" de jóvenes militantes cuyas prácticas, valores, ideales, creencias y sentidos de la política reivindica. Así lo afirmaba en su primera alocución pública como primer mandatario, en el discurso del 25 de mayo de 2003:

> *Formo parte de una generación diezmada, castigada* con dolorosas ausencias; *me sumé a las luchas políticas creyendo en valores y convicciones* a las que no pienso dejar en la puerta de entrada de la Casa Rosada. (25/05/2003)

El vínculo que se establece entre el locutor y la escena discursiva que esta segunda representación del pasado recrea es un vínculo de identificación: en efecto, en las numerosas secuencias en las que el ex presidente narra las gestas, valores y prácticas de los compañeros de su generación, el "ellos" de los militantes se funde con el "yo", y remite al propio pasado personal del locutor, que se posiciona como protagonista o testigo directo del relato:

> …esta provincia que conozco tanto, donde conocí a mi compañera, a Cristina, *donde militábamos juntos en los años `70, en los años duros,* antes que venga el General Perón y por supuesto cuando llegó el General Perón, *cuando éramos muy poquitos los que dejábamos nuestras cosas personales y salíamos a levantar la bandera del retorno del General,* las ideas de todo un pueblo, que durante 18 años no desmayó […]. Después tuvimos que salir de la provincia de Buenos Aires porque los hombres y mujeres comprometidos con el pueblo, con las luchas de liberación nacional, con las ideas inquebrantables fuimos perseguidos, fuimos presos. […] y nosotros fuimos de los tantos que tuvimos que optar por el exilio interno, tuvimos que ir allá a Santa Cruz. Y por supuesto

> cuando llegamos a Santa Cruz nos esperó también una cár-
> cel para tratar de castigar las ideas que teníamos.
> (22/08/2005)

En cuanto a su inscripción genérica, puede decirse que si la primera lectura sobre el pasado se situaba preponderantemente en el
ámbito académico de la economía política, esta segunda interpretación se alinea, por un lado, en el género testimonial, y por otro lado,
en el género epidíctico.

En su examen sobre la "retórica testimonial" propia de ciertos relatos literarios sobre las décadas del sesenta y setenta, muy expandidos
en el ámbito literario y periodístico de los últimos años, Sarlo (2005)
destaca algunas de sus cualidades estilísticas: generalmente asociados
al género literario o a la literatura non fiction, estos relatos testimoniales suelen narrarse en un presente de la enunciación que organiza la
temporalidad del relato y pone foco en la subjetividad y la implicación
del narrador en los hechos; además, suelen abundar en detalles que for-
talecen el tono de "verdad íntima" de los relatos y recrean un modo
"realista-romántico". Estas narraciones se caracterizan también por
reproducir cierto anacronismo "trivial" que, aunque inevitable, resulta
en un "aplanamiento de las texturas temporales", y termina por priorizar el aspecto afectivo en detrimento del político–ideológico, sacrifi-
cando la cara intelectual y la lógica de ideas que sustentaba el
imaginario setentista (Sarlo, 2005: 59–95). Como podrá observarse en
los ejemplos que siguen, aunque el discurso presidencial se encuentra
lejos de reproducir ese estilo narrativo, existen numerosos fragmentos
en los que algunos de esos rasgos estilísticos resuenan.

Esta segunda interpretación del pasado evoca asimismo los homenajes y los relatos heroicos del discurso militante, los cuales, por su
marcado énfasis en el elogio y la celebración, participan a su vez del
género epidíctico[124]: según Cassin (2008), este género pone fundamentalmente en juego "el poder del orador sobre el espectador", y no
busca tanto la persuasión por la demostración mediante pruebas

---

[124] En efecto, como se verá, en los periódicos de las agrupaciones de jóvenes
militantes habitualmente se dedicaban amplias secciones a rememorar gestas,
acciones, derrotas o triunfos propios o ajenos, y a homenajear a las víctimas
de la represión y a los compañeros desaparecidos o muertos en la lucha.

sino, sobre todo, la "mostración" de la fuerza, los valores, las ideas y los puntos de vista del propio locutor y el "deslumbramiento" del auditorio, construido como un espectador que o bien adhiere o bien se opone a los valores proclamados en el discurso. En efecto, como dice Perelman (1997), el género epidíctico está orientado a confirmar la adhesión del auditorio recreando una comunión en torno a los valores admitidos. Así, al sostener y reforzar las premisas que dan forma a la comunidad de valores, el elogio es fundamentalmente político, y su fuerza *política* procede, como sostiene Cassin, de su poder creativo y performativo:

> en el caso del elogio no se trata simplemente [...] de reforzar, difundir, reinyectar los valores admitidos. Se trata no menos, a mi parecer, de modificarlos y crear otros. [...] Pues no se juega entonces la destreza de una repetición sino la fuerza inventiva y el hechizo ejercidos por la persuasión[125].

Pero ¿cuáles son los indicios y rasgos que el discurso kirchnerista reconstruye en su relato sobre los jóvenes militantes setentistas con los que entabla un vínculo de identificación, filiación y continuidad? En primer lugar, debemos apuntar que esos jóvenes militantes no aparecen –solamente– reivindicados por su estatus de "víctimas" de la represión dictatorial, imagen predominante durante la década del ochenta. El discurso presidencial se inscribe por el contrario en los discursos y testimonios que surgen a mediados de los años noventa de la mano de los movimientos de derechos humanos y en ámbitos artísticos, literarios y académicos, que recuperan y resaltan el carácter "heroico" de los jóvenes activistas setentistas y "repolitizan" la memoria setentista. Como sostiene Longoni, "desde mediados de los años `90, ganó mayor fuerza entre los activistas de derechos humanos la figura del desaparecido como militante, muchas veces reivindicado como héroe de manera acrítica y mitificada"[126]. En este sentido, los protagonistas

---

[125] Cassin, 2008: 115.

[126] Longoni, 2007: 27. Esta recuperación del relato heroico se vincula también con el proceso de "politización" e "ideologización" del discurso de ciertos organismos de derechos humanos que serán luego aliados del kirchnerismo (Novaro, 2008: 21).

del relato kirchnerista sobre la década del setenta se caracterizan más por su carácter de *militantes* y *activistas políticos* que por el de víctimas.

Fundamentalmente, los militantes setentistas son retratados como sujetos jóvenes, definidos por su pertenencia generacional:

> ...nueve granaderos que murieron ese día [del "Bombardeo del '55"], nueve chicos jóvenes, como los del '76, la misma edad, las mismas ganas de vivir, de soñar y de pensar. (16/06/2005)
>
> ...como militante comprometido en aquel tiempo y en aquella época, que no eludo mi historia, *era joven como tanto jóvenes, y no me quito mi responsabilidad por la edad que tenía porque sería un acto de reduccionismo histórico, asumo mi responsabilidad, la edad que tenía* y el tiempo que tenía con esa generación que acertó y se equivocó, pero que tuvo la dignidad de depender, de creer, de acceder, de plantear sus ideas. (01/03/2006)
>
> ...*lo de los chicos es distinto, tenían 20 años.* Yo les pido por esas cámaras que cada uno que esté en su casa mire a su hijo, piense como piense; *20 años tenían. Chicos que a los 20 años habían asumido una responsabilidad que por ahí no habían asumido los propios mayores. 20 años.* Los trataron con una crueldad y una injusticia, con una falta de piedad, una cuestión tan absurda que es incomprensible. Uno ve un chico de 20 años hoy, y claro, uno dice "los chicos", "los nenes", *nosotros teníamos 20 años.* Es inexplicable esa crueldad. (16/03/2006)

Sarlo señala que los relatos sobre las décadas del sesenta y setenta están dominados por un tono "realista-romántico" que se manifiesta en dos rasgos fundamentales: en primer lugar, como ya indicamos, el centramiento casi exclusivo en la primera persona y en la subjetividad del narrador. Y en segundo lugar, la referencia a la "juventud" de sus protagonistas y narradores, que fija la figura de esos "jóvenes" en la de "sacrificados en plena juventud precisamente porque respondían a una imagen de la juventud que coincide con el sentido común: desinterés, ímpetu, idealismo"[127]. También Vezzetti señala que muchas de las "evocaciones retrospectivas de la agitación contestataria anterior a

---

[127] Sarlo, 2005: 75.

1976" suelen aparecer como la "representación de una aventura juvenil"[128], de la que se destaca, según Lesgart, una "praxis ético–moral animada por la 'esperanza de cambio', empapada de 'fraternidad con el otro', de lealtad, amistad, y la creencia en que la voluntad puede ser creadora"[129]. Al igual que en los años setenta, la "juventud" se deslinda de su inscripción sociológica para convertirse en una categoría política, adquiriendo así estatus de "sujeto político". Esa "juventud" en la que el discurso kirchnerista se reconoce, crea un efecto argumentativo potente en tanto recupera, actualiza y reelabora algunos de los rasgos propios de la *doxa* sobre la memoria setentista.

En relación con su carácter juvenil, los militantes setentistas son representados como *valientes y luchadores*: según este relato, la política en los setenta se concebía como una "lucha" o una batalla a ser librada con fortaleza, coraje y valor, lo que generaba angustias y sufrimientos:

> [Carlos] *tuvo la valentía y la presencia* en un momento muy difícil de Argentina de no dejar un solo paso por dar. (10/09/2003)
>
> [Gustavo era] un amigo mío del alma, [...] un militante con quien *compartimos horas de lucha y de angustia* por una patria mejor. (10/02/2004)
>
> La noche del golpe estuvimos juntos en una pensión *tratando de salvar nuestras vidas*, el 24 de marzo de 1976. Compartí con él ideas y esperanzas. (13/12/2004)
>
> ...para ellos [dos compañeros de militancia] nuestro profundo respeto, recuerdo, amor y cariño, los recordamos siempre *en las luchas, en las asambleas, en las peleas, en las discusiones y en los debates* que siempre asumieron con tanta fortaleza y con tanta dignidad, en toda su participación militante comprometida con la historia de este país. (15/12/2006)

La asunción de la tarea política como una "lucha" supone asimismo un gesto de "transgresión"[130] que también caracteriza a los jóvenes militantes:

---

[128] Vezzetti, 2009: 45.

[129] Lesgart, 2006: 183.

[130] El atributo de "transgresión" y "rebeldía" también aparece, en el discurso kirchnerista, fuertemente asociado a la figura de Eva Perón, personaje recurrentemente reivindicado y homenajeado tanto por el discurso presidencial como por el militante.

> ...debe ser algo terrible, imborrable, que te arrebaten de la casa a *alguien que tuvo el derecho de ser transgresor, de pensar, de pensar diferente*, de decir cuáles son sus ideas. (16/03/2006)

Este gesto "transgresor" se vincula además, como se observa en los fragmentos citados, con cierto rasgo de "informalidad" y rebeldía, lo que configura una imagen –que, ciertamente, tiene asidero en el imaginario setentista– de sujetos no atados a las convenciones o a las normas vigentes y capaces de desafiar y cuestionar el *statu quo*, mediante el debate, la discusión, la capacidad de "pensar diferente", el pensamiento autónomo y la participación política.

En tanto jóvenes recién iniciados a la vida política, los militantes setentistas son retratados como *idealistas* y animados por "sueños", "esperanzas" y "convicciones". Su concepción de la política aparece, en esa medida, como fuertemente voluntarista y transformadora:

> ...aquellos que dejaron todo, que *pusieron todos sus ideales* y que soportaron las cosas más atroces por defender un país distinto, un país con justicia, un país plural, un país sin corrupción, un país con igualdad social, un país con igualdad de posibilidades. (28/11/2003)
>
> ...militaron durante muchísimo tiempo y *pusieron sus ideas, su espíritu, su corazón y su vida* al servicio de un proyecto diferente de Argentina (16/12/2003)
>
> ...allí [en El CCD El Olimpo] se enterraron *los sueños de muchos, las esperanzas de toda una generación* que creía y cree que se puede cambiar la Argentina. (04/10/2004)
>
> Son mis amigos, fueron mis compañeros, acertamos y nos equivocamos en muchas de las cosas que hicimos, pero éramos una generación que quería cambiar este país. (31/05/2005)
>
> ...veo hoy en los rostros de ustedes las caras de *miles y miles de amigos y compañeros que hoy no están, pero que militaron conmigo en esa gloriosa JP, que ustedes dicen que lo dejaron todo por la Patria. Veo en vuestros ojos la misma esperanza, el mismo sueño* que tuvimos nosotros cuando nos incorporamos pensando que el país podía cambiar. (19/08/2005)
>
> ...cuando uno ve los nombres, cuando ve el nombre de miles de compañeros que creyeron, y nosotros *seguimos creyendo que se puede construir un mundo mejor y ponemos todo nuestro esfuerzo.* (07/11/2007)

Para Lesgart el kirchnerismo reexamina el pasado con el interés de "resemantizar lo que se entiende como la historia truncada de una juventud que fue el corazón de aquellos años" y "teniendo como premisa las creencias de una juventud del ayer 'que hoy quiere reescribirse'"[131] a la luz de las convicciones, las creencias y los ideales que la animaban, pero desacentuando las experiencias militaristas, autodestructivas o violentas que también configuran la trama de ese pasado.

Los jóvenes activistas que el discurso kirchnerista rememora son hombres y mujeres *comunes* y "del pueblo", y en ese sentido son humildes, simples, trabajadores y también "falibles", pasibles de cometer errores y equivocaciones:

> El hijo del señor Labolita, muy amigo mío, *un chico muy capaz, de trabajo y de esfuerzo,* fue a buscar a su padre que estaba detenido [...] y nunca más lo vimos. (10/09/2003)
>
> ...en muchas *noches de charlas y mate,* en muchos días de militancia conjunta, hablaban con un amor enternecedor de lo que era su tierra... que soñaban con una Argentina totalmente diferente, que hablábamos entre nosotros de cómo íbamos a hacer un país más justo. (28/10/2004)
>
> Ustedes saben que él [Carlos Labolita] *trabajaba en changas o de mozo* para poder sobrevivir con su amada, su compañera de toda la vida, que fue Gladys. (13/12/2004)
>
> ...asumo mi responsabilidad, la edad que tenía y el tiempo que tenía con *esa generación que acertó y se equivocó,* pero que tuvo la dignidad de depender, de creer, de acceder, de plantear sus ideas. (01/03/2006)
>
> ...*en noches de mates, esperanzas y vino,* de las que tantas veces hemos tenido con amigos y hermanos que ya no están y que como yo creían firmemente en una Argentina distinta [...] yo estoy cumpliendo con el compromiso de honor del compañero, del amigo, de tantos sueños, *que equivocados y acertados,* hemos tenido *porque nadie es perfecto y seguramente en las ganas de hacer cometemos errores* ayer, hoy y los cometeremos mañana en forma cotidiana. (23/05/2006)

---

[131] Lesgart, 2006: 182.

Jóvenes, comunes y populares, muchos de ellos trabajadores y/o estudiantes, los activistas de la generación con la que el ex presidente se identifica son descriptos como *fraternales, solidarios y desprendidos,* y en esa medida también como sujetos afectivos, *esperanzados, alegres y entusiastas.* Estos atributos refieren al aspecto emotivo y afectivo de la práctica política setentista, aspecto que, como veremos, será ampliamente recuperado por el discurso kirchnerista como fundamento de su propio *ethos*:

> ...recordar estas actitudes de *solidaridad, de desprendimiento,* en momentos tan difíciles. (10/09/2003)
>
> ...en los momentos más difíciles y en los momentos de estudio *aparecía Julio con su guitarra a levantarnos el ánimo, el espíritu;* en los días que ya no nos quedaba dinero para llegar a fin de mes siempre estaba la guitarra de Julio para hacernos sentir que éramos los millonarios de la Tierra. (28/11/2003)
>
> Y lo conocí [al "Rata"] en esas largas noches cuando *amaba, reía y soñaba con ellos, cuando llegaba la canasta de sus padres y la compartían conmigo.* (28/10/2004)

En cuanto a los posicionamientos político–ideológicos de la militancia setentista, el discurso presidencial reconstruye y recrea un imaginario desprovisto de matices o complejidades. Como se observa en los fragmentos citados, esa lectura destaca, a grandes trazos, la voluntad de cambio y transformación de las estructuras vigentes y la vocación por construir un país más justo, igualitario e incluyente que animaba la práctica política en los años sesenta y setenta. Además, en esta interpretación del pasado se recupera e ilumina, en un sentido amplio, el carácter *plural, igualitario y democrático* que guiaba el espíritu de la militancia setentista:

> ...uno a uno nuestros hermanos eran arrancados de sus casas, de sus trabajos, de la calle, de su militancia, *por el solo hecho de pensar diferente* de quienes gobernaban coyunturalmente y de forma autoritaria la Argentina. (16/12/2003)
>
> Era el 11 de marzo del '73, una generación de argentinos *nos incorporábamos a la vida democrática* con la fuerza y el deseo de construir un nuevo país. Después nos tocó vivir tantas cosas, nos tocó pasar tantos dolores, nos tocó ver diezmada *esa generación de argentinos que trabajaba por una*

Patria igualitaria, de inclusión, distinta, una Patria donde no sea un pecado pensar, una Patria con pluralidad y consenso como el que tenemos hoy aquí, que el hecho de pensar diferente no nos enfrentara sino por el contrario, nos ayudara a construir una Argentina distinta. (11/03/2004)

Estuve […] compartiendo dos días acá en Las Flores en un momento muy angustioso para la Argentina, donde *el que pensaba, el que levantaba su voz, el que tenía diferencias era duramente perseguido.* A nosotros, a parte de nuestra generación, a gran parte, nos tocó sufrir todo este tipo de circunstancias. (13/12/2004)

[Carlos Labolita] Se incorporó a la política creyendo que este país se podía cambiar, seguimos creyendo que se puede cambiar. Nunca lo vi tirar más que una piedra o levantar la voz fuerte contra la injusticia, *siempre fue un amante de la democracia, de la paz, de la convivencia, de la pluralidad de ideas en consenso.* (13/12/2004)

…el hecho de que a veces no estemos de acuerdo por el rumbo que tiene que marchar nuestro país se debe hacer en el marco del respeto, en el marco de la convivencia, en el marco de la discusión de la idea, en el marco de la pasión por hacer una Argentina mejor, pero no en el marco de *eliminar a aquel que piensa distinto por el solo hecho de pensar distinto, cosa que avergüenza las páginas de nuestra historia.* (04/05/2005)

Cuando nosotros militábamos allá por los años '70, '71, '72, '73, *las responsabilidades y las obligaciones de militantes que teníamos eran absolutamente iguales; las tareas que se desarrollaban en las distintas organizaciones barriales, cooperativas, hechas por mujeres de distinta edad, formación y demás eran totalmente iguales.* (08/03/2006)

…yo tenía dos compañeros y amigos allí, el flaco Sala y Tierno, que fueron masacrados *por el solo hecho de pensar diferente.* […] no les bastó tenerlos presos, no les bastó torturarlos, no les bastó tenerlos en el peor de los rincones, sino que también los tenían que masacrar, *pero ni aun así pudieron matar sus ideas de libertad, de justicia y de equidad que todos los argentinos estamos tratando de reencontrar.* (15/12/2006)

Como puede verse, si en el discurso presidencial los jóvenes activistas son retratados como partidarios de la diferencia, la diversidad, la libertad y la pluralidad, nada dice acerca de las tensiones y complejidades que, como es sabido, atravesaron las experiencias de las agrupaciones de la Nueva Izquierda. En efecto, aunque con matices y diferencias, numerosos autores coinciden en señalar que esa vocación transformadora y democrática convivió con un creciente verticalismo, autoritarismo y militarismo, rasgos que signaron a esas organizaciones tanto en el plano interno como en su vínculo con las organizaciones políticas "de superficie", lo cual generó un progresivo alejamiento de la política de base y una importante acentuación de la lógica sectaria, militarista y aislacionista[132]. El hecho de que el discurso presidencial seleccione y destaque aquellos atributos vinculados con la dimensión plural y democrática de las organizaciones políticas setentistas –dimensión que, efectivamente, es constitutiva de esa experiencia política– permite en efecto adecuar la narración sobre el pasado a los requerimientos de los tiempos presentes, en los que la lucha armada y la militarización de la política aparecen como prácticas del orden de lo *indecible* y de lo *inenarrable*, por su carácter aún traumático e irresuelto[133].

En definitiva, el conjunto de atributos y rasgos que hemos identificado como propios del retrato que el discurso kirchnerista ofrece acerca de la militancia setentista se condensa y precipita en la figura del "héroe", protagonista principal de este segundo relato sobre el pasado reciente. En tanto figura mítica y heroica, el militante setentista es representado como un sujeto *perseguido*, expuesto a los más crueles y tortuosos vejámenes, y en esa medida *sacrificado*:

> ...aquellos que tanto pusieron, a *esta generación de hermanos y hermanas que fueron sacrificados*. (16/12/2003)
>
> ...el vicegobernador de esta provincia es un amigo y un compañero de más de 30 años; estuvimos allá en La Plata, *fuimos perseguidos por defender nuestras ideas* y hoy estamos compartiendo la conducción de la nueva Argentina con una generación en la que muchos no están, pero estamos nos-

---

[132] Cf. Calveiro, 1998; Hilb, 2003; Longoni, 2007.

[133] Prueba de ello es el frondoso debate suscitado a partir de la carta de Oscar del Barco en la que condena la violencia y la lucha armada bajo el mandato de "no matar", compilado en AA.VV. (2007)

100

> otros para llevar la bandera al lugar que corresponde. (04/02/2004)
>
> …nuestros hermanos, muchos de ellos, *héroes anónimos de sus principios y sus conceptos, tuvieron que estar enclaustrados, torturados, golpeados, sometidos a los vejámenes inverosímiles […]*. Estoy seguro que el espíritu de ellos, de donde nos miren, estarán pensando "volvimos, estamos, todavía podemos ganar". (20/11/2007)

El carácter heroico y sacrificado del militante político, junto con la concepción de la política como una lucha o batalla, remiten al "espíritu de cruzada" con el que Tcach (2006) caracteriza la cultura política de las organizaciones revolucionarias: se trata de un espíritu mesiánico y romántico, de una épica del coraje, el sacrificio, el sufrimiento y la entrega que articulaba y estructuraba la totalidad del imaginario militante[134].

En suma, como se observa a lo largo de los ejemplos citados, en muchos se destaca el predominio del tono narrativo y testimonial que, como señalamos, caracteriza a este segundo relato sobre el pasado. Se identifican secuencias descriptivas e indicios temporo–espaciales que refieren claramente a un universo y un tiempo donde primaban valores positivos como la solidaridad, el esfuerzo, el sacrificio, la alegría, la fraternidad, la humildad, la sencillez, la pluralidad, la libertad, la capacidad de "pensar diferente" y de resistir las persecuciones y los obstáculos que la lucha política presenta, valores que configuran un *ethos* heroico. Estos atributos, asociados al período evocado o a los personajes homenajeados, se oponen a otros como la incomprensión, la ferocidad, el terror, la atrocidad, la desaparición, el dolor, todos ellos rasgos propios del universo denostado, el pasado dictatorial.

Por otra parte, si bien en varios de los pasajes citados el locutor menciona explícitamente su pertenencia al universo peronista, y en particular su propia militancia en la "gloriosa" Juventud Peronista, en este segundo relato no se realizan distinciones ni aclaraciones acerca de la pertenencia político-partidaria de los protagonistas.

---

[134] Retomamos cada uno de estos rasgos en los próximos capítulos, al referirnos a las ideas-fuerza -en nuestros términos, los *topoï* argumentativos- que el discurso kirchnerista evoca para construir su propio *ethos* discursivo.

En el plano narrativo, el "Operativo Retorno" del General Perón en 1972 y el Golpe de Estado de marzo de 1976, con el asesinato o desaparición de los compañeros, aparecen como dos núcleos narrativos claves: por un lado, la acción política, la lucha y la participación en una jornada histórica para la militancia; por otro, el asesinato y la muerte de los militantes como interrupción (definitiva y brutal) de ese ámbito de lucha.

En cuanto a la figura del locutor, esta se delinea en primera instancia como la de un estudiante, un "compañero", un "hermano", un "amigo", en suma, un joven idealista y luchador, y luego, como la encarnación y continuación actual de los valores, ideas y luchas de sus compañeros de militancia:

> …fuimos perseguidos por defender nuestras ideas y hoy estamos compartiendo la conducción de la nueva Argentina con *una generación en la que muchos no están, pero estamos nosotros para llevar la bandera al lugar que corresponde.* (04/02/2004)
>
> *…estoy cumpliendo con el mandato de mis compañeros, mis amigos y hermanos de misión, de idea y de lucha. Ellos no pueden estar pero yo estoy como si fueran ellos.* (28/11/2003)
>
> Ese 23 de octubre no nos estaban votando a nosotros, le estaban dando otra oportunidad a los sueños de una generación de la que muchos ya no están y los que quedamos tenemos que cumplirlos. (17/11/2005)
>
> *…yo estoy cumpliendo con el compromiso de honor del compañero, del amigo, de tantos sueños,* que equivocados y acertados, hemos tenido. (23/05/2006)
>
> Veo a miles de ustedes como hace más de 30 años *mi semi- militancia en La Plata,* veo miles de rostros de amigos, de compañeros y de amigos que hoy no están […] Hoy siento que junto a ustedes también están, y me están diciendo *"estás ayudando a cumplir la deuda que nuestra generación quería cumplir",* asignatura pendiente con nuestro país. (28/06/2006)
>
> …una generación que pudo haber tenido alguna derrota temporal, que tiene muchísimos hermanos y hermanas que lamentablemente están desaparecidos, pero que *lo que queda de esa generación junto con el resto de las generaciones argentinas, no tengo ninguna duda que van a culminar el pensamiento de aquellos hermanos y hermanas para lograr la victo-*

ria política de construir un país distinto y mejor que es lo más importante. (14/11/2007)

Reviviendo el espíritu de sus compañeros desaparecidos, y retomando sus banderas y sus luchas, Kirchner decía en su último discurso como Presidente de la República, pronunciado en un acto en la ESMA:

> Estoy seguro que el espíritu de ellos [los compañeros], *de donde nos miren, estarán pensando "volvimos, estamos, todavía podemos ganar"* [...] me gustaría que las palabras las termine Cristina que es la que tiene que *seguir la batalla*, que es la que tiene que *seguir esta lucha*, es ella la que tiene que *tomar la bandera* junto a ustedes y todos nosotros. (20/11/2007)

En conclusión, si la memoria es un campo conflictivo y por ello netamente político, en tanto supone una selección, una serialización y un recorte de los hechos, un "trabajo" de construcción de sentido que incide en y está sobredeterminado por las luchas por la hegemonía política, podemos decir que las dos visiones sobre el pasado cercano que el discurso kirchnerista construye –el "pasado denostado" y el "pasado rememorado"– se articulan como relatos coherentes mediante dos procedimientos discursivos: operaciones de "condensación" y operaciones de "expansión" y desplazamiento, que o bien sintetizan o bien expanden determinados acontecimientos históricos para proporcionarles actualidad, vigencia y legitimidad. En el primer caso, la "condensación" de una serie de hechos pertenecientes a un vasto período histórico (1976–2001) en el bloque dictadura–neoliberalismo, bloque homogéneo en términos tanto políticos como ideológicos. En el caso del "pasado rememorado", la ampliación, expansión y desplazamiento de rasgos, cualidades, hechos y acontecimientos que corresponden a un período temporal acotado y puntual (el "Operativo Retorno", los años de militancia previos y posteriores a la llegada de Perón, la irrupción de la Dictadura Militar), y su extensión ejemplar y mítica hacia el presente: amplificando acontecimientos singulares del pasado e incluyéndolos en una temporalidad más vasta que se prolonga hasta el presente y se encarna en la propia figura del locutor, se configura una suerte de "memoria fijada" sobre el pasado, que, al decir de Palermo, "traza una continuidad entre acciones pasadas y presentes"[135].

3. El pasado silenciado: la década del ochenta

Llegados a este punto, vale la pena preguntarse sobre un aspecto del pasado reciente que está ausente del discurso kirchnerista. Como señalamos, en el discurso presidencial las lecturas y relatos sobre el pasado remiten, casi exclusivamente, a hechos y acontecimientos relativamente cercanos: la militancia juvenil peronista, la dictadura militar, la década del noventa y el estallido político del año 2001 son los eventos que el ex presidente evoca a la hora de delinear un panorama del pasado reciente. En efecto, la primera interpretación sobre el pasado que identificamos en el discurso kirchnerista, que supone una visión crítica sobre las últimas décadas, comprende una serie histórica que abarca aproximadamente veinticinco años: es el lapso comprendido entre los años 1976 y 2001. Los matices, vaivenes y pliegues de ese largo período de tiempo son a menudo obviados y allanados, lo que da lugar a una interpretación del pasado que, entretejiendo analogías entre la represión dictatorial y la instauración del modelo económico neoliberal, cristaliza metafóricamente en la figura del "discurso" o "pensamiento uniforme" y en otros modos de nombrar ese pasado trágico.

En este marco, no resulta poco significativo el hecho de que de esa serie temporal se excluya toda alusión a la gestión alfonsinista, que es omitida o ignorada por el discurso presidencial. Esta omisión debe sin embargo ser interpretada de manera sintomática: presente por su ausencia, el alfonsinismo aparece como un testigo y un interlocutor silenciado en el discurso kirchnerista. Como dijimos, el discurso político tiene una naturaleza dual, en tanto las identidades políticas se estructuran en un "juego pendular" entre la ruptura radical con un pasado denostado y el establecimiento de un cierto "linaje" histórico con una tradición que es recuperada (Aboy Carlés, 2001). Desde este punto de vista, en el análisis del proceso de constitución de la propia identidad política kirchnerista, el silenciamiento de la gestión alfonsinista se revela como un dato a ser considerado.

---

[135] Palermo, 2004: 174-175.

Como es sabido, las políticas estatales destinadas a denunciar y condenar la violación de derechos humanos durante la última dictadura militar se iniciaron en 1983 con la transición democrática, bajo la presidencia de Raúl Alfonsín. Interrumpidas durante la década de los noventa, esas políticas reaparecen en la escena pública, con fuerte ímpetu, en la voz y la gestión del ex presidente Néstor Kirchner. Sin embargo, en su afán por construir un relato propio sobre el pasado, el discurso kirchnerista se desmarca y se distingue del alfonsinismo, claro antecedente en la lucha por los derechos humanos y en la construcción de un relato público y colectivo sobre el pasado reciente, negando no solo su vigencia sino, incluso, su misma existencia.

El relato que el discurso kirchnerista construye acerca de la década del ochenta se manifiesta cabalmente en el discurso de asunción presidencial de 25 de mayo de 2003, en el que el ex presidente realiza un breve *racconto* histórico de las últimas décadas de historia argentina con el fin de marcar la necesidad de un "nuevo parámetro de éxito" para medir y evaluar las políticas. Según ese relato, las políticas implementadas durante la transición democrática se limitaban a la necesidad de mantener el orden democrático y de contener la avanzada militar:

> A comienzos de los '80, se puso el acento en el mantenimiento de las reglas de la democracia y los objetivos planteados no iban más allá del aseguramiento de la subordinación real de las Fuerzas Armadas al poder político. La medida del éxito de aquella etapa histórica, no exigía ir más allá de la preservación del Estado de Derecho, la continuidad de las autoridades elegidas por el pueblo. Así se destacaba como avance significativo y prueba de mayor eficacia la simple alternancia de distintos partidos en el poder. (25/05/2003)

Como puede verse, ya desde la primera alocución pública el ex presidente establece una nueva "medida de éxito" que lo distinguirá de la empresa alfonsinista, la cual "no iba más allá" del aseguramiento del Estado de Derecho y no se proponía más que la simple alternancia partidaria. Según el discurso kirchnerista, en cambio, los nuevos parámetros de éxito implican adoptar "una nueva perspectiva" que contemple no solo el funcionamiento pleno del Estado de Derecho, sino también "la vigencia de una efectiva democracia, la correcta gestión de gobierno, el efectivo ejercicio del poder político nacional en cumplimiento de transparentes y racionales reglas, imponiendo la capacidad reguladora del Estado" (25/05/2003). Esto supone, como veremos, adoptar una nueva concepción sobre la democracia y la justicia.

Del mismo modo, el célebre discurso pronunciado por el ex presidente Kirchner el 24 de marzo de 2004, en ocasión de la inauguración del Museo de la Memoria en el ex predio del Centro Clandestino de Detención ESMA es otro claro ejemplo sobre las distancias y rupturas que el discurso kirchnerista busca establecer con respecto al pasado alfonsinista[136]:

> ...si ustedes me permiten, ya no como compañero y hermano de tantos compañeros y hermanos que compartimos aquel tiempo, sino como Presidente de la Nación Argentina *vengo a pedir perdón de parte del Estado nacional por la vergüenza de haber callado durante 20 años de democracia por tantas atrocidades.* (24/03/2004)

Numerosas y variadas fueron las reacciones que esta lectura del pasado generó en la arena pública[137]. Si por un lado, el acto mismo (cargado de fuertes implicancias emotivas y simbólicas, como el descuelgue de los cuadros de dictadores) tuvo un profundo impacto en la opinión pública y un alto grado de aceptación y apoyo por parte de amplios sectores de la ciudadanía, también es cierto que algunas voces se manifestaron en contra del tono "fundacional" que el ex presidente imprimió a sus palabras y de su omisión del largo proceso democrático transcurrido desde la transición. En efecto, algunos sectores

---

[136] En ese acto se oficializó la recuperación de la ESMA, emblemático Centro Clandestino de Detención, para la construcción de un espacio para la memoria y la promoción de los derechos humanos. El acto, multitudinario, emotivo y festivo, careció de toda escenificación como conmemoración estatal y, previo al discurso presidencial, contó con dos jóvenes oradores nacidos en cautiverio en ese Centro de Detención.

[137] En un discurso pronunciado unos días previos al acto, el ex presidente había sido más explícito con respecto a su lectura de la década alfonsinista, que incluía, ciertamente, un matiz autocrítico:

Si bien es gravísimo, tremendamente grave lo que pasó con la dictadura genocida en la Argentina, también ha sido muy grave lo que pasó en la etapa democrática. Sin querer apuntar a nadie, honestamente se los digo, pero *durante muchos años miles y miles de hombres y mujeres que par-*

políticos[138], de la prensa, del campo de los derechos humanos y del ámbito intelectual sugirieron que "el pedido [de perdón] silencia hechos de innegable importancia para la construcción de la democracia y completamente opuestos a lo que el pedido supone que ocurrió, como la investigación de la CONADEP, el juicio a las Juntas Militares y la libertad de expresión de estas dos décadas"[139] y cuestionaron el matiz "personalista", particularista y subjetivo de las declaraciones presidenciales, que, se consideró, buscaba la construcción de un efecto de "refundación" democrática para el fortalecimiento de la propia legitimidad presidencial y su diferenciación de anteriores mandatarios. En ese sentido, las críticas apuntaron a la necesidad imperiosa de consolidar consensuadamente una cultura política capaz de elaborar y "resolver" la cuestión del pasado, con un compromiso estable y

---

ticipamos de la vida política argentina, aceptamos como método de convivencia, y lo hicimos como una necesidad para que la democracia pueda sobrevivir, el marco de la impunidad concreta. […] cuando se escriba la historia de estos tiempos, sé que va a ser muy dura en este aspecto, por más justificaciones históricas que se quieran buscar, por estos 20 años de democracia en este sentido…. No exceptúo la fuerza, la valentía y la decisión de profundizar pasos muy buenos que se habían comenzado a dar como en 1985, en el juicio a los comandantes y demás, que podían haber terminado, haber avanzado fuertemente y no tener que pasar días, meses y años cargando sobre nuestras espaldas el no querer mirar al costado ni al pasado (12/03/2004).

[138] Notablemente el propio partido radical, que emitió un comunicado de condena recordando el juicio a las Juntas Militares. Los periódicos indican que el ex presidente Kirchner intentó resarcirse mediante un llamado telefónico al ex presidente Alfonsín (todos los diarios, del 25 de marzo de 2004). Casi tres años más tarde, en una entrevista concedida a la periodista Magdalena Ruiz Guiñazú (ex miembro de la CONADEP), Kirchner se resarcía nuevamente del "equívoco" cometido en 2004:

A mí me tocó ir a poner en marcha el Museo de la ESMA, me emocioné ese día fuertemente, por mil motivos hasta personales, y por allí no pude expresarme con claridad o no di el discurso acertado, uno es un ser humano perfectible como cualquiera. Pero después lo llamé al doctor Alfonsín. […] El valor político, institucional, jurídico, cultural…, a la única dictadura en América Latina que se le hizo juicio fue en el gobierno democrático elegido en 1983 del doctor Alfonsín (24/05/2007).

[139] Charosky y Bonvecchi, 2004: 5. Ver también Sarlo, 2004, Carnovale, 2006a y Vezzetti, 2007.

duradero por parte del Estado que reconozca sus deudas con el proceso iniciado en los ochenta y lo proyecte hacia el futuro.

En todo caso, a partir de las –por cierto, esporádicas– alusiones presidenciales a la década del ochenta es posible afirmar que los principales cuestionamientos del discurso kirchnerista a la gestión alfonsinista en materia de derechos humanos se sintetizan fundamentalmente en tres aspectos: por un lado, el repudio a la sanción, en 1987, de las Leyes de Obediencia Debida y Punto Final; en segundo lugar, el rechazo de la teoría de los dos demonios; en tercer lugar, las visiones sobre la democracia, la justicia y la política.

Así, en un intercambio polémico mantenido con el ex presidente Alfonsín en el año 2006, Kirchner volvía a referirse a la cuestión del pasado, esta vez mediante el empleo de la contradestinación directa[140], y con un tono más directo que en anteriores oportunidades:

> Por eso, *doctor Alfonsín*: reconozco que usted es un hombre de la democracia, le reconozco también el juicio a las Juntas Militares, pero *no estoy de acuerdo con lo que hizo con las leyes de Obediencia Debida y Punto Final. No estoy de acuerdo y se lo voy a decir* a lo largo de la historia y de los tiempos, porque eso garantizó la impunidad que estamos sufriendo en nuestro país. (31/08/2006)

El citado fragmento se encuadra en una polémica en el marco de las negociaciones entre el partido presidencial y la UCR para formar un frente electoral, que dio lugar a la reemergencia del tema del pasado reciente. Alfonsín había señalado que "Kirchner quiere hacer creer, sobre todo a los que tienen menos de 30 años, que recién ahora se está iniciando la lucha por los derechos humanos, como si no hubiera habido Juicios a las Juntas"[141], a lo que Kirchner respondió reafirmando su participación en las luchas políticas contra la dictadura, recordando que él también fue víctima de detenciones y persecuciones, y aclarando que "ninguno de nosotros dos somos ni héroes ni mártires, los héroes son los 30 mil desaparecidos" (31/08/2006).

Lo que estos intercambios ponen en evidencia es, sin embargo, algo más que la controversia acerca de las medidas adoptadas en

---

[140] Ver Capítulo IV.
[141] *La Nación*, 31 de agosto de 2006.

materia de derechos humanos por cada uno de los gobiernos: se trata, fundamentalmente, de una disputa por la propia identidad político–ideológica de los protagonistas, y especialmente de una reafirmación del carácter "militante" del propio presidente Kirchner, quien, al tiempo que se muestra como un "compañero", se distingue de los "verdaderos" héroes, los desaparecidos, y así los homenajea.

Por otra parte, puede decirse que esta disputa por la construcción de la identidad kirchnerista *vis à vis* de la tradición alfonsinista reactualiza la memoria de ciertos debates que datan de los tempranos años ochenta, centrados en diversos núcleos polémicos –como la creación de la CONADEP, el destino de los presos políticos, las leyes de Obediencia Debida y Punto Final, entre otros– que fueron progresivamente fracturando al conjunto de los organismos de derechos humanos y distanciándolos del gobierno de Alfonsín. Reproduciendo y en cierto modo reavivando aquellas controversias, el discurso kirchnerista se alinea en la tradición de ciertas organizaciones de derechos humanos –que a su vez se muestran como herederas y continuadoras de los valores legados por la militancia setentista–, y es a partir de esa posición de enunciación que se distingue, en la coyuntura actual, del alfonsinismo[142].

Este proceso de diferenciación con respecto al alfonsinismo debe además interpretarse en el marco de las tensiones y negociaciones existentes entre el partido oficialista y el radical, que, ya desde el año 2005, buscaron consolidar distintas alianzas electorales. En ese contexto, el discurso kirchnerista buscó, con especial énfasis, generar un doble efecto de frontera con respecto a la tradición radical: se trataba de diferenciarse de la UCR, no sin establecer una demarcación en el interior de

---

[142] Vale agregar que, ya desde los inicios del proceso transicional (especialmente a partir de 1984), la Organización Madres de Plaza de Mayo -una de las más célebres aliadas del gobierno kirchnerista- fue una de las principales opositoras al gobierno alfonsinista, con el que se enfrentó en numerosas ocasiones. Acusadas por ciertos sectores por su cercanía a la extrema izquierda (Aboy Carlés, 2001: 194) y progresivamente aisladas por gran parte del arco político (Veiga, 1985: 37; Novaro, 2008: 21), el activismo de las Madres de Plaza de Mayo se radicalizó en ocasión de la sanción de las Leyes del Perdón, denunciando el giro de la política alfonsinista de derechos humanos y acentuando la no claudicación de sus demandas. Al respecto, ellas decían: "Por nuestro empeño de llamar a las cosas por su nombre, las Madres constituimos dentro de la sociedad argentina, para algunos sectores de la misma, un elemento revulsivo,

esa fuerza política, que habilitara y justificara una posible alianza con ciertos sectores en detrimento de otros: así, si por un lado Kirchner celebraba y reivindicaba a aquellos "amigos radicales que nos están acompañando" (14/07/2006), por otro lado excluía y denostaba a los "que se escaparon en el primer gobierno de la democracia, que se escaparon y dejaron 50 muertos en la Plaza allá por el año 2001" (14/07/2006) y se distinguía de aquellos partícipes o cómplices del "fracaso" de los gobiernos radicales y del "vergonzante" Pacto de Olivos (29/08/2006). Este doble proceso de identificación–demarcación del radicalismo se cristalizó en una nueva y original lectura del pasado lejano, que recuperaba la figura de Yrigoyen ("ese gran dirigente, el 'peludo' Don Hipólito Irigoyen, que honró a todos los argentinos", 03/10/2007) y el pacto Perón–Balbín ("una fórmula de síntesis nacional, para [...] reconstruir la paz y la convivencia entre los argentinos, 23/10/2007), construyendo de ese modo una serie histórica más amplia que encadenaba a próceres como San Martín, Mariano Moreno y el General Belgrano con personajes políticos contemporáneos como Hipólito Irigoyen, el General Perón y "la inmortal Evita".

En síntesis, mientras por un lado ciertos aspectos del pasado alfonsinista son olvidados por el discurso kirchnerista –especialmente las cuestiones vinculadas a las políticas de derechos humanos– provocando un efecto de refundación democrática que consolida y reafirma la propia identidad política del kirchnerismo, por otro lado, en ciertas coyunturas específicas –particularmente en contextos eleccionarios– el radicalismo (o, más exactamente, cierto radicalismo) adquiere mayor presencia y relevancia en el discurso presidencial. Sin embargo, para comprender acabadamente las relaciones de continuidad y ruptura entre el discurso kirchnerista y la tradición radical en lo tocante a la lectura del pasado y a las políticas de la memoria, vale la pena detenerse brevemente en los modos en que ambos "administraron" la cuestión del pasado y se posicionaron frente a las demandas, urgencias y complejidades de cada coyuntura.

---

irritante" (citado en Veiga, 1985: 49). Sobre la relación entre las Madres de Plaza de Mayo y el gobierno de Alfonsín ver también Jelin (1995).

4. Una mirada comparativa: la(s) lectura(s) del pasado en democracia

Las interpretaciones del pasado reciente que se trazan en el discurso kirchnerista constituyen innovadoras apuestas del kirchnerismo por articular y hegemonizar nuevos sentidos sobre las últimas décadas de historia argentina. Ellas dan cuenta no solo de una forma específica y peculiar de configurar la imagen y el posicionamiento político presidencial, sino, sobre todo, de un nuevo modo de leer, interpretar y narrar los acontecimientos que signaron los últimos años de historia, el cual –en un intento por revertir ese pasado oprobioso y refundar, desde bases completamente nuevas, el proceso democrático– se distingue notablemente de las dos gestiones de gobierno precedentes, el alfonsinismo y el menemismo.

En cuanto al alfonsinismo, dado el contexto de debilidad institucional que signó el proceso transicional iniciado en 1984, suele decirse que encaró la revisión del pasado dictatorial desde una lógica más *judicial* que *política*[143], en la medida en que intentó fortalecer la institución judicial "despolitizando" las medidas adoptadas por el Estado y con el objetivo prioritario de fundar una democracia estable, radicalmente opuesta al autoritarismo heredado y al pasado de represión y violencia precedente, con el que se proponía romper definitivamente.

En ese sentido, la noción de democracia que prevaleció y que se intentó consolidar, como una ruptura con el pasado que se intentaba superar, era una noción *procedimental* o *formal* de la democracia, que ponía en el centro de la escena el lugar de la legalidad constitucional en tanto mecanismos neutrales e imparciales. La justicia aparecía allí como un procedimiento a aplicarse bajo condiciones de igualdad, y como la única garantía que permitiría "elaborar un discurso posible

---

[143] Según Acuña y Smulovitz, en la lógica jurídica "las partes con intereses estrictamente políticos [se convierten] en 'observadores' de la acción de un conjunto de jueces que se presentan como 'neutrales' porque definen la contienda desde reglas preestablecidas sobre la base de principios generales legitimados por preferencias sociales mayoritarias". Además, esta lógica trata a la información como "prueba", a las víctimas como "testigos" y a los victimarios como "acusados", y se caracteriza por reducir los márgenes de negociación en sus resoluciones y por emitir fallos sobre responsabilidades y costos a partir de una escala preestablecida (1995: 57).

para la democracia"[144] amparado en la "pureza de la ley". Al respecto, Romero señala que la imagen que la novel democracia construyó sobre sí misma, exactamente inversa y contrapuesta a la demonizada dictadura, se asentó sobre valores como la civilidad, el respeto absoluto de la ley, los derechos humanos, la tolerancia y el pluralismo, y sobre la idea de que "no había conflictos de intereses insolubles, sino injusticias, que debían resolverse conforme al principio del interés general"[145]. El potente "complejo ideológico y discursivo" que dio forma a esta imagen se inspiró, además, en una perspectiva "más liberal que democrática"[146] que sospechaba, en cierta medida, del potencial autoritario del estado y reivindicaba los derechos individuales y grupales. A esta visión procedimental, formal y de inspiración liberal sobre la democracia se contrapone el enfoque *sustancial*, que alude a ciertos contenidos valorativos y morales que todo régimen democrático debe contemplar, y desdeña el carácter "formal" de las reglas de procedimiento por desplazar y negar el carácter "político" y valorativo del sistema democrático (Schorr, 2006).

La predominancia de la lógica judicial se puso de manifiesto, por caso, en el protagonismo del Poder Judicial en detrimento del Ejecutivo y, en el marco de los juicios a las Juntas Militares, en la estrategia de construcción de la prueba jurídica, basada en el testimonio de víctimas sobrevivientes y testigos de la represión dictatorial. Estos testimonios debían aparecer desprovistos de ideología y, así, el conflicto que había dado lugar a la represión dictatorial era también despolitizado y deshistorizado, y los sobrevivientes tratados como testigos o víctimas "inocentes", cuyas identidades militantes se borraban en pos de una justicia imparcial que ocultaba su estatus de sujetos (y por lo tanto de "enemigos") políticos (Lesgart, 2006).

Al mismo tiempo, mediante el *Nunca más* –el informe final de la CONADEP– se instauró una lectura del pasado dictatorial que luego se denominaría "teoría de los dos demonios", según la cual la dictadura militar habría consistido en una guerra entre dos bandos, "de extrema izquierda y de extrema derecha", poniendo en pie de igualdad ambos tipos de violencia (recuérdese que junto a los jefes militares se juzgó también a varios líderes de organizaciones armadas). La

---

[144] Schorr, 2006: 40.
[145] Romero, 2006: 22.
[146] Idem: 24.

lectura alfonsinista del pasado hacía de ese modo foco en los excesos y atrocidades del poder dictatorial pero incluía también, o bien una condena –mas o menos velada– al accionar de la guerrilla, o bien un ocultamiento del carácter político de los testigos y víctimas, que aparecían como inocentes, neutrales y despolitizados[147].

Así, si bien en sus inicios el gobierno de Alfonsín hizo severos esfuerzos por instaurar justicia y fortalecer la democracia en un contexto de extrema fragilidad y con unas Fuerzas Armadas que amenazaban con retornar, muchos sectores cuestionaron su presunta estrategia de despolitización y apaciguamiento de los conflictos, constitutivos de todo proceso de construcción de una memoria colectiva. Este cuestionamiento fue todavía más intenso cuando, en 1986, tras una serie de levantamientos militares, se dictaron las leyes de Punto Final y de Obediencia Debida.

En cuanto al período menemista, su rasgo más saliente es su vocación "reconciliatoria", que buscó poner un manto de silencio y olvido sobre el conflicto militar, la cuestión de la represión y la violencia política durante la década del setenta. De hecho, como se sabe, en 1989 y 1990 Menem indultó y liberó a los militares y militantes condenados durante los ochenta[148], poniéndolos de ese modo (nuevamente) en pie de igualdad y evadiendo así el debate sobre las responsabilidades correspondientes a cada sector en la represión y la violencia[149]. Estas medidas, impopulares y mal recibidas por la sociedad civil en general, constituyeron una derrota para el movimiento de derechos humanos, que, aunque ya había empezado a replegarse durante el alfonsinimo, durante los primeros años noventa tuvo una visibilidad mucho menor aún. Esto se revirtió a partir de 1996, cuando en el aniversario de los veinte años del Golpe Militar de 1976 los organismos de derechos humanos y diversas organizaciones sociales volvieron a poner sobre el tapete el tema de los dere-

---

[147] Al respecto, cf. Carnovale, 2006; Lesgart, 2006; Longoni, 2007; Novaro, 2008.

[148] El menemismo también implementó políticas de reparación económica para las víctimas del terrorismo de Estado (Jelin, 2006: 45; Novaro, 2008: 18).

[149] Aunque podría identificarse, en el discurso menemista, un primer esbozo de recuperación de su imagen como activista encarcelado, ese intento se limita al período de la campaña presidencial (1989), en la que el candidato acentuó su rol de luchador popular y de ex preso político (Canelo, 2010), pero sin destacar ni profundizar en su carácter de militante político.

chos humanos y el reclamo de justicia[150].

En efecto, se suele decir que por esos años hubo una "explosión de memoria", un "auge memorialístico" que continúa hasta la actualidad. Surgieron, así, nuevas voces, testimonios, expresiones artísticas, estudios históricos y manifestaciones públicas que volvieron a ocupar el espacio político, al margen del apoyo estatal, y tematizaron nuevamente las actividades, las prácticas y las historias de los militantes políticos de la izquierda radicalizada y "repolitizaron" la memoria. Como dice Hilb,

> Desde hace algún tiempo, probablemente alentada por la injusticia y la desigualdad creciente, se ha instalado en numerosos sectores, sobre todo de la juventud, una reinterpretación favorable de los ideales y el compromiso de los militantes de movimientos populares de la década del '70, que tiende a cristalizar en una lectura en términos de valores que identifica a los "buenos" y a los "malos" de nuestra historia[151].

La estrategia emprendida por Kirchner en relación con la reactivación de las "políticas de la memoria" y con la construcción de un nuevo relato "oficial" sobre el pasado no puede deslindarse de este resurgimiento, en el espacio público y en el discurso político, de la memoria de la militancia política. Así, en un intento por superar los modos en que el alfonsinismo y el menemismo interpretaron y "administraron" la cuestión del pasado, el kirchnerismo realiza fuertes apuestas discursivas e instaura, desde una posición de enunciación dominante (la presidencial) pero que se identifica con una posición de subjetividad rebelde y anti *statu quo* (esto es, desde una identidad militante), nuevos relatos sobre el pasado reciente. En ese gesto refundacional, el discurso kirchnerista se distingue de sus antecesores y propone una relectura y reelaboración del pasado que imprime efectos significativos en la política argentina.

---

[150] En 1996 las Abuelas de Plaza de Mayo lograron volver a condenar a algunos ex comandantes por la causa de apropiación de menores y falsificación de la identidad, crímenes imprescriptibles que no habían sido juzgados en los '80. Además, en este período se desarrollaron varios procesamientos en el extranjero.
[151] Hilb, 2002: 102.

114

En primer lugar, como ya indicamos, el discurso kirchnerista señala y denuncia la connivencia y complicidad de las prácticas represivas y de sectores de la sociedad civil (que se condensa en la noción, cada vez más expandida, de "dictadura cívico–militar"), especialmente de aquellos que apoyaron, impulsaron y se "beneficiaron" de la represión política como medio para la implantación del neoliberalismo.

En segundo lugar, el kirchnerismo reivindica las prácticas y los valores de la militancia setentista, en un registro que acentúa más el carácter fraternal, afectivo, heroico y voluntarista de esa tradición que su aspecto más trágico, y construye un relato oficial que echa luz sobre tiempos, hechos, acontecimientos y prácticas que habían sido previamente acallados desde el discurso político. Si, por un lado, el pasado denostado o demonizado por el discurso kirchnerista resulta de una "condensación" de hechos y datos que, aunque distribuidos en un largo período de tiempo, se precipitan en el bloque "dictadura–neoliberalismo", el pasado rememorado es, en cambio, construido a partir de un conjunto de indicios que se hacen extensivos a todo un "clima de época" y a una generación completa. Ese retrato ilumina el aspecto fraternal, alegre, voluntarista y sacrificado de la militancia setentista, y evita toda referencia a las complejidades, tensiones y polémicas en torno a la experiencia rememorada: en efecto, cuestiones como el ejercicio de la lucha armada, los conflictos en el interior de las organizaciones (o en el seno del peronismo) o la responsabilidad de las agrupaciones político–militares en el despliegue y aumento de la violencia, entre otras que atraviesan los debates actuales entre ex militantes y organismos de derechos humanos, están ausentes del relato presidencial sobre el pasado, que aparece más bien como una visión maniqueísta, idealizada o estilizada[152]. Como sostiene Altamirano,

> La versión que el gobierno hizo suya es la más elemental y sobrevuela toda complicación respecto del pasado. Si la "teoría de los dos demonios" se edificaba en torno de la imagen de una sociedad inocente, víctima pura de una violencia que no guardaba ningún lazo con ella, la interpretación que el gobierno transmite estiliza la militancia de los años seten-

---

[152] Esto supone además un intento de "superación" de la "teoría de los dos demonios", que incluso llevó al agregado de un segundo Prólogo al libro *Nunca Más* en el año 2006, en el cual se fijó la posición gubernamental: "Es preciso dejar

> ta y borra por medio de esa estilización no sólo a los partidos armados de la época, sino la guerra intestina del peronismo, la Triple A, en fin, todo aquello que fue degradando la vida pública nacional antes del Golpe de Estado[153].

En ese sentido, puede decirse que este modo de leer el pasado reciente está permeado por un tono "romántico" (Sarlo, 2005) sobre la militancia setentista, que en cierto modo se funda en "procesos de 'idealización' que 'limpian la cara' al pasado para hacerlo encarnación palpable de 'valores nacionales'"[154] y configuran narraciones legítimas, aceptables, viables, decibles y procesables: en suma, relatos sobre el pasado pasibles de ser incorporados y absorbidos por la ciudadanía, capaces de configurar y consolidar identidades políticas en el presente. Así, a propósito del surgimiento y expansión de la "recuperación ideológica" de "los programas, acciones y figuras del agregado político de la experiencia revolucionaria", Vezzetti alerta que

> [e]se giro de la memoria, mayormente autorreferencial, tiene límites precisos. En la mayoría de los casos expone todo el universo creencial, propiamente mítico en su capacidad de autoevidencia, que le da sustento; y al mismo tiempo es bastante visible el propósito orientado a la recuperación de la propia *inocencia*[155].

Si bien es cierto que –como señala Lesgart (2006: 192)– la inscripción del discurso kirchnerista en la "generación de los setenta" busca revalorizar el carácter políticamente comprometido de esa generación, negando así el estatus de "víctimas inocentes o pasivas" con que se la había definido en la década del ochenta, al mismo tiempo se sitúa en un terreno neutral que elude las preguntas sobre las responsabilidades

---

claramente establecido, porque lo requiere la construcción del futuro sobre bases firmes, que es inaceptable pretender justificar el terrorismo de Estado como una suerte de juego de violencias contrapuestas como si fuera posible buscar una simetría justificatoria en la acción de particulares frente al apartamiento de los fines propios de la Nación y del Estado, que son irrenunciables".

[153] Altamirano, 2007: 17.
[154] Briones, 1994: 116.
[155] Vezzetti, 2009: 30-31.

y legados de las prácticas de la militancia setentista[156]. De ese modo, a riesgo de "escamotear" y silenciar ciertos aspectos –muchos de ellos cruciales– sobre el pasado de la militancia política durante los años setenta y de evitar el necesario debate sobre la responsabilidad que le atañe, el discurso presidencial construye una representación subjetiva, particular y romántica de esa memoria en la que sustenta su propio *ethos* y por lo tanto su liderazgo político.

Precisamente, el carácter "personalista" y subjetivo parece ser un rasgo propio de la reelaboración kirchnerista de la memoria reciente. En efecto, como vimos, recuperando la misión legada por la tradición militante, el primer mandatario manifestó en diversas ocasiones que la memoria, la verdad y la justicia eran para él "mandatos de conciencia", íntima reivindicación de su generación y de sus compañeros de militancia desaparecidos o muertos en la lucha política. En las antípodas de Alfonsín, la justicia impulsada por el kirchnerismo se figura como una justicia "no neutral" ni imparcial, sino atravesada por mandatos y convicciones personales. Se plantea así un escenario de batalla donde la figura presidencial se ubica "de un lado de la trinchera" en el que se prioriza la lógica política por sobre la jurídica[157].

De allí se desprende un tercer efecto del relato kirchnerista sobre el pasado, que atañe a la resignificación de la transición democrática y del "complejo ideológico–discursivo" que está en su origen, y al intento por disputar los sentidos profundos sobre la democracia, la justicia y la política misma. Así, en oposición a la democracia formal o procedimental que se habría intentado montar durante la transición, basada en el carácter neutral e imparcial de la justicia y en la idea de "imperio de la ley", el discurso kirchnerista impulsó y propuso en cambio una noción de democracia sustantiva, fundada en

---

[156] Cf. Hilb, 2002; Bonvecchi y Charosky, 2004.

[157] Debe reconocerse, sin embargo, que las instituciones judiciales han tenido no poca relevancia en el proceso de reapertura de los juicios y procesamientos: al respecto, según informes del CELS, mientras en el año 2004 (previo a la declaración de inconstitucionalidad de las leyes de Obediencia Debida y Punto Final) sólo había 122 detenidos, para diciembre del 2007 (fecha de finalización del mandato de N. Kirchner) existían 922 implicados en delitos de lesa humanidad, 349 procesados (con o sin prisión preventiva) y 14 condenados. Al 31 de diciembre de 2009 había un total de 1422 implicados, de los cuales 628 están procesados, y 75 obtuvieron sentencia.

determinados mandatos y contenidos esenciales, de índole valorativa (Bonvecchi y Charosky, 2004: 6), y fuertemente asociada al sujeto que gobierna, es decir, el "pueblo" encarnado en las figuras representativas. Esa identidad "popular" que estaría en la base de la "auténtica" democracia instaurada por el discurso presidencial, radical y esencialmente opuesta a la noción "formal" y virtualmente "ficticia" o "artificial" de democracia que rigió en la década del ochenta, ancla fuertemente en el imaginario de la izquierda nacional–popular en que el discurso kirchnerista se filia. Así lo sintetiza Novaro:

> En concreto, la operación discursiva que pondrá en marcha Kirchner desde el comienzo mismo de su gestión consistirá en descalificar globalmente el proceso democrático de las dos décadas previas, con particular virulencia en lo que respecta a la cuestión de los derechos humanos, y reivindicar los ideales, objetivos y la actividad política ("popular" y, por tanto, esencialmente "democrática") que fuera objeto de represión bajo la última dictadura militar. De este modo incorporará la cuestión de los derechos humanos en un nuevo relato y un nuevo proyecto político, que se inspira en la tradición de izquierda populista[158].

Del mismo modo, la "unidad nacional" y la "justicia" adquieren nuevos sentidos, contrapuestos a los vigentes durante la década del ochenta pero también a los discursos actuales que promueven la reconciliación, la "clausura" del pasado y la equiparación de los castigos a militares y activistas[159]:

> Que me disculpen algunos editorialistas que pretenden que la unidad se alcanza olvidándose del pasado, del dolor. Yo sostengo que no se puede construir un futuro de unidad si no hay justicia. Tapando no se construye nada y equipa-

---

[158] Novaro, 2008: 22.

[159] Discursos de este tipo pueden encontrarse, por ejemplo, en *La Nación* del 20 de febrero de 2005, donde se afirma: "Si se rechazan las amnistías, los indultos y las leyes de obediencia debida y punto final, todos los crímenes de guerrilleros y miembros de las fuerzas de seguridad deberán ser juzgados nuevamente, incluyendo como partícipes a los ideólogos y apologistas de la violencia. ¿Es ése el camino razonable [...]? Si las culpas son compartidas y evidentes, ¿no deberíamos encontrar, como España, un camino de verdade-

rando menos, no podemos equiparar al terrorismo de Estado con aquellos que políticamente pensaban diferente. Es un absurdo. Yo se los digo con todo respeto a los señores editorialistas de los medios, que lo tengan siempre en cuenta. No hay forma de justificar eso y no hay forma de alcanzar la unidad de los argentinos en diferencia, en democracia, si no es con justicia y con memoria. Si no hay justicia no hay posibilidad y si no hay memoria tampoco. Y hay que trabajar para la unidad, obviamente, pero con justicia, con memoria y marcando claro que estas cosas no sucedan nunca más. (16/03/2006)

A esos discursos (calificados como "absurdos") que promueven la "unidad nacional" mediante el olvido o la equiparación de los castigos, el discurso kirchnerista opone un marco de sentido nuevo y antagónico, desde cual "solo es posible lograr la unidad si se mantiene viva la memoria y la justicia", y por lo tanto juzgando a los responsables de la represión. "Unidad nacional" y "justicia" son ahora resignificados[160]: la "verdadera" justicia no debe equiparar los crímenes de lesa humanidad (cometidos desde el Estado) con aquellos crímenes particulares cometidos por guerrilleros o activistas políticos, en un explícito rechazo hacia la teoría de los dos demonios. Se articula así una idea "no neutral" de la justicia que, como señala Barros, "no puede ser encorsetada en un marco institucional porque depende de una convicción y un compromiso éticos"; el kirchnerismo da voz a "demandas que no estaban articuladas en el campo de lo simbólico" e "irrumpe y distorsiona el hasta [ese] momento orden natural que estructuraba el discurso de los derechos humanos: un discurso que suponía un estado imparcial y neutral"[161]. En ese sentido, la justicia aparece "permeada" por la lógica política, en tanto es impulsada por la voluntad y la convicción presidenciales, en nombre de un legado heredado de sus compañeros de militancia.

---

ra reconciliación? Es hora de buscar integralmente la verdad, porque sólo así dejaremos de seguir viviendo aferrados a lo peor de nuestro pasado". Ver también la nota publicada el 15 de noviembre de 2005 en *La Nación*, titulada "En Argentina, la violencia tuvo dos caras", entre otras.

[160] Se trata de un caso de refutación/resemantización (ver Capítulo IV).

[161] Barros, 2006a: 10.

Así, el discurso kirchnerista acentúa el carácter netamente "político" de la democracia y la legitimidad de las luchas y conflictos que la surcan. A diferencia de la "asepsia", la neutralidad y la virtual despolitización que habría regido durante la transición, se postula una democracia atravesada por el conflicto, y al mismo tiempo fundada en valores y convicciones. De ese modo, el discurso kirchnerista recupera tanto el contenido moral e ideológico de las luchas que están en su origen como sus valores, su cultura política, e incluso, como intentaremos mostrar aquí, ciertos modos de decir y de hablar que hacen a la construcción de la propia imagen del locutor político.

Visto desde este enfoque, el "silenciamiento" del alfonsinismo en el discurso kirchnerista cobra un nuevo sentido. Este último se articula en efecto como un discurso refundacional que subvierte y reconfigura los modos hasta entonces vigentes de concebir el pasado reciente, que redefine también las nociones de justicia y democracia: inscribiéndose en otra tradición, nunca antes reivindicada por el discurso presidencial en democracia, y estableciendo una filiación con el imaginario de la Nueva Izquierda setentista, de fuerte contenido nacional–popular, el discurso kirchnerista reinterpreta y reconstruye la historia de la transición democrática como un proceso no solo incompleto e inacabado sino, sobre todo, inadecuado y esencialmente opuesto al propio, que se figura, así, como un "auténtico" proyecto de refundación democrática.

Como señalamos, el discurso kirchnerista sustenta gran parte de su identidad política en las lecturas que construye sobre el pasado reciente: por un lado, se identifica plenamente con la experiencia política de la militancia setentista, tal como ella aparece reconstruida por el propio discurso presidencial; por otro, se desmarca y distingue del otro pasado, aquel que alude a la oscuridad, el autoritarismo y la crueldad de la dictadura y al modelo económico a ella asociado. Así, los modos de articulación de una memoria representada –esto es, de un nuevo relato integral, complejo y articulado sobre el pasado– constituye, ciertamente, un rasgo específico y distintivo del discurso kirchnerista.

Ahora bien: si, como dijimos, el kirchnerista es el primer discurso presidencial argentino que se identifica explícita y activamente con la militancia juvenil radicalizada de los años setenta, desde nuestro punto de vista, va aún más allá, puesto que no solo construye un relato particular sobre el pasado reciente, sino que, en su enunciación misma, hace resonar ecos y reminiscencias setentistas, desencadenando un efecto de memoria discursiva que remite a voces, gestos de habla y *topoï* propios de ese imaginario: de ese modo, el setentismo está inscripto en el propio *ethos* presidencial. Dicho esto, en los siguientes capítulos nos ocupamos de indagar en los modos discursivos de configuración de ese *ethos* militante, a partir del análisis de las huellas que hacen resonar la memoria discursiva militante setentista y el "espíritu de época" que esta evoca.

Capítulo III
La memoria incorporada:
Colectivo de identificación y creencia

En el capítulo anterior se hizo visible que en su relato sobre el pasado reciente, el discurso kirchnerista entabla un vínculo de identificación con la memoria de la militancia setentista. Esa "memoria representada" constituye el punto de partida para la configuración de un *ethos* militante. Este es lingüísticamente aprehensible a partir de un efecto de "memoria incorporada", esto es, a partir de las huellas que toman cuerpo en la figura del locutor político y así trazan una línea de filiación con el pasado. En efecto, como ya señalamos, el ex presidente hace explícita su pertenencia a lo que identifica como una "generación diezmada y castigada" de jóvenes involucrados en la lucha política durante la década del setenta y, en ese sentido, se proyecta como un heredero de las luchas de sus compañeros.

Según nuestra hipótesis, las huellas que remiten a esa memoria discursiva –tal como ella aparece representada y reelaborada en el discurso presidencial– se manifiestan en un doble plano de identidad/alteridad, es decir: tanto en los modos de configuración del "colectivo de identificación" como en los modos polémicos de definición, interpelación, y descalificación de los adversarios. Así, el análisis del nivel *interlocutivo* (o intradiscursivo) reenvía al nivel *interdiscursivo* de la memoria militante setentista. Ambos niveles de análisis definen, según creemos, un "espacio ideológico-argumentativo" que da sustento y legitimidad al discurso presidencial.

Desde ese enfoque, en este capítulo nos ocupamos particularmente de analizar los modos de conformación del "colectivo de identificación", del "nosotros" que fundamenta el lazo de creencia instaurado por el discurso kirchnerista. Para ello, luego de unas breves conceptualizaciones acerca de la escena enunciativa y la multidestinación, nos adentramos en el análisis de la recurrencia, pero también la reelaboración y transformación, de ciertos *topoï* o cadenas tópico-argumentativas que reenvían al imaginario setentista, e indagamos sobre los sentidos que estas cadenas tópico-argumentativas adquieren en la coyuntura política argentina contemporánea. Finalmente, estudiamos la modalidad emotivo-exclamativa como gesto de habla privilegiado, ámbito de despliegue del *ethos* militante y de la comunidad de creencia del discurso kirchnerista.

1. Los múltiples destinatarios del discurso político y los modos de la creencia

Todo discurso se dispone como una escena en la que la distribución de roles tiene un papel central. El dispositivo enunciativo consiste, así, en la puesta en escena de una serie de personajes y voces que interactúan y dialogan. En el caso del discurso político, esa escena enunciativa es una dimensión fundamental para comprender los sentidos y las identidades políticas que allí se configuran.

Uno de los rasgos específicos del género del discurso político es que, según señala Verón en su ya clásico artículo "La palabra adversativa" (1987), puede tener multidestinación y funciones múltiples. En efecto, el discurso político suele dirigirse al menos a tres tipos de destinatarios a la vez: en primer lugar, un destinatario positivo o *prodestinatario*, es decir, el partidario o adherente que conforma, junto con el enunciador, un "colectivo de identificación" con creencias compartidas, hacia quien se dirigen los discursos con función de refuerzo de creencia. Es mediante la operación de interpelación[162] que el locutor político "nombra" y a la vez "reconoce" a sus *prodestinatarios* –seguidores, adherentes y/o "compañe-

---

[162] La noción de interpelación, de matriz althusseriana, alude al mecanismo articulatorio, es decir, al conjunto de dispositivos discursivos mediante los cuales una ideología constituye a los individuos en sujetos. En el caso del discurso político, este "juego interpelatorio" remite al proceso de constitución de los sujetos políticos. Es necesario agregar que para de Ipola este proceso de interpelación-constitución de sujetos políticos no puede reducirse puramente al momento interpelatorio, ya que reside a la vez en las condiciones de producción y de recepción de un discurso ideológico determinado (1982: 119).

ros"–, procurando así dar forma a ese colectivo de identificación, el cual se funda, en gran medida, en un "pacto de "creencia" (de Ipola, 1997). En segundo lugar, un *paradestinatario*, i.e. el destinatario "indeciso" al cual es necesario persuadir. Finalmente, un *contradestinatario* o adversario político, con el cual se polemiza y al cual se intenta destruir discursivamente. Así, a cada uno de los tres destinatarios corresponden tres funciones diferentes (refuerzo, persuasión y polémica, respectivamente) que operan en simultáneo, aunque con distinto grado de incidencia: en última instancia, como sostiene García Negroni (1988), puede decirse que tanto la función polémica como la de refuerzo están al servicio de la argumentación. Complejizando los diversos grados de explicitación de la destinación en el discurso político, García Negroni distingue las figuras de *destinatario encubierto* y *destinatario indirecto*. A esta clasificación añadimos –y a ello nos dedicamos específicamente en el siguiente capítulo– una tercera figura que constituye el mayor grado de explicitación de la contra-destinación: se trata del *contradestinatario directo*.

Si, como veremos, dado el carácter polémico de nuestro objeto de análisis la figura del contradestinatario es central, también lo es la del prodestinatario[163]: figura siempre-ahí, partidario, creyente y adherente a la causa política proclamada en el discurso, el prodestinatario del discurso kirchnerista no precisa ser persuadido, sino simplemente reafirmar su adhesión y reforzar su pertenencia a un universo de creencias compartidas que, en muchos casos, se dan por evidentes, mediante la

---

[163] En cuanto al paradestinatario, esa figura discursiva a la que es necesario persuadir y cuya creencia está suspendida, en el discurso kirchnerista ella tiene una presencia marginal: en efecto, no se destaca la pretensión de convencer a los indecisos. Existen, cierto es, numerosos fragmentos en los que el locutor "pide ayuda" a "todos los argentinos", "sin distinciones partidarias", y en los que el destinatario adquiere un matiz pluralista y transversal que trasciende los límites partidarios, especialmente en coyunturas eleccionarias. Sin embargo, puede decirse que en términos generales, a excepción de esos casos coyunturales, el paradestinatario tiene un rol secundario en la escena discursiva kirchnerista -lo mismo sucede en el discurso militante-: allí el acento está puesto en la función polémica y en la de refuerzo de la creencia. Dirigido en simultáneo a los partidarios, adherentes y compañeros de militancia por un lado, y a los adversarios y enemigos políticos, por el otro, hay allí poco espacio para los no convencidos: por el contrario, veremos que la "neutralidad" y la "indiferencia" son denostadas.

evocación de aquellos *topoï*, principios o discursos ideológicos que funcionan como fundamento de la identidad política en la que el discurso kirchnerista se reconoce. Esta operación de interpelación de los prodestinatarios y el simultáneo refuerzo de su creencia se despliegan además en un lenguaje exclamativo, afectivo y emotivo que sella el pacto de confianza e identificación entre el locutor político y sus seguidores.

En su estudio sobre los diversos modos de funcionamiento del creer, de Ipola (1997; 2004a) distingue dos tipos de creencia: por un lado, el autor reconoce la existencia de un tipo de creencia definida como la adhesión a una ideología, "a un enunciado o sistema de enunciados"[164] "que se expone como un discurso coherente y argumentado y que se reconoce como verdadero"[165]. En otras palabras, esta modalidad de la creencia se rige por una *lógica objetiva de las ideas* y, según entendemos, puede pensarse que se funda en un conjunto de *topoï* argumentativos. Por otro lado, de Ipola identifica la creencia como "confianza acordada a algo o a alguien", regida por una *lógica de la pertenencia*, de la fe, de la convicción, en suma, por una lógica de la fidelidad:

> En esa medida, la creencia como confianza acordada es indisociable de la autoinclusión del enunciador como miembro del colectivo (secta, iglesia, partido, nación) con quien justamente comparte dicha creencia. Ese carácter indisociable del "creer" y del "ser miembro de" es el resultado más patente del funcionamiento de una lógica de la pertenencia[166].

Siguiendo estos lineamientos, a continuación intentaremos mostrar que en el discurso kirchnerista la configuración del "colectivo de identificación" y el despliegue de estas dos lógicas del creer se fundan en dos mecanismos enunciativo–argumentativos simultáneos y complementarios: por un lado en un conjunto de *topoï* o cadenas tópico–argumentativas que evocan, reelaboran y resignifican la memoria militante setentista y al mismo tiempo instauran un pacto de creencia basado en una lógica de las ideas; por otro lado en una modalidad discursiva privilegiada y dominante, la emotivo–exclamativa, que instaura una lógica de la pertenencia.

---

[164] De Ipola, 2004a: 4.
[165] De Ipola, 1997: 12.
[166] Ibídem.

2. Cadenas tópico-argumentativas evocadas, reelaboradas y resignificadas

Tal como vimos en el capítulo anterior, en el relato que el discurso kirchnerista construye sobre la generación con la que se identifica, la figura del *militante* tiene un rol protagónico: muchos de sus rasgos surgen de la construcción discursiva que el locutor propone, pero anclan también en algunas ideas-fuerza propias de ese imaginario. Los militantes son retratados como jóvenes idealistas y soñadores, como activistas comprometidos con su causa, como hombres y mujeres "comunes" que eran "parte del pueblo" y cuya práctica política se fundaba en la fraternidad, el júbilo y la alegría compartida, como sujetos transgresores, rebeldes, libres, informales y desapegados de las convenciones sociales, que formaban parte de una tendencia democrática, plural y diversa que habilitaba el "pensar diferente".

En esta representación discursiva sobre la militancia setentista, poblada de imágenes estereotípicas, se resaltan y seleccionan ciertos atributos prototípicos y al mismo tiempo se velan otros, eludiendo así todo cuestionamiento, crítica o debate sobre ese pasado evocado. Tal es el caso del tópico de la violencia o la lucha armada como medio privilegiado de ejercicio de la revolución –que según Ollier (1998) constituye el "corazón" de la militancia setentista–; o el tópico –que constituye propiamente un programa político– de la "Patria Socialista" o el "socialismo" como fin último de la acción revolucionaria. En ese sentido, a propósito de la ascendencia de izquierda del kirchnerismo, Novaro sostiene que

> [r]esulta llamativo [...] que las posiciones autodefinidas como de izquierda en la actualidad difieran muy poco de las que podíamos hallar en los años sesenta y setenta: salvo por cierto en un punto, no insignificante, el uso de las armas, en el diagnóstico sobre la naturaleza del capitalismo y la dependencia del imperialismo, sobre el carácter formal y meramente instrumental de las instituciones de la república, y su debida subordinación al "poder popular", sobre la naturaleza de las fuerzas sociales amigas y enemigas, no parece haber mayores diferencias[167].

---

[17] Novaro, 2006b: 25.

Por otra parte, el kirchnerista no es un discurso uniforme y homogéneo: por el contrario, es un discurso político complejo, que se inserta en una coyuntura específica y, en esa medida, está atravesado por numerosas interdiscursividades, muchas veces contradictorias, opuestas o superpuestas. Así, como veremos en el Capítulo V, allí conviven representaciones de la memoria setentista con otros discursos sociales y políticos que surcan y complejizan los posibles efectos de sentido del discurso presidencial.

Aunque, como insisten en señalar los especialistas en el tema, las organizaciones de la izquierda revolucionaria setentista merecen distinguirse entre sí por "su origen, su cultura política, su modalidad organizativa, su organización social, su historia"[168], existen sin embargo similitudes, "aires de familia" comunes en cuanto al entramado de representaciones y al sustrato moral que está en la base de la configuración identitaria de esas organizaciones político-militares, y que hemos definido oportunamente como "imaginario" o "espíritu de época" setentista. A eso se refiere Svampa cuando remite al "*ethos* de los setenta", cuyo mayor exponente fue la figura del militante político, "definido por una 'mística' revolucionaria, [...] un compromiso que se postulaba como permanente y radical"[169].

En un pasaje que, según creemos, puede ser extendido al universo de agrupaciones político–militares setentistas, Carnovale sostiene que el proceso de construcción identitaria del PRT–ERP, por caso, "involucra la apelación a un universo de referencias capaz de dinamizar voluntades, de otorgar efectos de sentido, de conjurar la fuerza centrífuga de las subjetividades individuales" que procede "no sólo de un conjunto de formulaciones teórico–ideológicas sino, además, de un entrecruzamiento de imaginario político, prácticas y postulados morales, entrecruzamiento fuertemente teñido de elementos propios de una cultura religiosa"[170].

En ese mismo sentido, también Longoni recupera algunos "tópicos" que, a su entender, configuran el "mito" revolucionario[171] y dan

---

[168] Longoni, 2007: 159.

[169] Svampa, 2003: 28.

[170] Carnovale, 2005: 1.

[171] Longoni (2007) retoma la noción de mito de Sorel, concebido como el conjunto de representaciones que aglutinan a un colectivo y lo impulsan a actuar en el presente: "podría pensarse en términos de mito la cohesión interna de los sectores involucrados directa o periféricamente con las organizaciones que optaron por la lucha armada en los años '70" (2007: 168-169).

sustento moral al "mandato sacrificial" que rigió la experiencia de la militancia setentista (la muerte del guerrillero alimenta la vida de la revolución; la proximidad de la muerte; la política como guerra; el hombre nuevo; religiosidad y mesianismo)[172].

En esta sección analizamos el modo en que el discurso kirchnerista recupera, representa, transforma y reelabora ese universo de referencias. Este se manifiesta en cadenas tópico–argumentativas que movilizan contenidos ideológicos, pero también funciona como una matriz simbólica que orienta la acción, y amalgama las identidades y los sentidos de la lucha política. En efecto, en el discurso presidencial se identifican numerosos lugares discursivos que evocan algunas de las principales ideas–fuerza o, en nuestros términos, de los principales *topoï* argumentativos de la memoria militante setentista: la heroicidad, en su dimensión épica y sacrificial; la condena a la traición y a la neutralidad; la ponderación de las convicciones, los sueños, las utopías y como motores de la práctica política; la definición del militante como "hombre común"; la valoración del carácter "juvenil" de los militantes en su dimensión de transgresión y disenso. Esos *topoï* son, sin embargo, a menudo resignificados en función de la cadena argumentativa en que se insertan y de los sentidos que se le atribuyen en la coyuntura actual.

2.1. La heroicidad

En el Capítulo II observamos que en la voz presidencial se resalta, de un modo a menudo estilizado, el aspecto "heroico" del ideario, las experiencias y las prácticas políticas de la militancia, y que la recuperación de ese imaginario suele estar vinculada con la construcción de la imagen del locutor político: de allí que la heroicidad de sus compañeros de lucha se proyecte en el carácter heroico de la propia figura presidencial en la actualidad.

Esta representación sobre la militancia setentista tiene, además, un correlato en el propio universo de referencias que, en aquellos años, cohesionaba e identificaba a las organizaciones de la Nueva Izquierda revolucionaria. De hecho, uno de los aspectos más característicos de las organizaciones políticas de los años setenta es la doc-

---

[172] Idem: 182-189.

trina "moral" que guiaba a los militantes en su práctica y su cultura política: la austeridad, el ascetismo, la disciplina, la rigidez, la subordinación de lo personal a lo político y el "espíritu de sacrificio" eran algunos de los valores y tópicos que sostenían la experiencia de los militantes políticos en todos sus niveles[173]. Todos esos atributos eran considerados, en el imaginario militante, característicos de los personajes heroicos reivindicados y admirados por las organizaciones políticas: el Che Guevara, Eva Perón, los "mártires" de las luchas populares y de la resistencia peronista, entre otros. Por esta razón puede decirse que, como señala Angenot (1982) a propósito del discurso panfletario, el militante se caracteriza por adoptar un marcado tono fatalista y una "visión crepuscular del mundo". En efecto, como aquel, el del militante es un discurso solemne y trágico que coloca siempre en el horizonte la posibilidad límite de la muerte. Pero al mismo tiempo, como veremos, es también un discurso voluntarista, esperanzado y alegre, que realza el lugar del afecto, las emociones, la amistad, la fraternidad y la horizontalidad en la práctica política.

La figura mítica del "héroe" es una de las principales ideas–fuerza que alimentan la configuración identitaria de los militantes setentistas: "el culto de la valentía, del coraje, del arrojo, del riesgo, de la hombría", la "ética del sacrificio extremo"[174] y el "espíritu de cruzada"[175] definían a los militantes como sujetos heroicos embarcados en una tarea épica[176]. Como señala Tortti,

> Rasgos típicos del accionar político de la época –"entrega", "heroísmo", "creencia en el triunfo", cierto dogmatismo, etcétera–, así como cierta disposición a "sustituir" a otros sujetos en el proceso revolucionario así como a "acor-

---

[173] Cf. entre otros Gillespie, 1998; Carnovale, 2005; Tcach, 2006; Guglielmucci, 2006; Longoni, 2007.

[174] Longoni, 2007: 162.

[175] Tcach, 2006: 155.

[176] La figura del héroe se complementaba con la del mártir, que remite a los muertos por la "causa popular" y se encarna en algunos personajes que conformaban la mitología militante. En efecto, en las solicitadas se firmaba: "Presentes mártires de Trelew. Presentes mártires anónimos. Presentes todos los mártires" (Baschetti, 1996: 93); "Los mártires del pueblo no serán olvidados. Sus asesinos jamás serán perdonados" (NH 123, agosto de 1973).

tar" los tiempos, tal vez permiten explicar mejor el vanguardismo o la creciente apelación a la violencia, que la simple alusión a la "eficacia de las ideas" revolucionarias[177].

Ese rápido pasaje a la militancia política hizo que muchos jóvenes –movidos por el ideal de la "revolución"– ingresaran a organizaciones en las que fueron adoptando un estilo de vida austero, a veces rígido, y muchas veces heroico[178].

En efecto, en los documentos y publicaciones de la época se solía ensalzar a los "nuevos héroes, los hijos de los gloriosos hombres de la Resistencia"[179] o a "los precursores, los militantes heroicos, [que] dieron preeminencia al momento práctico, antes que a la caracterización teórica"[180].

De modo que el *ethos* militante es, sobre todo, un *ethos* heroico. La figura del héroe otorga a la acción del sujeto, a su creatividad, su voluntad y su intervención histórica un lugar prioritario. En ese sentido, la práctica política implicaba una dimensión de *sacrificio, audacia, voluntarismo* y alto *compromiso* personal y político, compromiso que se figuraba como un *mandato*, un *legado* o una *misión* heredados de luchas históricas y precedentes.

Eje estructurante del discurso militante setentista, el *topos* de la heroicidad resuena en la voz presidencial, que se filia y se funde en la experiencia histórica de sus "compañeros de militancia" –los "verdaderos" héroes[181]– y así construye un *ethos* heroico. En efecto, allí el sentido del propio proyecto político se representa como una "misión", un "mandato" que retoma las banderas, las luchas y los sueños de la generación setentista en la que hunde sus raíces. El discurso kirchnerista entabla así una filiación y una continuidad histórica e ideológica con la memoria militante setentista, sellando así un pacto de creencia con sus seguidores y un vínculo identitario que lo inscribe en esa tradición política.

---

[177] Tortti, 1999: 214.

[178] Idem: 216.

[179] ED, marzo de 1974.

[180] *Militancia* 13, junio de 1973, en Baschetti, 1996: 191.

[181] Recordar la polémica con el ex presidente Raúl Alfonsín en la que Kirchner había explicitado que él no se consideraba un héroe, puesto que los "verdaderos héroes" no eran otros que los jóvenes desaparecidos y/o perseguidos por la dictadura militar (ver Capítulo II).

En su análisis sobre la moral revolucionaria, Longoni hace hincapié en la idea de que "la muerte (del guerrillero) alimenta la vida (de la revolución)"[182], tópico central de esta constelación ético–ideológica reactualizado en las ideas del "mandato", el "legado" y la "misión histórica", permanentemente evocadas por el discurso presidencial. Es así como en algunas publicaciones de la Nueva Izquierda los militantes se representaban como "hijos" de generaciones y tradiciones pretéritas, y sus muertes se visualizaban a su vez como el "germen" de nuevas generaciones de luchadores que empuñarían el fusil y por ende la misión legada por sus compañeros. Así lo indican un testimonio –"si yo caía, de verdad quería que otros retomaran mi lucha [...] que otro compañero levantara mi fusil, que una compañía llevara mi nombre"[183]– y algunos documentos de la época:

> La juventud maravillosa, como la llamó nuestro líder [...] los nuevos héroes, *los hijos de los gloriosos hombres de la Resistencia*[184].
>
> Todos ellos [los mártires de Trelew] combatientes de la causa obrera y popular, fueron masacrados a mansalva por los personeros de la dictadura militar. El proletariado revolucionario no olvida sus nombres. *Ellos son un aliento en cada lucha, que renueva permanentemente el compromiso militante por la liberación social y nacional de la patria*[185].

En el imaginario setentista, el "espíritu sacrificial" del héroe se define a partir de un conjunto de valores y atributos específicos: la firmeza, la entrega, el esfuerzo, la resistencia, la abnegación y, sobre todo, la capacidad de soportar y superar situaciones hostiles, arduas y dificultosas, constituyen dimensiones características de este *ethos* heroico. Carnovale señala que los atributos del militante ideal evocaban en general la figura guevarista del "hombre nuevo", un hombre "humilde, revolucionario en toda su vida", con una firme conducta moral y ética y capacidad para "luchar contra los vicios pequeño burgueses": "'ser humilde', 'ser callado'[186], 'ser

---

182 Longoni, 2007: 182.
183 Citado en Carnovale, 2005: 7.
184 ED, mayo de 1974.
185 NH 123, agosto de 1973.
186 Más adelante veremos que aunque "ser callado" era reivindicado como un valor hacia el interior de la organización política, hacia el exterior la

solidario', 'ser disciplinado', 'estar siempre dispuesto', 'ser sacrificado', 'dar la vida'"[187] son algunos de los valores ético–morales propios de la identidad militante. Así lo muestran los numerosos homenajes a compañeros caídos en combate:

> [Cesar era] *un militante disciplinado, duro, abnegado, y remarcada su voluntad personal de enfrentar todos los problemas*, de pensar las soluciones por sí mismo... [188]
>
> es hermoso hablar de sus vidas, de *la entrega y el calor revolucionario que dejaron en los compañeros que los conocimos*, con quienes compartieron el camino de la lucha. *El sacrificio, la abnegación, el amor al pueblo y el diario esfuerzo por la construcción del hombre nuevo*[189].

En el mismo sentido, en un homenaje a un compañero llamado "Sargento Coco", en *Estrella Roja* se destacaba su "humildad, seriedad y firmeza", "su espíritu de sacrificio, callado pero firme y con decisión" y, simultáneamente, "su alegría de vivir para la revolución y su carácter [...] sonriente" así como "su fraternidad y su dulzura"[190].

En síntesis, y visto en términos de cadenas tópico–argumentativas, podemos decir que en el imaginario militante la heroicidad puede definirse intrínsecamente[191] en relación con el "sacrificio" y la "entrega" (a una causa, a una idea, a una comunidad)[192]:

---

rebeldía, el "derecho a hablar", a disentir y a discutir aparecen como rasgos propios de la militancia juvenil setentista y también del *ethos* construido por el discurso kirchnerista.

[187] Carnovale, 2005: 5.

[188] AS 128, noviembre de 1974.

[189] ER 44, noviembre de 1974.

[190] ER 67, diciembre de 1975.

[191] Para la definición de *topoï* intrínsecos y extrínsecos, ver Capítulo I.

[192] Con respecto a la "entrega" como rasgo inherente a la condición del héroe, Bauzá señala que "la hazaña del héroe no se ciñe solo a la liberación interior y a la felicidad personal sino, muy especialmente, a ponerse al servicio de los demás, de ahí que su mayor mérito -y por el que más se lo aprecia y pretende emular- sea el que atañe a su defensa de los valores éticos, por los que se sacrifica y hasta llega a inmolarse: 'un héroe es alguien que ha dado la vida por algo más grande que él mismo'" (Bauzá, 2007: 150). En un sentido semejante, Übersfeld (1988: 63-63) revisa, desde un enfoque semiótico,

<+ héroe + entrega>

Si por un lado la "entrega" y el sacrificio parecen ser atributos intrínsecos del sentido de "héroe", esa idea habilita por otro lado múltiples argumentaciones externas que, en términos de Ducrot, "van hacia" la idea de heroicidad y la vinculan con cualidades como la abnegación, la disciplina, la voluntad, la valentía:

< + abnegado + héroe> <+ héroe + entrega>
<+ disciplinado + héroe> <+ héroe + entrega>
<+ voluntarioso + héroe> <+ héroe + entrega>

Sin embargo, esas argumentaciones externas no son las únicas posibles. A partir del *topos* intrínseco que conforma el núcleo de sentido de "héroe", en los discursos setentistas también se identifican cadenas tópico-argumentativas más amplias en las que la heroicidad se vinculaba con otros atributos, tales como la humildad, la firmeza, la honestidad, el esfuerzo, que son, a su vez, recuperados por el discurso presidencial.

En efecto, en el proceso de conformación de su imagen –un *ethos* militante y por lo tanto "heroico"–, el discurso kirchnerista evoca y reelabora muchos de los discursos asociados a la heroicidad militante, aunque lo hace *aggiornando* y redefiniendo algunos *topoï*, con lo que elude la densidad moral y dramática que esa figura implicaba en el imaginario setentista.

En primer lugar, como en el caso de los jóvenes setentistas, el *ethos* presidencial se muestra humilde, sincero[193], decidido, trabajador y voluntarioso:

---

el esquema actancial greimasiano, y aborda el triángulo ideológico en términos de la relación entre la acción individual del sujeto y sus consecuencias individuales pero también socio-históricas. La acción emprendida por el héroe debe beneficiarlo no solo a él, sino, además, a toda la sociedad a la que pertenece. Así, la razón de ser del héroe en tanto actante reside precisamente en no actuar exclusivamente en nombre propio ni en su propio beneficio, sino en ir en busca de un don (objeto), atravesando un camino con múltiples aventuras y peripecias, para entregarlo a su comunidad.

[193] Más adelante veremos que la "sinceridad" –en tanto posibilidad de "disentir"– es un atributo ponderado tanto por el discurso kirchnerista como por el imaginario militante.

> *Con humildad* construimos sobre la base de nuestros argumentos y convicciones, *actuamos como somos, nos equivocamos a veces y otras veces acertamos.* (03/03/2005)
>
> Me ven como soy; soy una persona que *me gusta hablar sin hipocresías, trabajar fuertemente* y respetar el mandato democrático de todos los pueblos. (30/08/2005)
>
> Por eso queridos amigos, con fuerza, con convicción en las ideas, [...] *con fuerza, con capacidad de transgresión, con decisión, con la voluntad de afrontar el futuro* que viene, generemos la alternativa nacional que este país necesita. (10/04/2007)

A propósito del "espíritu de sacrificio" propio del héroe, puede decirse que la condición de *pingüino* con que el ex presidente se identifica, vinculada a su procedencia patagónica –una zona solitaria, lejana, árida, fría y hostil– también le confiere cierto carácter heroico. Si esa asociación fue instalada por la prensa desde los inicios del período –según el ex presidente en términos peyorativos o despectivos–, durante todo su mandato Kirchner fue apropiándose de esa calificación y extrayendo de ella los rasgos positivos para construir, a partir de la figura del pingüino, su propio *ethos*. Así, el "espíritu pingüino" (18/03/2005) es representado, en el discurso kirchnerista, como un espíritu resistente, tenaz, tozudo, dotado de energía, voluntad y "fuerza sureña"[194]:

> Nosotros somos así: *medios crudos, sinceros, hoscos por el viento, por el frío, por la soledad* que nos ha tocado vivir. (27/06/2003)
>
> Y véanme como soy, como algunos lo quieren decir despectivamente, un pingüino; *soy un pingüino del sur, con fuerza, tozudo, con decisión* por hacer un país diferente. (28/07/2004)
>
> yo era un pingüino que llegaba solito desde el sur. (22/08/2005)
>
> Nos tocó tomar una Argentina prácticamente en llamas [...] y estamos tratando de honrar *el coraje pingüino.* (20/11/2006)

---

[194] Vale destacar, además, que la figura del pingüino se caracteriza también por su naturaleza protectora y defensora de la vida. Además, ella ha sido en algunas oportunidades contrapuesta a la del vampiro: "prefiero ser un pingüino -siempre lo digo- que respira paz y vuela y no un vampiro que le chupó la sangre al pueblo argentino" (06/07/2004).

La dimensión sacrificial del héroe

Como dijimos, el sufrimiento, la entrega, la resistencia, el sacrificio y, en el límite, la muerte por la causa política, constituye un aspecto intrínseco a la idea de heroicidad que vertebra la discursividad militante. En el imaginario setentista, sufrir o morir constituyen condiciones inherentes a la noción misma de heroicidad militante:

> Tuvimos muertos y presos pero seguimos yendo para adelante porque *preferíamos morir por un país libre que vivir en un país esclavo*[195].
>
> Concluye uno de los períodos negros de la historia de nuestro país, durante *los cuales los argentinos debimos sufrir* proscripciones, el desconocimiento de la voluntad de las mayorías, la entrega del patrimonio nacional, la explotación de los trabajadores[196].

En ese sentido, el *topos* intrínseco <+ héroe + entrega> puede encadenarse hacia la derecha, o bien asociado con *topoï* que orientan hacia la muerte del militante y hacia su reconocimiento como tal,

<+ héroe + entrega> <+ entrega + sacrificio>
<+sacrificio + muerte (por la causa/ Patria)>

o bien construyendo cadenas tópicas vinculadas con la idea del sufrimiento:

<+ héroe + entrega> <+entrega + sacrificio> <+ sacrificio
+ sufrimiento (por la causa/ Patria)>

Si en los discursos militantes se destaca el valor de sufrir, y en el extremo de morir por la Patria o por la causa política, el discurso kirchnerista sólo recupera la cadena tópica de la entrega y el sacrificio en tanto sufrimiento, *topos* habitualmente marcado por subjetivemas

---

[195] "7 de septiembre: Día del Montonero" (volante), septiembre de 1973, en Baschetti, 1996: 187.
[196] ED 2, mayo de 1973.

y "términos de emoción"[197] que dan cuenta del "sufrimiento" y el "dolor" que caracteriza a su propia historia política:

> No *sólo sufrimos los problemas que tenemos* por la deuda por los organismos internacionales, responsables también ellos de muchas de las situaciones que vivimos los argentinos, sino por culpa de los corruptos, de los que gobernaron la Argentina y los que entregaron este país. [Debemos] tratar de dar vuelta *esta historia de dolor, de olvido* que nos ha tocado vivir. (17/02/2004)
>
> ...yo soy el que ustedes conocieron siempre, como siempre: *un santacruceño que lucha y sufre* junto a ustedes. (17/09/2004)
>
> Yo les vengo a pedir que me ayuden, que me acompañen *con amor y pasión*, serán muchas las trabas que pongan en la construcción de la nueva Argentina, pero sepan que estamos dispuestos a dejar todo, todo nuestro esfuerzo. [...] Siempre, con mi compañera de todos los tiempos, junto con Cristina, *pensamos, soñamos y sufrimos, esta patria que nos duele.* (15/05/2007)

La expresión "estar jugado" (o "jugarse por") es otro *topoï* propio de la dimensión heroica y sacrificial que el discurso kirchnerista evoca. Ella supone, en concordancia con el tono épico del discurso militante, que el militante político está dispuesto a dar y a dejar todo por una causa, incluso la vida. En su trabajo sobre la figura mítica del héroe en el imaginario y la subjetividad del PRT– ERP, Carnovale analiza los tópicos "dar la vida" y "jugarse" y sostiene que

> [p]udiendo ser éste un mandato relativamente polisémico ("dedicar la vida a...", "ocupar la vida en...") resulta ser, por las implicancias subjetivas que dispara, definitivamente unívoco: [...] dar la vida significa ofrendarla, ofrecerla en sacrificio[198].

Así, en muchas publicaciones de la Nueva Izquierda se ensalzaba a los militantes "capaces de jugarse enteros por la felicidad del pue-

---

[197] El concepto pertenece a Plantin (1997).
[198] Carnovale, 2005: 6.

blo"[199], y se destacaba a la juventud argentina por involucrarse en la lucha política "con todo, impulsivamente, a veces cometiendo errores pero jugándose hasta la vida por esos ideales de querer ver a nuestra Patria libre"[200]. En un tono semejante, aunque ciertamente vaciado de su sentido dramático, el discurso kirchnerista hace resonar ese tópico:

> Sepan ustedes que *voy a dejar todo*, con mis aciertos y con mis errores. *Estoy jugado con esta Argentina diferente*, como sé que están ustedes por lograr reconstruirla. (21/01/2004)
> Les digo que conmigo tienen […] a *un pingüino que está jugado con ustedes, con toda la fuerza*. (04/08/ 2004)
> Algunos me dijeron que con eso iba a dividir a la sociedad argentina, porque lo que parece es que querían más un panqueque que un presidente y yo *no vine a ser un tibio, me vine a jugar por las ideas* de Argentina que creía con todas sus fuerzas. (05/06/2007)

En su reelaboración/resignificación de la memoria militante setentista, el discurso kirchnerista modifica o altera la cadena tópico–argumentativa que vinculaba la heroicidad con el sacrificio y luego con la propia muerte, para inscribir su propio carácter heroico en otra cadena tópica, en la cual "jugarse por" o "estar jugado" no lleva a la muerte o al sacrificio sino que encadena con otros argumentos, tales como la valentía, la fortaleza o, en definitiva, el compromiso. De este modo se anula la cadena que lleva a la muerte (por la causa/ Patria) y así al reconocimiento del héroe, y se la reemplaza por otra cadena tópico–argumentativa del tipo:

<+ héroe + entrega> <+ entrega + sacrificio> <+ sacrificio
+ compromiso> <+ compromiso + reconocimiento>

Del mismo modo, si el mandato ético–moral de la militancia setentista imponía el imperativo de "jugarse" y "dar la vida" por la causa o el proyecto político, también condenaba el miedo o el temor: se imponía así el imperativo de "no temer" y "no tener miedo" (al

---

[199] ER 23, agosto de 1973.
[200] "7 de septiembre: Día del Montonero" (volante), septiembre de 1973, en Baschetti, 1996: 187.

sufrimiento, a la muerte)[201]. Aunque nuevamente desprovisto de su sino más radical y trágico, la resistencia contra el "miedo" aparece como un valor reiteradamente destacado en el discurso kirchnerista:

> Todos sabemos por dónde camina el rumbo de los responsables[202] y como Presidente de los argentinos pondré toda la fuerza, porque como dije un día *no les tengo miedo*, sé frente a qué estamos, sé a lo que nos estamos exponiendo, pero *como Presidente de los argentinos debo estar al frente de esta batalla de justicia y de verdad.* (01/03/2007)
>
> A mí me dicen: "callate la boca, no hablés, no digas esto". Yo digo, *como no les tengo miedo a aquellos, tampoco les tengo miedo a los que escriben.* (01/03/2007)
>
> ...a esos que torturaron y mataron allí, como ese mayor Barreiro, que se escapó del país, otro cobarde, que nos viven amenazando, *no les tenemos miedo, no le tenemos miedo.* (24/03/2007)

De nuevo, se observa que el discurso kirchnerista recupera un *topos* característico de la discursividad militante (en este caso, la "condena al miedo"), pero lo modifica y lo resignifica en función de la coyuntura presente, en la que la muerte del militante no entra en el campo de lo decible. No tener miedo es, en el discurso kirchnerista, tener la fortaleza de "estar al frente de esta batalla" y de resistir las "amenazas" de los adversarios. Así, si en el caso del discurso militante

<+ héroe + entrega> <+entrega – miedo> <– miedo + muerte>

en el presidencial la condena al miedo lleva, en cambio, a la resistencia y a la capacidad para enfrentar conflictos:

<+ héroe + entrega> <+entrega – miedo> <– miedo + resistencia>

En términos de cadenas tópico–argumentativas, es posible afirmar, entonces, que entre el discurso militante y el kirchnerista se pro-

---

[201] Carnovale, 2005: 11.

[202] El locutor hace referencia a los presuntos responsables de la desaparición del testigo Luis Gerez, en diciembre de 2006.

duce un desplazamiento, puesto que el segundo altera el sentido original de la cadena tópica evocada, y la resignifica, alterando entonces el sentido y alcance del término "héroe". Así, si en el imaginario militante la cadena tópica lleva de la heroicidad a la entrega, al sacrificio, al no–temor, y de allí se deriva la muerte del héroe, en los distintos ejemplos analizados más arriba observamos que en el caso del discurso kirchnerista la heroicidad también se define, en un primer encadenamiento, por su vínculo con la entrega y el sacrificio, el sufrimiento, y el no–temor, pero estos atributos encadenan ya no con la muerte del militante sino con el compromiso, la fortaleza y la "capacidad de resistir" adversidades, amenazas y obstáculos, lo cual proporciona las bases para el "reconocimiento" del héroe.

La política como lucha

Del mismo modo, la postulación de la práctica política como una "lucha" o una "batalla" –uno de los tópicos que, según muchos autores, estructuran el imaginario y el discurso "heroico" de la Nueva Izquierda setentista– es recuperada pero también resignificada por el discurso presidencial.

En el imaginario militante, la concepción de la política como una práctica revolucionaria, motivada y animada por una visión épica incluye, por definición, un componente de conflicto. De hecho, según Pucciarelli en los años setenta "la concepción del compromiso político era asumida como conflicto, como lucha imperativa y dramática para trastocar las estructuras de poder heredadas"[203]. Para Longoni (2007) el tópico de "la política como guerra" es constitutivo del proceso de radicalización de la violencia en Argentina, y en parte permite explicar las tensiones y complejidades que la lucha revolucionaria asumió en los años setenta, sintetizadas en el militarismo y la primacía de la lógica armada que muchas organizaciones adoptaron. Esta visión de la política como terreno y espacio de "conflicto", puede asociarse asimismo con lo que Tcach (2006) ha denominado la "lógica del partisano" que subyace a la práctica política de los jóvenes militantes setentistas, lógica que se caracteriza por organizar el

---

[203] Pucciarelli, 1999: 7.

140

imaginario político como "un imaginario de guerra, marcado por la antítesis amigo–enemigo". En efecto, para las organizaciones políticas de los años setenta, la práctica política era visualizada como una lucha, como un "combate" permanente "por la libertad y la democracia"[204]. De modo que, más o menos vinculado con la cuestión armada, el tópico de la política como lucha es, de hecho, constitutivo y recurrente en numerosas publicaciones de la Nueva Izquierda:

> *La lucha no declina* a partir del 11 de marzo ni llega a su término con la toma del gobierno el 25 de mayo. Recién entonces comienza una nueva etapa, etapa en la que el pueblo debe pasar a jugar un papel protagónico[205].
>
> Luego de *18 años de lucha* […] el 25 de mayo comenzó la etapa de la Reconstrucción para la Liberación Nacional[206].
>
> Porque el peronismo es nuestro, porque forjamos esta última etapa de lucha, porque vamos a ser *los que llevemos el peso de la lucha hacia el futuro*[207].
>
> El pueblo –fundamentalmente la clase obrera, el campesinado pobre y medio, la intelectualidad antiimperialista y revolucionaria y la pequeña burguesía urbana– ha protagonizado *los combates que derribaron a la dictadura*[208].
>
> …grandes masas han adquirido una experiencia: solo pueden obtener mejoras por *el largo y duro camino de la lucha*[209].
>
> el odio que el pueblo siente contra sus opresores y la necesidad que tiene de *proseguir la guerra a muerte* que se ha entablado contra las clases dominantes y el imperialismo[210].
>
> Decenas y decenas de heroicos guerrilleros dieron su vida en *esta lucha obrera y popular*. El ejemplo de los caídos no se perdió, nuestro combativo pueblo se movilizó, siguió *luchando cada vez con más energía*, rodeó con su cariño y su apoyo a las organizaciones guerrilleras…[211]

---

204 Tcach, 2006: 141.

205 "Los presos. La patria" (volante), mayo de 1973, en Baschetti, 1996: 43.

206 "Organizaciones armadas peronistas frente a la coyuntura" (volante), junio de 1973, en Baschetti, 1996: 74.

207 ED, marzo de 1974.

208 NH 119, junio de 1973.

209 NH 124, septiembre de 1973.

210 ER 21, junio de 1973.

211 ER 21, junio de 1973.

> *El combate continúa.* [...] Apoyados en la democracia y la
> libertad ya conquistadas, debemos *intensificar la lucha* y la
> organización para avanzar hacia la verdadera revolución,
> hacia la revolución socialista[212].

Recuperando el espíritu beligerante y "luchador" con que se suele
asociar a la juventud setentista, y reelaborándolo en función de los
desafíos y demandas del presente, en los meses iniciales de su gestión
el discurso kirchnerista definía su tarea política como una "maratón",
una "lucha" y una "epopeya":

> Venir –honestamente se los digo, con absoluta franque-
> za– para profundizar la Argentina que nos han dejado, bajo
> ningún aspecto fue mi intención cuando iniciamos este lar-
> go maratón, esta larga lucha y esta larga epopeya por con-
> ducir la Argentina. (11/08/2003)

Las "luchas", las "batallas" y las peleas que el kirchnerismo debió
llevar adelante durante la gestión gubernamental atañen a distintos
órdenes: el económico, el social, el político, y todos ellos suponen,
como veremos en el capítulo siguiente, un escenario binario en el que
existen al menos dos sectores o campos contrapuestos. En todas ellas,
el locutor se posiciona del lado "del pueblo" y se define como alguien
capaz de enfrentarse a los sectores e intereses de poder:

> ...yo soy el que ustedes conocieron siempre, como
> siempre: un santacruceño que lucha y sufre junto a ustedes.
> (17/09/2004)
> Es mucha la lucha que estamos llevando adelante; hay
> que lidiar y tratar de que el mundo entienda lo que le hicie-
> ron a la Argentina los malos dirigentes de adentro y los res-
> ponsables de aplicar políticas equivocadas. Vamos dando
> la pelea en cada lugar, con toda la fuerza y la dignidad de
> argentinos. (09/04/2005)
> Si yo les contara a ustedes día tras día la batalla cotidia-
> na que tengo que dar contra intereses de todo tipo, contra
> la propia concentración económica a veces y también fren-
> te a los intereses monopólicos que muchas veces nos quie-

---

[212] ER 21, junio de 1973.

> ren imponer el camino y el rumbo. Es una lucha en la cual yo necesito del pueblo argentino, necesito que el pueblo me ayude, porque junto al pueblo argentino vamos a poder dar la batalla. (22/05/2007)

No obstante, también en este caso se produce un desplazamiento tópico–argumentativo que resignifica los postulados de la memoria en la que el discurso kirchnerista se inscribe: si en los discursos de la militancia radicalizada setentista la lucha política era efectivamente definida intrínsecamente como una batalla revolucionaria que podía incluir la violencia y la muerte,

<+ lucha + violencia armada>

y podía derivar en encadenamientos externos que llevan al cambio social,

<+ lucha + violencia armada> <+ violencia armada + cambio>

en el caso del discurso kirchnerista es el *topos* intrínseco de "lucha" el que es modificado. Este se define ahora mediante su vínculo con predicados como el sufrimiento, la fortaleza, la resistencia, en suma, el esfuerzo y el trabajo. De modo que la lucha, en el discurso kirchnerista, se sustenta en un *topos* intrínseco del tipo

<+ lucha + esfuerzo>

Y es en tanto "esfuerzo" que la lucha lleva, en sus encadenamientos extrínsecos, al cambio social:

<+ lucha + esfuerzo> <+ esfuerzo + cambio>

Así, si bien el *topos* externo orienta en ambos casos hacia la idea de "cambio social", es la definición interna de "lucha" lo que se modifica en el discurso presidencial.

En suma, retomando el haz de *topoï* que, según vimos hasta aquí, permiten configurar el *ethos* kirchnerista como una figura heroica, podemos decir que el discurso kirchnerista se sustenta en el *topos* intrínseco según el cual la heroicidad se define como entrega. Sobre esa base, si bien por un lado retoma *topoï* extrínsecos en los que la heroicidad encadena con la austeridad, la humildad, el esfuerzo, la firmeza y la decisión, en cambio produce desplazamientos, y por lo tanto resignificaciones, en aquellas cadenas tópico-argumentativas que vinculan la heroicidad con la muerte o el sacrificio de la propia vida. En el caso del *topos* de la lucha política, propio del imaginario heroico de la discursividad militante, el desplazamiento se produce en cambio en el plano de la definición interna de ese término, en tanto la lucha política es resignificada en términos de "esfuerzo", y desvinculada de su impronta revolucionaria y por lo tanto de la violencia armada.

A continuación abordamos otro aspecto central en la definición del *ethos* militante: la condena a la traición y a la neutralidad.

2.2. La condena a la traición, la claudicación y la neutralidad

En los años setenta la "traición" de los combatientes era un punto conflictivo que suscitó no pocos debates en la época y en los años posteriores. En su libro *Traiciones*, Longoni se ocupa de analizar, en un conjunto de novelas ficcionales–testimoniales, los modos de representación de los sobrevivientes a los campos clandestinos de detención y su estigmatización como "traidores". Su trabajo ilumina un aspecto notable acerca de la figura del "traidor" en esa constelación discursiva, y demuestra que esa figura –asociada a los "delatores" pero también a los sobrevivientes– no sólo es constitutiva del imaginario militante, sino que además aparece como la contracara del héroe, en la medida en que el traidor es un sujeto que no fue "sacrificado".

Ese modo de concebir la traición ancla en las propias prácticas militantes, que se sustentaban en rígidas doctrinas ético–morales, y en un conjunto de estrictas reglas de seguridad cuya violación era síntoma de debilidad o sospecha. Como dice Pastoriza: "se entiende habitualmente que cuando hay campos enfrentados, un 'traidor' es quien se pasa al contrario, se convierte en enemigo"[213]. De manera extensiva, puede pensarse que en el discurso y en el imaginario militante la claudicación, la defección y el abandono de las luchas y los compromisos asumidos también eran considerados formas de trai-

---

[213] Pastoriza, 2006: 1.

ción, a la causa y al propio proyecto político[214]. Es en ese sentido que, en su discurso inaugural como Presidente de la Nación, Héctor Cámpora –referente de la Juventud Peronista– decía:

> Esta es la lealtad esencial que el pueblo espera de quienes fuimos elegidos por sus votos: *no alterar. No adulterar. No traicionar.* Ser esencialmente fieles a la voluntad popular[215].

Del mismo modo, el valor de no traicionar, no claudicar y no renunciar a la lucha es resaltado en muchas publicaciones de la Nueva Izquierda:

> ...desatar las energías invencibles de las masas obreras, campesinas y populares, y organizar el parlamento de los de abajo, capaz de *luchar sin claudicaciones hasta vencer*[216].
> ...la clase trabajadora *no va a renunciar* a continuar cada vez con más fuerza la lucha contra el imperialismo[217].

De allí que la "traición" y la "claudicación" sean, también, algunas de las formas más recurrentes de descalificación de los adversarios y de los "políticos claudicantes"[218], cuya defección es representada como un modo de abandono de los ideales revolucionarios y del compromiso con la causa, como síntoma de oportunismo, de debilidad o, simplemente, de pertenencia al campo enemigo:

---

[214] La condena a la traición es además indisociable de la ponderación de la "lealtad" en la tradición y el discurso peronista (Sigal y Verón, [1986] 2003). Ver también el discurso del General Perón: "Recuerden que un hombre que defecciona es una fuerza que se resta. Que vuestros hijos y vuestros nietos no puedan reprocharnos ni echarles en cara porque han aflojado en un momento decisivo de nuestra vida" (10 de febrero de 1946), o el discurso de proclamación de su candidatura del 12 de febrero de 1946 y la referencia a Braden como representante de su "pequeño ejército de traidores": "El contubernio al que han llegado es sencillamente repugnante y representa la mayor traición que se ha podido cometer contra las masas proletarias".
[215] Discurso inaugural de Cámpora, 25 de mayo de 1973.
[216] NH 125, septiembre 1973.
[217] ED 38, febrero de 1974.
[218] AS 44, enero de 1973.

> …denunciar claramente a *los traidores*, burócratas y con-
> trarrevolucionarios, que disfrazados, encubierta o abierta-
> mente, se oponen al proceso de liberación nacional[219].
> …el pueblo con su lucha sabrá barrer a estos reconoci-
> dos *traidores*[220].
> …en el conflicto de Citröen los compañeros peronistas
> de la "26 de julio" al final *claudicaron ante la burocracia*[221].
> El intento de disfrazar de "antiimperialista" al actual gobier-
> no lleva inevitablemente a las *más graves claudicaciones*[222].
> [La Ley de Asociaciones Profesionales] se votó en el
> Congreso *ante la defección* oportunista de muchos[223].

El discurso kirchnerista, por su parte, retoma este modo de concebir el compromiso político, que pondera la persistencia y el mantenimiento de las convicciones y las ideas aun en contextos adversos o
dificultosos. Si bien en el discurso presidencial el mote de "traidor" no
es un calificativo corriente para enfrentar a los adversarios[224], sí se
identifica, en cambio, con el aspecto ético de condena a la traición, a
la renuncia y a la claudicación. En efecto, mediante la reiterada fórmula "no voy a dejar mis valores y convicciones en la puerta de la Casa
Rosada", el ex presidente resalta recurrentemente su fidelidad y lealtad
a sus convicciones, y su promesa de no cambiar, de no abandonar sus
ideales y de no modificar sus prioridades estando en el poder:

> Formo parte de una generación diezmada, castigada
> con dolorosas ausencias; me sumé a las luchas políticas
> creyendo en *valores y convicciones que no pienso dejar en la*
> *puerta de entrada de la Casa Rosada.* (25/05/2003)

---

[219] ER 21, junio de 1973.

[220] ER 23, agosto de 1973.

[221] AS 53, marzo de 1973.

[222] AS 104, mayo de 1974.

[223] *Militancia* 34, febrero de 1974, en Baschetti 1996: 413.

[224] En efecto, en el discurso kirchnerista el lexema traición solo tiene dos
ocurrencias: asociado con el ex presidente radical Fernando De la Rúa y, ya
finalizado el mandato, con el vicepresidente, también radical, Julio Cobos.
Asimismo, Kirchner denuncia a "la clase dirigente claudicante" (17/12/2003)
y la "defección" de muchos cuando "explotaba" el país (06/09/2003).

En numerosos discursos se recupera aquella promesa fundacional formulada en el Acto de asunción presidencial, y se reitera incansablemente el juramento de no claudicar, no traicionar ni renunciar a los propios sueños:

> Cuando juré por la Constitución ser presidente de los argentinos dije que *no iba a dejar las convicciones en la puerta de la Casa Rosada,* dije que no iba a mentir a los argentinos y me he propuesto, por todos los que sufren, por nuestros trabajadores, por nuestra clase media, por nuestros empresarios nacionales, *no claudicar* y no mentir, decirles la verdad a ustedes, no tratar de venir a durar, *no me interesa durar para claudicar y defraudar.* Quiero estar con la frente alta, quiero mirar con mi corazón y mis ojos a todos los argentinos. (10/02/2004)
>
> *No vine ni para me bajen los brazos ni para claudicar.* (12/05/2004)
>
> Entré a esa casa para *no renunciar a las convicciones* y ver si juntos le podemos devolver la identidad perdida a la Argentina. (19/01/2004)
>
> ...vine a pelear por *las convicciones* que les conté a ustedes cuando estuve acá y *no las voy a traicionar.* Quiero seguir mirando a los argentinos, a ustedes, como hoy, de frente a los ojos, sin tener que bajar *la mirada traidora de haber renunciado al sueño* de un país mejor. (04/02/2004)
>
> ...en esta tarea de tratar de construir una Argentina alternativa, lo que nunca se puede hacer es *renunciar a los principios y los sueños.* (21/02/2005)
>
> ...yo soy como me ven, un hombre común, con aciertos y con errores, que estoy totalmente jugado en esta forma de sentir y ver el país. *No vine ni a eternizarme ni a sentarme en un sillón para renunciar a las convicciones* que me llevaron a la conducción del Estado. (05/08/2005)
>
> *No me interesaba ser un presidente que claudicaba o se arrodillaba todos los días a los intereses de turno,* quería enarbolar las banderas de la transformación, del cambio y reconstruir la esperanza. (01/08/2007)

De ese modo, si en el discurso militante el traidor siempre es el enemigo, el adversario, en suma, el "otro", en el discurso kirchnerista el *topos* de la traición es evocado para resaltar, en cambio, la propia lealtad y fidelidad a las convicciones, principios y valores que guían su accionar. Así, puede pensarse que si en el primer caso el *topos* de la traición es empleado mediante la forma tópica <+ traición + enemigo> para referir al otro, en el discurso kirchnerista se evoca su forma tópica conversa, para referir a la propia figura presidencial: <– traición – enemigo>. Así, el locutor se coloca en el mismo espacio ideológico–argumentativo que el de la memoria discursiva evocada, y lo hace reafirmando su condición de "no traidor", que remite a los valores del imaginario setentista pero también contribuye a instaurar un pacto de creencia, en la actualidad, con sus seguidores y adherentes.

Similar es el funcionamiento del *topos* de condena a la "neutralidad", a la "tibieza" o a los "grises", característico del ideario setentista y recurrentemente evocado por el discurso kirchnerista. En el discurso presidencial, el empleo de ese *topos* manifiesta una toma de posición política, ideológica y ética frente a las distintas situaciones de conflicto, y por lo tanto un *ethos* guiado por convicciones y compromisos. Así, frente a la configuración de una escena enunciativa dual y binaria –enunciada en términos disyuntivos (o… o…)–, el locutor político adopta una toma de posición que no es "neutral", "tibia", "intermedia" o "gris", y se coloca "de un lado de la trinchera":

> No vengo a especular, la Argentina está como está y la dejaron como la dejaron por *los tibios; yo tengo un compromiso* y no me importa que algunos por ahí se enojen, ¡qué va a hacer! (11/09/2003)
>
> …nosotros *no tenemos términos medios en este tema ni nos interesa ser grises*. Venimos a apostar a la construcción del trabajo nacional, a las pymes, a la reconstrucción del empresariado nacional, a la reconstrucción del trabajo nacional y a la inclusión nuevamente de los trabajadores argentinos. (11/12/2003)
>
> …los distintos puntos de vista *no son neutros* en materia de elegir los intereses que cada uno persigue defender. (01/03/2004)
>
> En este tiempo de la historia –que quede bien grabado– *yo no soy*, como dije respecto de otros temas días pasados, *neutral, no vengo a mezclar todo.* (07/12/2004)
>
> Les digo queridos amigos y amigas, y le digo a todo el país, que *el Gobierno nacional no va a ser neutro, no va a mirar desde la tribuna este partido.* Les pido que entiendan, que acompañen el nuevo proceso y el nuevo tiempo que vive la Argentina. (13/12/2004)

> *Estoy en una trinchera sola, no tengo un pie acá y otro allá,* tengo los pies puestos en el corazón, en el cariño, en el afecto y en la decisión de abrazarme permanentemente al pueblo argentino, sin distinción de colores o partidos. (14/07/2005)
>
> *[Cuando asumí la Presidencia] [n]o había camino intermedio,* no hay camino intermedio, argentinos. *Esto de que se puede ir por un camino gris no es tan así,* acá en la República Argentina, en la reconstrucción de este querido país, se está con la Nación, se está con la Patria, se está con el pueblo argentino o se está con los intereses que constantemente quebraron y fundieron el país. Yo he optado decididamente por tomarme fuertemente de las manos del pueblo argentino, del corazón del pueblo argentino y empezar a reconstruir esta querida Patria para devolverle la dignidad que se merece. (17/08/2005)
>
> *Yo no tengo un pie en cada lado, ni hago el equilibrismo de los diplomáticos para tratar de quedar bien con uno y con otro,* yo quiero junto a ustedes trabajar por la justicia y la verdad. (20/04/2007).
>
> *No hay opciones intermedias;* están los que quieren volver a tener un país para pocos; están los que quieren volver a tener la ganancia de los grupos concentrados de la economía, y estamos los que damos batalla. (08/05/2007).

Los fragmentos citados se asientan en un mismo *topos* que se funda en una visión binaria del espacio social –también característica del discurso militante–, y que condena la indiferencia, la conciliación, la tregua, la neutralidad y la tibieza, referencias constantes en el imaginario militante:

> *…la verdad no es neutral.* Una es la verdad de los obreros y el pueblo; otra es la "verdad" de los oligarcas, los imperialistas y los grandes capitalistas asociados a ellos[225].
>
> Pero en la Argentina de 1973 ya *nadie puede ser neutral*[226].
>
> …el dilema concreto está en asumir *uno de los dos polos.* Delante del conflicto peronismo-antiperonismo *no se puede ser neutral*[227].

---

[225] NH 122, agosto 1973.

[226] NH 119, junio de 1973

[227] CyR 30, septiembre de 1971, en Hilb y Lutzky, 1984: 42.

> Pero esta necesaria etapa de reconstrucción *no es una etapa "neutra"*: o es un período de transición enmarcado en la movilización y organización popular [...]; o es una etapa de transición a un reacomodamiento de los distintos sectores sociales que componen la clase dominante; o es Liberación o es Dependencia[228].
>
> Porque los males de nuestra Patria y nuestro pueblo, originados en la dependencia y el imperialismo, primero inglés y luego yanqui, y en la subsistencia del latifundio oligárquico, *no se curan con los paños tibios de algunas reformas*. Requieren medidas revolucionarias...[229]
>
> Cuando el Movimiento se juega su destino, *no puede haber indiferentes* ya sea por comodidad, por cobardía o por especulación[230].
>
> *No queda espacio político para el color gris en lo que a esta lucha respecta*[231].
>
> *No hay tercera posición* entre explotadores y explotados, no hay tercera posición entre el ejército explotador y la guerrilla. *[...] No se puede pretender tampoco quedar al margen de los enfrentamientos*. Con el pueblo, con el sindicalismo clasista, con la guerrilla o con sus enemigos, los burgueses e imperialistas, los militares contrarrevolucionarios[232].
>
> No apoyar *sectores vacilantes*[233].
>
> *No hay lugar para indefiniciones ni indecisiones*[234].
>
> *¡Tregua No, Liberación Sí! [...] Sí, nos oponemos a la "tregua". Porque el camino de conciliación con los monopolios y el latifundio no es el de la clase obrera* y el pueblo argentino[235].

En un sentido semejante, el ex presidente se ha definido en numerosas ocasiones como "intransigente", como alguien que "no cede" y no "transige" frente a las dificultades y obstáculos que la lucha política, y sus adversarios, le imponen:

---

228 *Envido* 10, noviembre de 1973, en Baschetti 1996: 330.

229 NH 146, agosto 1974.

230 ED, marzo de 1974.

231 ED, marzo de 1974.

232 ER 29, enero de 1974, en Hilb y Lutzky, 1984: 44.

233 EC, en De Santis, 2004: 68.

234 EC, en De Santis, 2004: 88.

235 NH 119, junio de 1973.

> A veces a uno lo quieren mostrar como *intransigente por-*
> *que, obviamente, tenemos que serlo con los que quebraron el*
> *país,* con los que llevaron a millones de argentinos a que-
> dar sin trabajo, con los que nos destruyeron la riqueza
> nacional. *¡Como no vamos a ser intransigentes con los respon-*
> *sables de estas políticas y con esas políticas!* Tenemos que ser
> transigentes con los que quieren crear las políticas supera-
> doras que está necesitando la Argentina. (02/06/2004)

Por su parte, la lucha de los militantes setentistas también era
visualizada como "intransigente":

> Sabemos bien quiénes somos y qué queremos: una
> patria libre, justa y soberana con independencia económi-
> ca, soberanía política y justicia social y sabemos que a esos
> objetivos no se los alcanza sino mediante *la lucha más*
> *intransigente e irreductible*[236].
> Ese es en esencia el proyecto político de Fernando Abal
> Medina, que obligadamente debemos rescatar. Sus pautas
> esenciales podemos sintetizarlas en: […] *Absoluta intransi-*
> *gencia con el sistema*[237].

Según se desprende de los ejemplos, mientras el locutor (tanto en el
discurso militante como en el kirchnerista) se define a sí mismo como
"intransigente" y "no neutral", los "vacilantes", los "grises" y aquellos que
abogan por la "tregua" son automáticamente clasificados como enemigos en la lucha política. Desde el punto de vista de la evocación de formas
tópicas, puede observarse que ambos discursos se reclaman "no neutrales" y asocian la neutralidad y la transigencia con la falta de compromiso
con los propios ideales, y se apoyan en *topoï* como los siguientes:

<+ neutralidad + traición a los ideales>
<+ tibieza + traición a los ideales>

Sin embargo, si en el discurso setentista los enunciados parecen
orientar, en gran medida, hacia la denuncia de la neutralidad y la "fal-

---

[236] ED, marzo de 1974.
[237] *Militancia*, septiembre de 1973, en Baschetti 1996: 190.

ta de compromiso" de sus adversarios, el discurso kirchnerista se inscribe y se mantiene en el marco de referencias del imaginario militante, reconociendo la validez de ese encadenamiento tópico y su efectividad político–ideológica, pero lo evoca bajo su forma conversa y aplicado a su propia figura:

<– neutralidad – traición a los ideales>
<– tibieza – traición a los ideales>

El efecto de sentido de este desplazamiento en la forma tópica no es otro que reafirmar la filiación de la propia imagen en ese universo de sentido, mostrándose como un líder que, como sus compañeros de antaño, condena la neutralidad, y amalgamando así el lazo de identificación con sus seguidores en el presente.

Nos referiremos ahora a un tercer conjunto de *topoï* que conforma el espacio ideológico–argumentativo del que el discurso kirchnerista toma su fundamento y legitimidad, y en el que la identificación con ciertos aspectos de memoria militante setentista es crucial. En particular, analizaremos los *topoï* vinculados con las convicciones, las utopías y los sueños como sustrato y motor del compromiso político.

2.3. Las convicciones, las utopías y los sueños: un terreno de identificación

Muchos autores sostienen que el ex presidente Kirchner ha introducido en el escenario político argentino una recuperación de la voluntad política, en el doble sentido de acción derivada de principios y convicciones personales, y de búsqueda de construcción de un lazo representativo. En oposición a los liderazgos presuntamente "pragmáticos" que lo precedieron, Kirchner se habría mostrado, en cambio, como un líder dotado de valores y convicciones que funcionan como guía de su acción, por sobre otros criterios pragmáticos o especulativos: en ese sentido, puede decirse que el proyecto y la propia práctica política del kirchnerismo encuentran su sustento moral y valorativo en el terreno de *las convicciones, los sueños y las utopías*[238].

---

[238] Ese sustento moral remite asimismo a una cierta ética política, la "ética de las convicciones", a las que Max Weber (1998) se refiriera en sus estudios

Estos elementos constituyen a la vez el fundamento y el incentivo de la acción política, y la garantía de su pureza y autenticidad:

> *Tenemos convicciones, tenemos esperanzas y tenemos sueños. Los argentinos debemos tener convicciones, esperanzas y sueños para inventarnos una realidad distinta* para salir del subsuelo. Soñamos con una patria unida, con una patria con memoria, con verdad y con justicia. *Soñamos* una patria con equidad, con solidaridad; *soñamos* una patria con sustentabilidad interna, sin excluidos. Soñamos una patria dignamente reconocida en el mundo e integrada a él pero cobijados por una bandera celeste y blanca que nos cubra a todos. A esos sueños tenemos que tratar de hacerlos realidad cada día, con trabajo, con esfuerzo. (13/08/2003)
>
> ...les dejo mi afecto, mi amor, *mis sueños, las utopías,* les extiendo mis brazos y mis manos para juntarme con los vuestros para seguir *soñando* por ese país juntos. (10/03/2005)
>
> Esto es lo que se había dejado de lado en la Argentina: cumplir con la palabra empeñada, decir la verdad, trabajar con honestidad, *tener principios, tener convicciones, tener ideas por las que luchar.* Esas son cosas fundamentales que van a consolidar la transformación y el cambio en este país. (16/01/2006)

Esta dimensión de convicciones y valores se vincula sin duda con ciertas representaciones de la memoria militante setentista, según las cuales los valores y los "ideales" constituían la materia prima y el motor de la acción política. En este sentido debe interpretarse la recurrencia de los lexemas "soñar", "sueños" o "utopías", también muy frecuentes en la matriz discursiva militante:

> Convocamos a todos aquellos que pelearon y que pelean, *a los que soñaron y sueñan con la justicia* para el pueblo y a todos aquellos que quieren una patria Libre, Justa y Soberana[239].

---

sobre los tipos de liderazgo. En las Conclusiones abordamos las posibles relaciones entre el *ethos* militante y la ética de las convicciones.

[239] ED, marzo de 1974.

> Un rasgo distintivo de la personalidad del fundador de
> Montoneros, Fernando Abal Medina es] su audacia sin
> límites y su voluntarismo acendrado, que lo llevan a plan-
> tearse como posibles, *acciones hasta entonces calificadas como*
> *utópicas*[240].

La centralidad de las convicciones, las utopías y los sueños coloca
en el núcleo del imaginario militante los aspectos subjetivos y valorativos de la práctica política, que es concebida como un ámbito de
voluntad, vocación y decisión. En efecto, los años setenta, marcados
por la movilización popular y la radicalización política de amplios
sectores de la sociedad, son años de "primacía de la política"
(Pucciarelli, 1999), política que, veremos luego, lejos de ser abordada en términos meramente "pragmáticos", "formales" o "burocráticos", se postula como una práctica subjetivamente motivada que se
nutre de valores, convicciones, sueños, ideales y utopías, de modo
que el "sujeto político" tiene allí un rol fundamental y prioritario.

En ese registro, el poder "transformador" de la voluntad política
constituye otro tópico recurrente en el ideario militante: así, la
Juventud Peronista ponderaba, en la figura heroica de Fernando Abal
Medina, "su audacia sin límites y su voluntarismo acendrado" y su
"incansable voluntad de transformar la realidad"[241]. Por su parte,
también el discurso kirchnerista reivindica y ensalza una visión de la
práctica política concebida como una "causa transformadora" y
como un "ejercicio diario de voluntad":

> ...todos los que tenemos responsabilidades, todos los
> que abrazamos *la política como una causa transformadora.*
> (14/08/2003)
> He querido hablar con el corazón abierto, con una voz
> que quiere ser expresión del anhelo del pueblo que repre-
> sento, *combinación de sueño y realismo* e inspirada en el sóli-
> do recuerdo de nuestra historia en común y en la visión de
> un presente y un porvenir que nos exige practicar el *diario*
> *ejercicio de la voluntad de hacer.* (28/08/2003)

---

[240] *Militancia* 13, septiembre de 1973, en Baschetti, 1996: 189.
[241] Idem: 190.

Así, puede verse que el discurso presidencial se afirma y se define a partir de esa "voluntad de hacer", y se atribuye un "poder transformador" y refundacional sin precedentes en la historia argentina, capaz de transformar las estructuras culturales, sociales y políticas heredadas.

Visto en términos de *topoï* argumentativos, puede decirse que el discurso kirchnerista se sitúa en un marco discursivo en el cual las convicciones, los sueños y las utopías constituyen la materia prima que nutre la práctica política, y en esa medida le aportan mayor autenticidad, intensidad, y poder de transformación:

<+ convicciones + poder transformador>
<+ sueños + poder transformador>
<+ utopías + poder transformador>

Al evocar y recuperar estos *topoï* propios del imaginario setentista, y al emplearlos bajo la misma forma tópica y con idéntica fuerza argumentativa, el discurso presidencial se instala en el mismo espacio ideológico-argumentativo de la "generación" con la que se identifica.

Continuando con la descripción tópico–argumentativa que configura el *ethos* militante del discurso kirchnerista, en el próximo apartado examinaremos la evocación del *topos* del "hombre común" y la consiguiente afirmación de su credibilidad y legitimidad en tanto locutor político.

2.4. El militante como "hombre común"

Vimos que en la relectura que el discurso kirchnerista propone sobre la militancia setentista, un rasgo saliente es el carácter "común" y, en cierta medida, "popular" de los activistas, retratados, desde la óptica presidencial, como "chicos", "hombres y mujeres comunes", humildes y trabajadores, que con esfuerzo y dignidad luchaban por sus ideales. Esa representación no es antojadiza, sino que recupera, en efecto, aspectos característicos del espíritu de época" setentista: de hecho, los jóvenes militantes se visualizaban a sí mismos como pertenecientes al pueblo y surgidos de él, y en sus publicaciones y discursos exaltaban permanentemente las virtudes de la "gente común"[242]. Como dice Tortti, "la multiplicidad de los lazos que sus

---

[242] Gillespie, 1998: 112.

componentes [de los grupos que conforman la Nueva Izquierda] desarrollaron contribuyó a que fueran percibidos –y se percibieran a sí mismos– como partes de una misma trama: la del campo del 'pueblo' y la 'Revolución'"[243]. En efecto, en muchas publicaciones es posible identificar pasajes en los que el militante se define como surgido de las "entrañas del pueblo", como "hijo del pueblo" o como "uno más del pueblo", humilde, sencillo, poderoso y valiente:

> Con orgullo desafiante, elevando altivos nuestras banderas. Con la soberbia de *los que surgen de las entrañas del pueblo*, alzando sus puños agresivos[244].
>
> Uno fue pensando y armando una explicación que sirviera para pintarnos a nosotros como peronistas, a explicarnos. *El peronismo, nacido de las entrañas del pueblo*, es el marco político donde los argentinos que sientan la liberación han decidido dar su lucha. *Nacimos antiimperialistas [...] y antioligárquicos. Levantamos nada más que las banderas del pueblo*[245].
>
> *Somos hijos del pueblo*, porque forjamos esta última etapa de lucha, porque vamos a ser los que llevemos el peso de la lucha del futuro[246].
>
> Pero detrás del combatiente audaz, valeroso, heroico, que sin lugar a dudas debemos tratar de construir, se escondía una concepción pequeño-burguesa de tipo individualista con deseo de ser "mas que los otros", "distinto"," excepcional", "de película" cualquier cosa menos *un hombre o una mujer de nuestro pueblo, uno más del pueblo, humilde como los pobres pero valeroso*, en el trabajo de salir todos los días a realizar tareas revolucionarias. [...] Este debe ser un partido popular, compuesto por miles de obreros, agricultores, estudiantes, profesionales, artesanos, *gente del pueblo, gente de sencilla y poderosa, porque tienen la sencillez y el poderío del ser el Pueblo*. El PCR tiene que ser un partido de masas, no de "Elite"[247].

---

[243] Tortti, 1999: 208.

[244] ED, marzo de 1974.

[245] ED 39, febrero de 1974.

[246] ED, marzo de 1974.

[247] NH 119, junio de 1973.

"¡Y al final un día volvimos!"

> *Los comunistas revolucionarios somos y nos sentimos parte de nuestro proletariado y nuestro pueblo*[248].
>
> *Fieles a nuestro pueblo*, fieles a la verdad revolucionaria, convencidos de que es nuestro deber decir siempre a nuestro pueblo lo que pensamos[249].

En un sentido semejante, el *ethos* proyectado en el discurso kirchnerista también se define mediante el atributo de "hombre común". Así, en su discurso fundacional el ex presidente afirmaba:

> Actuaremos como lo que fuimos y seguiremos siendo siempre: *hombres y mujeres comunes*, que quieren estar a la altura de las circunstancias asumiendo con dedicación las grandes responsabilidades que en representación del pueblo nos confieren. (25/05/2003)

El estatus de "hombre", "cristiano", "ser humano" "tipo" o "militante" "común" y popular que el locutor se atribuye le permite definirse como alguien que sufre, que tiene "virtudes y errores" y que solo ejerce su rol de presidente de manera coyuntural y excepcional:

> Porque también aparte de ser Presidente *uno sufre como ser humano, como todos ustedes. Uno es un hombre común*, algunos creían que se sentaban en ese sillón y se volvían perfectos. Así nos fue. *Uno acierta o se equivoca y tiene mejores y peores días como todos los cristianos permanentemente.* (11/08/2004)
>
> *Soy un hombre común, con virtudes y con errores.* Trato de corregir permanentemente lo que me pueda equivocar. (14/07/2005).
>
> Me dicen que tengo que ser mesurado, que tengo que ser prolijo, que me tengo que vestir ordenadamente, que tengo que caminar derecho, que tengo que hacer tantas cosas, ellos me quieren hacer al molde de ellos y yo *quiero ser al molde del pueblo, quiero ser como el pueblo porque me siento como uno de ustedes.* (17/03/2005)
>
> ...me dan ganas de tomarlos de las manos y salir a caminar las rutas de la provincia, para decirles: "vamos

---

[248] NH 122, agosto 1973.
[249] ER 21, junio de 1973.

> todos juntos", me dan ganas de trabajar las horas que pue-
> da junto a ustedes. Por eso, hoy lo hago como Presidente y
> mañana lo voy a hacer como el "Lupo", que siempre fui, *el
> tipo común abrazado con ustedes, militante como ustedes de toda
> la vida*. (20/07/2007)

Según el *topos* que subyace a estos enunciados, el carácter "popular" o "común" del presidente en tanto militante y hombre político
se encadena con su sinceridad, su honestidad y su autenticidad:

<+ hombre común/ surgido del pueblo + sincero/
honesto/ auténtico>

Nuevamente, como en el caso anterior, el *topos* evocado por el discurso presidencial ancla en la memoria setentista y, en la medida en
que es aplicado bajo la misma forma y con idéntica fuerza argumentativa, se inscribe en un espacio ideológico–argumentativo que remite al espíritu de época setentista. Por otra parte, como veremos en el
próximo apartado, es en virtud de este rasgo –el de "hombre" o ciudadano común"– que el primer mandatario reclama su derecho a
disentir, a "pensar diferente" y a ejercer su libertad de opinión.

2.5. Juventud y transgresión: el "derecho a disentir" y a "pensar diferente"

Dijimos que uno de los rasgos característicos de la "juventud
maravillosa" movilizada en los años setenta era precisamente su pertenencia generacional, esto es, su carácter de jóvenes, lo que acentuaba y a la vez justificaba su rebeldía, su transgresión, su heroicidad y
su audacia. Como vimos, en su relato sobre la memoria militante
setentista, el discurso kirchnerista rescata y se identifica con estos gestos y guiños íntimamente vinculados con la condición de "jóvenes"
de su generación, que remiten a un determinado modo de ejercer la
política: la transgresión, la irreverencia, la rebeldía contra lo institui-
do, y la capacidad de "pensar diferente".

Como ya señalamos, este relato tiene asidero en el universo referencial de la memoria setentista, puesto que los jóvenes activistas se
identificaban fuertemente con estos rasgos. Así lo demuestran algunos folletos y publicaciones de la época:

"¡Y al final un día volvimos!"

> *La Juventud Argentina* fue una protagonista principal de los últimos años de la vida política nacional. No fue prescindente. No se dedicó a ver pasar el proceso, *metiéndose con todo, impulsivamente,* a veces cometiendo errores pero *jugándose hasta la vida por esos ideales* de querer ver a nuestra Patria libre...[250]
>
> [Carlos] luchaba, discutía, volcaba sus esfuerzos por crear una herramienta revolucionaria. A *su espíritu joven, impetuoso, "desatado",* como nos lo dibujan sus compañeros, unió su vocación sindical democrática y su gran esperanza socialista. Las sembró con su sangre[251].

La transgresión, la rebeldía, el espíritu "desatado", "impetuoso" e "impulsivo", asociados además a la informalidad, a la falta de apego a las convenciones y al *statu quo,* son rasgos que configuran fundamentalmente un *ethos* "juvenil", rebelde, valiente, desfachatado, prepotente. Así, el *topos* que fundamenta este imaginario vincula la juventud con la rebeldía y la trasgresión:

<+ juventud + transgresión>

El discurso presidencial se hace eco de ese espíritu juvenil, que se inscribe en su propio *ethos,* en los gestos de habla y en los *topoï* que evoca y reelabora. Así lo manifiesta el siguiente fragmento, en el que el locutor hace explícita su valoración de la "trasgresión", la "irreverencia" y la "prepotencia" (del esfuerzo, del trabajo y la honestidad):

> Nosotros los argentinos *tenemos que ser transgresores y decididos* y tenemos que demostrarles a todas aquellas escuelas económicas, a todos aquellos diagnosticadores de la realidad, que *con la prepotencia del esfuerzo, del trabajo y la honestidad* vamos a hacer una nueva Argentina, le guste a quien le guste la vamos a poner en marcha. (12/06/2003)
>
> Muchas gracias compañeros por compartir este momento, por este consenso, *por esta fuerza, por esta poten-*

---

[250] "7 de septiembre: Día del Montonero" (volante), septiembre de 1973, en Baschetti, 1996: 187.
[251] AS 128, noviembre de 1974.

159

> cia, *por esta irreverencia, por esta capacidad transgresora*, por
> levantar la Bandera con coraje, por pelear por la justicia,
> por volver a creer en la política, por volver a luchar por la
> Argentina, por volver a creer en la solidaridad. ¡Viva la
> Patria, viva Argentina, vivan ustedes! (10/08/2005)

Existe un indicio que da cuenta, de manera cabal, de ese aspecto
transgresor del que el discurso presidencial se apropia para configurar su propio *ethos* discursivo. A partir de su (auto)afirmación como
activistas transgresores y rebeldes, los jóvenes activistas de la Nueva
Izquierda reivindicaban y reclamaban su derecho a "disentir" y a
"pensar" de manera autónoma:

> *Los leales pueden disentir.* Los obsecuentes siempre trai-
> cionan[252].
> En el Movimiento Peronista *siempre hubo derecho a
> disentir*[253].
> Tenemos derecho a *elegir lo que pensamos*[254].

Si el derecho a disentir se asocia con la lealtad y la fidelidad a las
propias convicciones, la "obsecuencia" aparece como un signo de
claudicación o de debilidad. En ese sentido, la lealtad (a la causa o a
las convicciones) parece funcionar como un encadenamiento extrín-
seco de "disentir":

<+ disenso + lealtad>

En un sentido semejante, el discurso militante enfatizaba su interés por "decir lo que pensamos" y por afirmar sus puntos de vista:

> Los comunistas revolucionarios somos y nos sentimos
> parte de nuestro proletariado y nuestro pueblo. Respetamos
> realmente los sentimientos y las opiniones de esa gran masa
> de compañeros peronistas con la que nos hermana un mis-

---

[252] ED 39, febrero de 1974.
[253] ED 39, febrero de 1974.
[254] ED 39, febrero de 1974, en Baschetti 1996: 467.

> mo interés de clase y con la que venimos combatiendo codo
> a codo contra la oligarquía y el imperialismo. Por eso mis-
> mo *nos sentimos obligados a decir claramente lo que pensa-*
> *mos*[255].
>
> Fieles a nuestro pueblo, fieles a la verdad revoluciona-
> ria, convencidos de que *es nuestro deber decir siempre a nues-*
> *tro pueblo lo que pensamos, aun a riesgo de que muchos*
> *compañeros no nos entiendan todavía*[256].

Ese derecho a disentir y a expresar los propios puntos de vista, incluso aquellos que pueden "molestar" o no ser comprendidos, es en cierto modo una consecuencia que se desprende de la naturaleza transgresora de la práctica política militante, y al mismo tiempo una garantía de su carácter verdaderamente "transformador" y revolucionario. Desde una perspectiva tópico-argumentativa, puede decirse que la cadena tópica que sustenta este punto de vista encadena, entonces, la juventud con la transgresión, luego con el derecho a "pensar diferente" o a disentir y, por último, con la "lealtad" a la causa o a las convicciones:

<+ juventud + transgresión> <+ transgresión + "pensar diferente" o disentir> <+ pensar diferente" o disentir + lealtad>

Vale recordar que, como vimos en el Capítulo II, ese es precisamente uno de los atributos que, en su relectura sobre la memoria setentista, el discurso presidencial reivindica de los jóvenes de su generación: su "transgresión", su capacidad de "pensar diferente" y su inscripción en una tendencia "plural" y "diversa" que habilitaba e incentivaba la diferencia y la "pluralidad" son señalados como atributos y valores destacables. Pero el discurso kirchnerista agrega un eslabón a esa cadena tópica: en efecto, allí el "pensar diferente", el disenso y el cuestionamiento son postulados como modos de ejercicio del "pluralismo" y la "libertad de expresión", valores que, desde la óptica presidencial, regían en el seno de las organizaciones de jóvenes militantes. Así, desde el presente, el discurso kirchnerista reactualiza esta cadena tópico–argumentativa, que aplica con igual

---

[255] NH 122, agosto 1973.
[256] ER 21, junio de 1973.

forma tópica y similar fuerza argumentativa, y la resignifica a la luz de la "pluralidad" y la "libertad de opinión" o expresión:

<+ juventud + transgresión> <+ transgresión + "pensar diferente"/ disentir/ cuestionar> <+ disentir + pluralismo/ libertad de opinión/ expresión>

Al inscribirse en el espacio ideológico–argumentativo definido por esa cadena de *topoï*, el discurso kirchnerista reafirma su propio derecho a "pensar diferente", a opinar, a discutir y a confrontar con los poderes establecidos, y Kirchner se muestra como un político que aboga por la defensa de la pluralidad o el pluralismo. Así, en su carácter de "hombre" y de "ciudadano común", el ex presidente afirma su derecho a "discutir democráticamente", a "no callarse la boca" y a defender sus ideas, ejerciendo así la "libertad de expresión":

> Cuando uno *dice cosas diferentes* a la que puede estar pensando un diario se dice que se ataca la libertad de prensa, *estoy ejerciendo la libertad de expresión como presidente o como ciudadano común.* (17/03/2005)
> ...yo no soy ni confrontativo ni ataco a los medios de prensa, dicen de mí las cosas que quieren, pero soy un hombre del sur, un argentino más que defiende sus ideas, sus convicciones, y *si tengo ideas y convicciones y las quiero discutir democráticamente lo debo hacer* porque eso es bueno para el país. *No me van a callar la boca* diciendo que soy confrontativo *ni me van a callar la boca* diciendo que ataco a la prensa. (05/08/2005)
> Pluralismo no es callarse la boca, pluralismo no es aceptar lo que se dice, sino, *si uno está en desacuerdo* por más que le toque ser Presidente de los argentinos, tener la honestidad y la sinceridad de discutir cada punto. *¿Por qué me tengo que callar la boca si no estoy de acuerdo? Es decir, ¿otro puede decir cualquier cosa y uno tiene que aguantar permanentemente?* (02/04/2006)

La evocación, reactualización y resignificación del *topos* del "derecho a disentir" inscribe al discurso presidencial en el espacio ideológico-argumentativo de la juventud, la transgresión y la rebeldía –cualidades necesarias para el ejercicio de una política auténticamente transformadora–, pero también en el de la pluralidad, la democracia y la libertad de expresión. De ese modo, dado que en la coyuntura histórica en que el kirchnerismo emerge los valores democráticos y pluralistas constituyen verdaderos umbrales, más allá de los cuales ningún discurso político es decible ni tolerable, el discurso presidencial reconoce ese límite y lo incluye en su entramado ideológico-argumentativo, fundado en la evocación, pero también en la transformación y la reelaboración a la luz de las demandas del presente, de algunos aspectos de la memoria discursiva setentista.

Hemos analizado, desde el punto de vista de la evocación, reelaboración y resignificación de *topoï* y cadenas tópico–argumentativas, de qué modos el discurso kirchnerista se filia en un vínculo de alianza e identificación con la memoria militante setentista e instaura así un espacio ideológico–argumentativo que lo vincula interdiscursivamente con ese pasado reivindicado pero que contribuye, asimismo, a sellar un lazo de creencia con sus interlocutores, seguidores o destinatarios positivos, en la actualidad. Veremos ahora que ese lazo de credibilidad y legitimidad mediante el cual se configura el colectivo de identificación presidencial y se delinea el propio *ethos* del locutor, termina de desplegarse mediante la movilización de aspectos vinculados con el *pathos*, los afectos y las emociones, materializados lingüísticamente en distintos gestos de habla que se asientan en una modalidad de enunciación privilegiada: la emotivo–exclamativa. Mostraremos además que ese modo afectivo y emotivo de configuración del colectivo de identificación evoca, asimismo, ecos de la memoria militante setentista, representada como un espacio de intensa afectividad, voluntad y pasión política.

3. *Pathos*, afecto y lenguaje emocional

No es novedad que la afectividad cumple un rol central en todo proceso de constitución del lazo político entre el líder político y sus representados. Ya en su célebre estudio sobre el liderazgo carismático, Weber señala que "la dominación carismática supone un proceso de comunización de carácter emotivo"[257]. En el caso del discurso kirch-

---

[257] Weber, 1964: 194. Entre los autores contemporáneos que abordan el rol del afecto en la política, cf. Laclau (2005); de Ipola (2009); Panizza (2009), entre otros.

nerista la afectividad es un aspecto especialmente relevante a la hora de analizar los mecanismos enunciativos y argumentativos mediante los cuales el locutor consolida el vínculo político con sus seguidores. De hecho, este es un discurso intensamente afectivo–emotivo: lejos de mostrarse aséptico, racional, objetivo, distante o despojado, se articula como un discurso fuertemente modalizado, es decir, afectivo, subjetivo, coloquial y cargado de pasiones. Las referencias al "amor", la "pasión", el "afecto", el "cariño", las "ganas", la "alegría", la "felicidad", el "entusiasmo", los "abrazos" y los "besos", pero también –como vimos– al "sufrimiento", la "bronca" y el "dolor" son, en efecto, extremadamente frecuentes en el discurso presidencial.

En este punto, las reminiscencias del discurso militante setentista se hacen patentes: modelada y guiada por la pasión política, esa memoria discursiva que permanentemente resuena en numerosos gestos de habla del discurso kirchnerista es profundamente impetuosa, efusiva, festiva, entusiasta, intensa y apasionada. En efecto, si bien es visible que el discurso militante posee, en muchos aspectos, un tono marcial y rígido, también es cierto que ese tono coexiste con otro igualmente característico, el lenguaje emocional o afectivo, que impregna y penetra el espíritu de época setentista. Como dice Longoni a propósito de la "estructura de sentimientos" de los setenta, "muchos militantes de esos años añoran la intensidad de la pasión que movía sus vidas, aun cuando esa pasión los pusiera en riesgo"[258]. Así lo afirma también Carnovale:

> …un rasgo característico de la militancia revolucionaria y de no pocas implicancias en las formas de sentir y pensar el ejercicio de la violencia es *la alegría; una alegría definitivamente unida al amparo reparatorio que la identidad colectiva brinda al sujeto moderno, unida al tiempo excepcional de la fiesta revolucionaria*, a la certeza inconmovible del destino triunfal de la revolución, al sentido de una épica[259].

Para Lesgart (2006: 183), la reconstrucción que el discurso kirchnerista realiza de la tradición política de los años setenta se vincula más explícitamente con este componente juvenil, fraternal, vital y

---

[258] Longoni, 2007: 2
[259] Carnovale, 2005: 12, el resaltado es nuestro.

voluntarista, constitutivos de la identidad y del *ethos* militante, que con su dimensión más beligerante, combativa y trágica.

Dado que este capítulo se aboca al análisis de los mecanismos enunciativo–argumentativos mediante los cuales el discurso kirchnerista se inscribe en esa memoria discursiva para sellar un vínculo de confianza con sus seguidores, la referencia al aspecto emotivo de la trama discursiva kirchnerista es ineludible. Recurso explotado de manera singular y recurrente en el discurso kirchnerista, el examen de la modalidad emotivo–exclamativa nos permite, además, asomarnos a uno de los modos en que el locutor, en tanto figura discursiva y líder político, se muestra frente a sus seguidores, frente a sus adversarios y frente a sus posibles o potenciales adherentes: como un hombre sensible, afectuoso, apasionado y conmovido que comparte sentimientos y emociones con la ciudadanía. Teniendo en cuenta estas consideraciones, en esta sección nos abocamos fundamentalmente al análisis de algunos gestos de habla que dan cuenta del carácter marcadamente afectivo, subjetivo, coloquial y familiar del discurso kirchnerista.

3.1. Emociones y modalidad exclamativa

La retórica se ha ocupado de abordar el vínculo existente entre el discurso persuasivo, las emociones y los afectos: la noción de *pathos*, una de las "pruebas retóricas" descriptas por Aristóteles en la *Retórica*, alude precisamente a las emociones que el orador busca suscitar en su auditorio a fin de lograr su adhesión y modelar su comportamiento. Se trata de "ver qué puede afectar, conocer la naturaleza de las emociones y lo que las suscita, preguntarse a qué sentimientos el alocutario es particularmente sensible"[260]. De este modo, el conocimiento y dominio de las pasiones del auditorio son medios extremadamente eficaces a los fines de convencer o reforzar las convicciones. Por otra parte, las emociones sostienen las creencias, los valores y las ideologías, de allí que, en el caso del discurso político, su movilización constituya un medio fundamental de construcción y refuerzo del lazo político-ideológico. Pero la dimensión afectiva del discurso político también atañe a las emociones que pueden imputarse al locutor, que

---

[260] Amossy, 2000: 163.

buscan generar un efecto de "contagio" o identificación en los alocutarios, mediante la mención más o menos explícita de los sentimientos que experimenta el que habla. Plantin (1997; 2004), por su parte, dice que en los "escenarios emocionales", el sujeto intenta provocar ciertos sentimientos, pasiones y emociones que se organizan en torno a tópicos anclados social y culturalmente. En este sentido, los elementos paraverbales como la entonación, la voz –un "potente vector de atracción/ repulsión"[261]–, los rasgos idiosincrásicos, las selecciones léxicas y los modos de hablar son centrales en la constitución de la estructura argumentativa del discurso, y, agregamos, también del *ethos* discursivo del locutor[262].

En términos lingüísticos, es sabido que Bally (1944) fue pionero en el estudio sobre la modalidad afectiva, categoría amplia que incluye los juicios apreciativos, la expresión de las opiniones, los sentimientos, la voluntad y la "reacción subjetiva" del locutor. La modalidad afectiva –también denominada *axiológica, apreciativa, valorativa, emocional, subjetiva* o *expresiva*– se define, así, como la actitud emocional y expresivo–valorativa del sujeto frente a su decir. Ella puede manifestarse en la entonación o la prosodia; en elementos marginales como los adverbios o las expresiones parentéticas; y en elementos incluidos en el *dictum*, como el léxico (Fuentes Rodríguez, 1991: 97). En nuestro caso de análisis, abordamos los gestos de habla emotivo–exclamativos en el plano del léxico y de las formulaciones (esto es, en adjetivos y sustantivos intensivos o afectivos[263]; subjetivemas[264], términos de emoción[265] o coloquialismos).

---

[261] Plantin, 2005: 93.

[262] Recuérdese que para Bally todo enunciado está compuesto por dos partes, un *dictum* (correspondiente al contenido "representado") y un *modus*, "pieza maestra" y "alma de la frase" (1944: 36) que refiere a las operaciones activas realizadas por el sujeto que habla. Bally estudia la naturaleza emotiva de la exclamación, de las interjecciones, de las onomatopeyas y de las diversas "formas afectivas del lenguaje" que expresan sentimientos y voliciones.

[263] Sobre los adjetivos y sustantivos intensivos de naturaleza no-clasificante y valorizante, cf. Milner (1978).

[264] Los subjetivemas son unidades léxicas subjetivas (sustantivos y adjetivos evaluativos y afectivos) mediante cuyo uso el locutor "se confiesa explícitamente [...] o se reconoce implícitamente [...] como la fuente evaluativa de la afirmación" (Kerbrat-Orecchioni, 1986: 93).

[265] La categoría pertenece a Plantin (1997).

La exclamación suele considerarse una de las formas más corrientes de manifestación de la modalidad afectiva. Desde la semántica argumentativa propuesta por Ducrot (1984), teoría en la que el sentido de las entidades lingüísticas se define como una descripción de la enunciación vehiculada por instrucciones polifónico-argumentativas, los enunciados exclamativos se caracterizan por el modo en que el locutor representa su propia enunciación: mientras los asertivos la representan como consecuencia de una elección, una decisión o una evaluación racional, en los enunciados exclamativos, en cambio, la enunciación aparece como "arrancada del locutor a través de los sentimientos o sensaciones que experimenta", y como motivada por la "evidencia de los hechos", los cuales parecen forzar al locutor a hablar más allá de su voluntad. La enunciación se muestra entonces como involuntaria y surgida "de una experiencia atestiguada más que declarada"[266], de ahí que este tipo de enunciados resulten "espontáneos" y "viscerales". Además, la exclamación presenta la enunciación como un hecho necesario y no arbitrario, lo que implica un alto nivel de compromiso con lo dicho, un fuerte vínculo subjetivo entre el locutor y su enunciado[267].

Como señalamos, las emociones en el discurso pueden inscribirse en una tópica o conjunto de lugares comunes que anclan en la *doxa*. En el caso del discurso kirchnerista, puede decirse que los *topoï* relacionados con el "amor" y el "sufrimiento" son los más frecuentes. Una mirada veloz al conjunto de discursos presidenciales bastará al lector para notar que salvo escasísimas excepciones –como es el caso de las alocuciones oficiales en contextos internacionales, o de los discursos de tinte más formal dirigidos a mandatarios del mundo o a dirigentes del ámbito empresarial o político–, en casi la totalidad de sus discursos el ex presidente alude, con especial énfasis en el epílogo, a tópicos como el amor, el cariño, el afecto, los besos, los abrazos y los "mimos" que se prodiga con su público:

---

[266] Ducrot y Schaeffer, 1998: 672.

[267] En esta sección abordamos la exclamación como una operación discursiva que orienta argumentativamente hacia el elogio y la valorización positiva, y que apunta a establecer un vínculo de afecto, confianza y creencia entre el locutor y sus destinatarios positivos. En el próximo capítulo nos ocupamos, en cambio, de su valor opositivo y refutativo.

> También les puedo asegurar que *estoy muy emocionado* porque veo los mismos rostros que ayer, que me miran con *el mismo cariño y el afecto de siempre. Yo confío en ustedes.* No saben el compromiso que siento cuando *toco las manos de ustedes, el rostro de los hijos de ustedes* y de los padres de ustedes me crece el compromiso tremendamente, pero también *me emociona* que nos podamos encontrar como ayer para *saludarnos y abrazarnos con el cariño, el afecto y el amor que nos tenemos.* Eso es algo muy importante. *Cuantas alegrías, cuantos mimos* con todos los hermanos y hermanas de Puerto Deseado. (05/09/2003)
>
> Quiero ir a cada lado a *abrazar a los trabajadores, a abrazar a los pobres* y decirles que aquí hay un argentino que quiere trabajar con las pocas armas que tiene pero *poniendo todos los sueños y el amor* por una vida distinta; a *tocarles la mejilla* y decirles que queremos solidariamente *tomarnos de la mano* para hacer un país distinto. (11/09/2003)
>
> Les estoy profundamente agradecido, la verdad que cada vez que cierro los ojos y sueño y encuentro los brazos extendidos de todos ustedes con *ese amor y ese cariño, se me caen las lágrimas, me vibra el corazón, pero me da una fuerza y un coraje* que ustedes no saben cómo me siento alimentado mañana tras mañana. (17/03/2005)
>
> Yo por eso *estoy emocionado*, porque *me han hecho llorar* desde que llegué hasta acá, pero *soy así como ustedes me conocieron*, llegué a la Casa de Gobierno en el medio del pueblo y la gente con mis convicciones. Y voy a salir esa Casa de Gobierno honrándolos a *ustedes, que creyeron en mí* también, voy a salir caminando en medio de la gente y con mis convicciones. No como ellos, que siempre tuvieron que salir por la puerta de atrás o en un helicóptero. Yo voy a salir con este traje cruzado, que me critican tanto, y con estos mocasines, que no les gustan. Pero voy a salir como entré, como fui siempre. (20/09/2007)

Como se observa, el *ethos* kirchnerista se cifra, en gran medida, en la referencia permanente al terreno del afecto y en la representación de una especie de "escena amorosa" entre él y sus seguidores. Si por un lado, Kirchner se muestra allí como un sujeto emocionado, sensible y afectivo, que "toca", "abraza" y "besa" a sus seguidores[268], que "llora" y a quien le

---

[268] Existen varias notas periodísticas referidas al "Estilo K", que aluden a los

"caen lágrimas de emoción" y "alegría", simétricamente también sus partidarios aparecen como sujetos que prodigan amor y cariño a su líder. Al mismo tiempo, la inscripción del *ethos* presidencial en el terreno de la afectividad y la emoción reafirma su carácter de figura "igual" a la gente y al pueblo, que se nutre del amor popular, que no cambia ni modifica sus convicciones y valores, que se muestra "tal cual es" y "como fui siempre".

Al expresar sus propios sentimientos y convocar así el *pathos* del auditorio, el locutor busca sellar un pacto de creencia que es "a la vez cimiento y garante"[269] de la identidad colectiva. Es la modalidad emotivo–exclamativa la que, como indicamos, genera ese efecto de evidencia y complicidad con el auditorio, el cual permite sellar discursivamente un pacto de creencia sobre la base de elementos compartidos implícitos, no asertados y que aparecen como ya–conocidos. Los enunciados "ustedes, que creyeron en mí", o "poder sentir que me creen y les creo" y "[ustedes] han creído siempre" dan cuenta del papel vertebrador y galvanizador que la creencia desempeña en el proceso de configuración de la comunidad política kirchnerista:

> Les agradezco profundamente, les agradezco de corazón, bajo este calor nicoleño que siento fuerte como pingüino que soy, *las lágrimas, los besos, los abrazos, el poder tocarlos, el poder sentir que me creen y les creo.* Con mis aciertos y mis errores voy a dejar todo lo que pueda por esta nación, esta patria y esta tierra que amo. (19/04/2005)
>
> Y yo, para terminar, les quiero decir gracias, gracias Formosa y formoseños, gracias en serio, *no saben el cariño que les tengo; discúlpenme si estoy emocionado, pero ustedes me han dado tanto amor, me han dado tanto cariño, tanto afecto, han creído siempre. Yo les puedo asegurar que parte de mi corazón queda acá.* (28/08/2007)

La modalidad emotivo-exclamativa es un terreno enunciativo privilegiado para el despliegue de un *ethos* apasionado, vehemente

---

modos en que Néstor Kirchner se vinculaba con su público en los actos políticos, en un contacto físico directo y personal, sin intermediarios ni guardias de seguridad (cf. por ejemplo *La Nación* el 01 de octubre de 2003; el 27 de noviembre de 2004; el 03 de abril de 2005 y el 31 de julio de 2005).
[269] De Ipola, 1997: 78.

y, al mismo tiempo auténtico y cercano a su auditorio. En efecto, el discurso kirchnerista es notablemente exclamativo: allí se representa la propia enunciación como genuina y verdadera, en oposición a otros líderes que son representados como "falsos" o inauténticos[270]. En ese sentido, es pertinente señalar que casi la totalidad de las alocuciones presidenciales culminan con vivas y loas, como "¡Viva la Patria!", "¡Viva la Argentina!", "¡Vivan los argentinos!", "¡Viva nuestra querida Argentina!", "¡Viva el pueblo argentino!", "¡Viva la bandera de la Patria!", gestos de habla que "muestran" la subjetividad del locutor y a la vez interpelan al auditorio, suscitando su entusiasmo y pasión. Además, como dijimos, esos fragmentos funcionan como huellas que hacen resonar, y al mismo tiempo actualizan, el tono enfático y apasionado de la discursividad militante setentista[271].

Como señalamos, la afectividad del locutor presidencial también se manifiesta en las recurrentes alusiones a emociones como el "dolor", la "bronca" y el "sufrimiento", que aparecen como sentimientos compartidos con los oyentes: el locutor genera así un terreno de empatía e identificación con sus destinatarios en tanto se ubica como un sujeto igualmente sufriente, que padeció las mismas desventuras que la ciudadanía. Al respecto, recordemos algunos ejemplos citados anteriormente:

> ...para nosotros ser racional es cada día más techo y más trabajo y tratar *de dar vuelta esta historia de dolor, de olvido que nos ha tocado vivir* (17/02/2004)

---

[270] En el próximo capítulo veremos que en el discurso kirchnerista la reivindicación de la "autenticidad" suele oponerse a los "buenos modales", el protocolo y las formalidades, que aparecen como signos de hipocresía.

[271] De hecho, en casi todas las publicaciones de la Nueva Izquierda son recurrentes los epílogos exclamados en forma de loas, vivas y condenas: "¡Viva...!", "¡Gloria a...!", "¡Fuera...!", "¡No a...!", "¡Abajo...!", "¡Muera...!", y el célebre "¡Hasta la victoria siempre!". Con respecto a esta última expresión, es significativo que no sea retomada en el discurso presidencial en la medida en que evoca discursos vinculados con la revolución y la lucha armada, *topoï* que el discurso kirchnerista resignifica: como vimos, al referirse a la política como "lucha", en efecto, se modifica la definición intrínseca de ese término.

> Porque también aparte de ser Presidente *uno sufre como ser humano, como todos ustedes.* [*…*] *duele* a veces escuchar a algunos que han hecho tanto daño al país y hablan con una soberbia. (11/08/2004)
>
> Yo estoy convencido que por todo lo que hemos sufrido los argentinos, por todas las cosas que nos han pasado, *por las sucesivas crisis que nos ha tocado soportar cada tanto y en forma cada vez más aguda.* (22/05/2006)

La historia que une al locutor y a sus destinatarios es un pasado de sufrimiento, dolor y olvido, y el hecho de experimentar personalmente esos padecimientos lo dota de una cualidad especial: el de ser un ser humano igual al pueblo, que "soporta" y ha soportado presiones, olvidos, dolor, crisis y dificultades, y que excepcional y provisionalmente ejerce el rol de Presidente de la Nación:

> Les quiero decir que *me toca ser Presidente este tiempo de la historia, pero yo soy el que ustedes conocieron siempre, como siempre: un santacruceño que lucha y sufre junto a ustedes.* (17/09/2004)

Nuevamente, el recurso del lenguaje emocional apela a la *doxa* y a un pasado de experiencias compartidas con el auditorio, y de ese modo se inscribe en un espacio ideológico, argumentativo y afectivo común que remite a un conjunto de elementos preconstruidos, preexistentes y por ello evidentes e incuestionables: el dolor y el sufrimiento pasados, la pertenencia del locutor a ese ámbito de experiencias comunes y, finalmente, la definición de un "colectivo de identificación", que incluye al locutor y a sus seguidores. Como dijimos, este espacio de creencia y pertenencia ya no solo se fundamenta en un conjunto argumentado de ideas y *topoï*, sino, también, en un dominio emotivo-afectivo que instaura un vínculo de familiaridad y confianza entre el líder y sus seguidores.

A la luz de nuestro análisis sobre la representación que el discurso kirchnerista elabora acerca de la militancia setentista –una representación idealizada que, entre otros rasgos, realza y subraya su carácter fraternal, sensible, alegre y voluntarista–, y teniendo en cuenta que, como sostienen muchos especialistas, la pasión y la emoción constituyen, en efecto, elementos clave para comprender el sentido de la práctica política de las organizaciones de la Nueva Izquierda, puede pensarse que estos gestos de habla emotivo-exclamativos tienen correlato en la memoria militante. En efecto, en las publicaciones observadas se identifican muchos espacios en los que el estilo marcial, rígido y axiomático de las organizaciones militantes deja lugar a un tono claramente afectivo y emotivo, sea festivo y alegre, sea sombrío, afligido y dolorido.

Este último es el caso de las dedicatorias, relatos y homenajes a mártires y héroes de la lucha popular, marcados por un intenso tono afectivo y subjetivo que rompe la isotopía genérica de las publicaciones militantes. Generalmente, en esas secciones –cada vez más abundantes a medida que aumenta la represión sobre las organizaciones políticas de izquierda– un locutor narra una anécdota desde un punto de vista personal o firma (siempre en primera persona) una carta dirigida a un compañero muerto o desaparecido[272]. En esos casos, el locutor no solo se dirige (simbólicamente) a los destinatarios explícitos de las cartas, sino que refuerza, por la vía del *pathos*, el lazo de confianza, unión e identificación con los destinatarios de la revista, esto es, con los militantes que pertenecen al círculo de pertenencia de la organización:

> *Hermano*: Cuando me enteré de que habías muerto [...] *me dio bronca, mucha bronca*. Vos, [...] que no te habían podido doblegar [...] eras el símbolo en nuestra Unidad del Jefe aguerrido y decidido[273].
>
> *Hermanito*: es muy difícil tratar de expresar lo que vos eras[274].
>
> Resulta difícil comenzar un adiós. *Resulta difícil, doloroso, tener que despedirlos. Pero es hermoso hablar de sus vidas*, de la entrega y el calor revolucionario que dejaron en los compañeros que los conocimos, con quienes compartieron el camino de la lucha. El sacrificio, la abnegación, el amor al pueblo y el diario esfuerzo por la construcción del hombre nuevo[275].

---

[272] Como vimos, también en el discurso kirchnerista son frecuentes los homenajes a sus ex compañeros de militancia (presentes y ausentes, sobrevivientes o desaparecidos), en los que el locutor adopta el tono testimonial y narrativo de los homenajes militantes.

[273] ER 64, noviembre de 1975.

[274] ER 67, diciembre de 1975.

[275] ER 44, noviembre de 1974.

> Con los retratos del Che en el Luna Park, *hay algo que duele y algo que alegra*. *Duele* el oportunismo de la camarilla dirigente del PC [...]. *Alegra* el comprobar que una nueva generación de jóvenes comunistas esta en la búsqueda de un camino revolucionario de ruptura con la camarilla revisionista del PC[276].

En los ejemplos anteriores el recurso a términos de emoción ("bronca", "difícil", "doloroso", "duele", "alegra") y el empleo del vocativo "hermano" –con su carga emocional, afectiva y familiar– manifiestan la sensibilidad del locutor hacia sus compañeros y hacia la causa revolucionaria. Pero allí resaltan también "la alegría de vivir para la revolución"; el "carácter tranquilo y sonriente"; la "fraternidad", la "dulzura", el "amor al pueblo", y "la búsqueda de la felicidad futura del pueblo", algunos de los valores que caracterizan la experiencia política de los jóvenes militantes, "que aman a sus hermanos explotados como ellos y son capaces de jugarse enteros por la felicidad del pueblo"[277]. Del mismo modo, la pasión revolucionaria se hace extensiva a "cada corazón argentino", que demuestra su cariño y su simpatía hacia los militantes heroicos:

> El pueblo argentino mostró en múltiples actos celebrados en todo el país el 22 de agosto *su cariño y simpatía* por los Héroes de Trelew [...] la querida memoria presente *en cada corazón argentino* que se siente tocado por la injusticia y la opresión[278].

Como puede verse, la práctica política setentista se alimenta y se nutre de sentimientos y emociones (de alegría o dolor) que constituyen algunos de sus principales fundamentos identitarios. Así se pone de manifiesto en una carta de homenaje: "...hay ocasiones en que la *política se escribe con el corazón*, y esta es una de ellas"[279]. El discurso kirchnerista se hace eco de ese imaginario intenso y apasionado, para proyectar una imagen de sí cargada de pasión y afectividad. Como señalamos, esa imagen se termina de delinear en una relación espe-

---

[276] NH 124, septiembre de 1973.
[277] ER 23, agosto de 1973.
[278] ER 24, septiembre de 1973.
[279] ER 68, enero de 1976.

cular con sus destinatarios positivos, con los cuales el *ethos* presidencial busca fijar un vínculo de identificación y creencia.

3.2. El registro coloquial

En el análisis de los modos de configuración del colectivo de identificación del discurso kirchnerista, también resulta de interés destacar la significativa presencia de gestos de habla que se inscriben en un registro coloquial o familiar. Esta es otra huella que recrea y hace resonar la memoria militante setentista en la materialidad del discurso kirchnerista. En efecto, al igual que en aquella memoria, al desplegar esos gestos de habla el discurso presidencial se muestra informal, fresco, espontáneo, popular, y su locutor representa su propia imagen como la de un joven rebelde y desfachatado.

Según especialistas en el español coloquial, informal o hablado[280], este registro de habla, cuyas características más sistemáticas son "la espontaneidad, la naturalidad y la falta de planificación" (Briz, 1998: 37), suele estar generalmente asociado a la oralidad (aunque también se encuentra en forma escrita), y se define a partir de variables como la relación de proximidad, el saber compartido, la cotidianidad, la cercanía interpersonal, etc. Desde la pragmática, suele decirse que el recurso a coloquialismos funciona como un indicio de "cortesía positiva" que favorece el acercamiento de la distancia social con los interlocutores, en la medida en que el locutor usa las marcas de identidad social de sus destinatarios (Escandell Vidal, 1996: 151)[281]. Expresiones idiomáticas, sociolectos, jergas o argots, términos juveniles y vulgarismos son algunas de las manifestaciones más corrientes del registro coloquial en el nivel léxico (Briz, 1998: 21–22).

En los discursos presidenciales se identifica una abundancia de términos y formulaciones como "pibes", "nuestros viejos", "mala onda",

---

[280] Sobre el español hablado o coloquial, ver el trabajo pionero de Beinhauer (1985) y Briz (1998), entre otros.

[281] Dirigido a los destinatarios negativos, el empleo del léxico coloquial tiende a amenazar la imagen pública del otro (Brown y Levinson, 1987; Escandell Vidal, 1996). En el próximo capítulo analizamos el empleo de coloquialismos en relación con la descalificación del adversario, donde esas formas léxicas son marcadamente frecuentes.

"no bajar los brazos", "quedar bien/mal parado", "poner el pecho", "soportar apretujones/aprietes", "jugarse por", "poner knock-out", "juntar monedita tras monedita", "tener mucha polenta", "embarrarse los zapatos", "tener lo que hay que tener", entre otros múltiples gestos de habla que crean complicidad e identificación con sus seguidores y acercan la distancia social entre ellos y el locutor. En ese despliegue léxico de formulaciones coloquiales, se destaca también el empleo exclamativo de la interjección "minga", y de locuciones como "¡qué va a ser!", "¡por favor!", "¡de acá!", "¡pero ojo!" o "¡basta!", todas ellas de registro coloquial oral, que interpelan directamente al auditorio –destinatarios positivos y adversarios–, creando complicidad con los primeros y cuestionando a los segundos:

> Sé, y ustedes lo saben como yo, que los intereses de algunos sectores se han acostumbrado a que los dirigentes políticos sean empleados o gerentes de ellos. *¡Conmigo, minga!* Yo voy a defender a los argentinos y los intereses de la patria como corresponde. (03/09/2003)
>
> Les agradezco profundamente todo el cariño y véanme como me ven, soy así. Algunos dicen "ahí va el pingüino"; *sí, soy de la tierra del pingüino. ¡Qué va a ser!* (16/09/2003)
>
> …durante muchos años nos trataron de inculcar que no éramos buenos trabajadores, que no hacíamos bien las cosas y que lo que venía de afuera era siempre mejor. *¡Por favor!* Si cada cosa que hacemos los argentinos es verdaderamente buena y con grandes posibilidades en todos los campos. (29/12/2004)
>
> …eso de que los argentinos somos los peores del mundo que algunos han dicho, *¡de acá!*, somos luchadores, miren como estamos levantando la Patria. (23/09/2005)
>
> Pudimos y vamos a seguir avanzando, corrigiendo errores, nadie es perfecto, *pero ojo, algunos de los que nos señalan con el dedo son los que han vivido del privilegio que les dio este país injusto*, durante mucho tiempo, donde la riqueza se concentró en pocas manos. (05/04/2006)
>
> Yo no soy pacto de Olivos, yo no soy pacto, voy con el pueblo adelante, con la bandera firme, en forma inclaudicable. *Basta con el acuerdismo de las cúpulas políticas, basta de acuerdismo dirigencial*, ese acuerdismo dirigencial que tanto daño le hizo a la Argentina. (10/08/2005)

Muchos de esos giros escenifican la potencia y la decisión del locutor, rasgos que por un lado se inscriben en el *topos* de la resistencia y la fortaleza del militante, y que por otro lado evocan la *doxa* acerca de la necesidad de una figura presidencial fuerte y decidida. El empleo de este registro familiar, coloquial y popular, que hace resonar gestos de habla propios del discurso militante[282] pero también del discurso peronista[283], refuerza la identidad y la identificación del discurso kirchnerista con los valores del "pueblo" y da cuenta, al mismo tiempo, de su *ethos* juvenil, rebelde y antijerárquico.

Recapitulando, en este capítulo intentamos poner en evidencia dos aspectos del discurso kirchnerista. En primer lugar, mostramos que en el proceso de configuración de su colectivo de identificación, el discurso presidencial recurre a dos mecanismos complementarios y simultáneos: por un lado se apoya en un conjunto de *topoï* o cadenas tópico–argumentativas que evocan, reelaboran y resignifican la memoria militante setentista y al mismo tiempo instauran un pacto de creencia basado en una "lógica de las ideas". Estas ideas–fuerza que conforman el sustrato identitario del discurso kirchnerista atañen a una serie de atributos y cualidades propias de la figura del militante político que contribuyen a la configuración del propio *ethos* presidencial (la heroicidad; la condena a la traición y a la neutralidad; las convicciones y las utopías; el militante como "hombre común"; la juventud y el "derecho a disentir"). Por otro lado, el discurso kirchnerista se despliega predominantemente en la modalidad emotivo–exclamativa, que instaura una "lógica de la pertenencia": así, gestos de habla como la exclamación, el empleo de un léxico subjetivo y afectivo, el registro coloquial y familiar y los diversos modos de

---

[282] Son innumerables los ejemplos que, en las publicaciones de la Nueva Izquierda, dan cuenta de la preponderancia de gestos de habla propios del registro coloquial. Algunos sintagmas, locuciones y formulaciones que dan cuenta del léxico popular, informal y juvenil dominante en los modos de hablar de la Nueva Izquierda son: *cana, pagar los platos rotos, dar manija, sin chistar, tener las pelotas bien puestas, rajar, fierros, figurones, yanquis, camarilla, minga, barrer a…, hambrear, forcejeo, manosear, chantaje, cortarle las uñas [al enemigo]; trenza(s), politiquería, [le] importa un pito*, entre muchos otros.

[283] Acerca de lenguaje coloquial en el discurso peronista cf. James (1999); Sigal y Verón (2003); de Ipola (1982).

apelar al aspecto pathético de su auditorio permiten al locutor trazar un espacio de complicidad con sus destinatarios positivos, sellando un pacto de creencia que se figura más como un acto de fe "vivido" y "experimentado" que como un vínculo racional o argumentado.

Ambos mecanismos revelan una operación similar: el locutor se apoya en la figura del *pueblo* y se fusiona con ella, mostrándose y proyectándose como un *primus inter pares*, un "hombre común" que habla como el pueblo, que está "hecho al molde del pueblo", que "se siente parte" del pueblo y que sufre y experimenta emociones como él. Así, aunque por un lado el discurso presidencial se erige –por su propia inscripción genérica y por el posicionamiento social e institucional del locutor– a partir de un vínculo de autoridad (gobierno-pueblo), al mismo tiempo intenta velar esa verticalidad para dar lugar, en cambio, a un lazo de identificación, confianza y creencia: este se basa tanto en elementos del orden de lo argumentado como en elementos del orden de lo afectivo-emotivo. Así pues, el *ethos* proyectado por el discurso kirchnerista tiene, tal como sostiene de Ipola (1982) a propósito del líder populista, un doble papel, en tanto es parte del pueblo y al mismo tiempo está fuera de él: si por un lado el locutor –en tanto entidad discursiva pero también política– intenta permanentemente reducir la distancia entre su posición y la del pueblo, a la vez este debe ser visto como distinto y dotado de alguna cualidad especial.

En segundo lugar, atendiendo a la hipótesis que recorre todo nuestro trabajo –relativa a los modos de emergencia y manifestación lingüística del *ethos* militante en el discurso kirchnerista–, en este capítulo también hemos intentado mostrar que, tanto en el plano de las cadenas tópico-argumentativas como en el de los gestos de habla, el discurso presidencial desencadena efectos de memoria discursiva puesto que hace resonar, pero también transforma, reelabora y resignifica, elementos propios de la militancia setentista en la que se filia para construir su propio *ethos*. Si consideramos con Maingueneau que el *ethos* funciona como un "garante" o una "instancia subjetiva encarnada" que sólo se hace eficaz en la instancia de la recepción, en tanto participa de un proceso de "incorporación" –es decir, de identificación y adhesión del auditorio con respecto al locutor–, entonces los distintos modos de evocación/reelaboración de la memoria militante setentista, y los rastros que ellos dejan en la propia figura presidencial, funcionan allí como "garantías" que reaseguran, reafirman, legitiman y refuerzan el lazo representativo que el discurso kirchnerista busca entablar con sus seguidores.

Siguiendo los lineamientos, interrogantes e hipótesis planteados hasta aquí, en el próximo capítulo nos abocamos a examinar los modos de definición y descalificación de la alteridad en el discurso kirchnerista. Asimismo, evaluamos sus posibles vínculos con la configuración de un *ethos* militante mediante la evocación, reelaboración y resignificación de *topoï* y gestos de habla que reenvían a la memoria militante setentista.

Capítulo IV
La memoria incorporada: el plano de la polémica

Es ya un lugar común afirmar que el discurso kirchnerista es polémico. De hecho, un rasgo distintivo de la escena enunciativa kirchnerista es que allí se otorga un lugar preponderante a los contradestinatarios o adversarios políticos, figuras que aparecen –de forma más o menos manifiesta– como lo otro de la propia identidad política. Desde la perspectiva polifónica en la que nos situamos, el discurso está constitutivamente habitado por otras voces con las que dialoga de manera más o menos manifiesta. En el caso del discurso kirchnerista, esas marcas polifónicas se vinculan casi siempre con su carácter polémico, puesto que el locutor se ocupa expresamente de introducir en el hilo de su propio discurso palabras, voces y puntos de vista que remiten, de manera más o menos explícita, a sus adversarios: se trata de un caso de polémica fuertemente *mostrada*[284]. Si bien la figura del adversario es propia del formato genérico del discurso político, su presencia manifiesta, explícita, marcada y reiterada se revela como un rasgo característico del discurso kirchnerista que lo distingue de otros discursos políticos argentinos. Al mismo tiempo, este es uno de los aspectos que dan cuenta de manera más cabal de la inscripción del kirchnerismo en la memoria militante setentista, también fuertemente polémica.

Partiendo de la idea rectora de que la imagen construida por el discurso kirchnerista se define como un *ethos* militante, cuyos principales

---

[284] En referencia a las marcas polémicas "omnipresentes y resaltadas" en el discurso del presidente venezolano Hugo Chávez, Arnoux (2008: 108) habla de "dialogismo generalizado expuesto".

rasgos se condensan en la evocación de un conjunto de atributos que remiten a la militancia setentista, en el capítulo anterior examinamos los modos discursivos mediante los cuales ese *ethos* se materializa en el dominio de la constitución del colectivo de identificación. Desde esa misma óptica, en este capítulo proponemos analizar los modos de decir a través de los cuales el locutor permanentemente construye, interpela, descalifica y refuta a sus adversarios políticos, tanto en la cadena argumentativa como en ciertos gestos de habla. Muchos de estos mecanismos discursivos, al acentuar y exacerbar su inscripción en el imaginario militante setentista, terminan de delinear un *ethos* que, en el proceso de definición de sus "otros", remite a esa memoria a la vez que se distingue de ella, la reelabora y la reactualiza desde el presente. En primer lugar repasamos brevemente los vínculos entre el discurso político y el discurso polémico. Luego nos concentramos en el análisis de los principios argumentativos que el discurso kirchnerista recupera y reelabora del acervo de la memoria militante setentista para la definición de la alteridad política: la lógica binaria, la retórica anti–imperialista y la retórica anti-burocrática. A continuación exploramos, desde el punto de vista enunciativo, tres modos de interpelación a los adversarios políticos: la contradestinación encubierta, la indirecta y la que denominamos contradestinación directa. Luego describimos los gestos de habla mediante los cuales el discurso presidencial interpela, clasifica y descalifica a sus contradestinatarios con insultos y vituperios que aluden a la persona. Finalmente, analizamos tres formas de contra-argumentación y representación crítica del discurso ajeno: la representación irónico-sarcástica, la oposición argumentativa y la refutación/resemantización. Cuando resulta de interés, cotejamos los distintos mecanismos polémicos con nuestro corpus de contraste –los discursos de la Nueva Izquierda– a fin de evaluar en qué medida los mecanismos desplegados por el discurso kirchnerista en materia de constitución de los destinatarios negativos anclan en la memoria discursiva militante setentista.

1. Polémica y política

La política comporta necesariamente cierta dosis de *polémica*[285],

---

[285] Kerbrat Orecchioni (1980) dice que el adjetivo "polémico" proviene del griego *polémikos*, "relativo a la guerra". Desde ese punto de vista, el discurso

dado que es el terreno en el que se dirimen las diferencias, controversias y disputas inherentes al mundo de lo público y lo común. Nos adentramos así en el vasto campo del discurso polémico o agonístico[286], ámbito en el que se ponen en escena voces y puntos de vista diversos con el consiguiente despliegue de los antagonismos y conflictos políticos, que son también –y sobre todo– enunciativos y argumentativos.

En efecto, la configuración del *ethos* discursivo es inescindible de la articulación de núcleos polémicos, ejes de ruptura o clivajes a partir de los cuales se establecen escisiones político-identitarias. Ellas se manifiestan lingüísticamente tanto en la construcción del dispositivo enunciativo, que instaura una frontera entre un "nosotros" y un "ellos" –esto es, en la definición del colectivo de identificación y de los adversarios políticos–, como en el plano estrictamente argumentativo. Este último incluye la evocación de principios argumentativos e ideológicos que establecen ejes de ruptura, así como diversos modos de descalificación del adversario o de su discurso.

Muchos autores del campo de la teoría política coinciden en afirmar que las identidades políticas e ideológicas se determinan en relación con un otro, a partir de la definición de una frontera que establece una relación binaria con respecto a una alteridad. En ese sentido, la diferencia y el antagonismo parecen ser constitutivos de la política como espacio de configuración identitaria[287]. Dichos espacios identitarios pueden conceptualizarse, como lo hacemos aquí, como espacios ideológico-argumentativos, esto es, como marcos de sentido fundados en una serie de principios o *topoï* argumentativos que dan sustento y soporte a los posicionamientos ideológicos allí desplegados. En ese sentido, puede decirse que los procesos de definición de la propia identidad y de la alteridad política se apoyan en un terreno argumentativo que apela a la *doxa* y a la memoria de una determinada comunidad política. Ese es el primer aspecto que abordaremos en este capítulo: a

---

polémico siempre se figura como un discurso de combate en el que el otro es visualizado como un adversario o un enemigo a ser derrotado mediante la "pluma" o la palabra.

[286] Algunos de los trabajos más destacados sobre discurso polémico son Kerbrat Orecchioni, 1980; Maingueneau, 1983; 1987; Apothéloz, Brandt y Quiróz, 1992; Bonnafous, 2001; Amossy y Fiala, 2004; Amossy, 2010.

[287] Cf. Schmitt, 2006; Laclau y Mouffe, 2004; Mouffe, 2005; Lefort, 1985, entre otros.

continuación nos referimos, de hecho, a la evocación y resignificación de ciertos núcleos polémicos propiamente setentistas, materializados en ciertos *topoï* y cadenas tópico–argumentativas, que delimitan el espacio ideológico–argumentativo del discurso kirchnerista, con la consiguiente definición de la alteridad política. Veremos que algunos de esos núcleos polémicos retornan en la actualidad, dando lugar a distintas disputas semánticas: a partir de esos ejes de ruptura se despliegan en efecto los distintos modos de descalificación del adversario y de sus palabras, y se definen así posicionamientos políticos e ideológicos.

Según Kerbrat–Orecchioni, la polémica tiene lugar cuando un discurso ataca a un blanco al que se le atribuye un "discurso adverso que el enunciado polémico integra y rechaza 'agresivamente', es decir, en términos más o menos vehementes, incluso insultantes"[288]. El blanco contra el que se dirige el enunciado polémico se encarna en la figura del destinatario negativo o contradestinatario, que, como veremos, puede aparecer de forma velada o directa. La presencia lingüística del adversario político en el discurso polémico puede adoptar múltiples formatos y manifestarse en variados mecanismos lingüísticos: por un lado, el locutor puede dirigirse e interpelar a su adversario de forma más o menos directa; puede además señalarlo, identificarlo, descalificarlo y clasificarlo mediante injurias y vituperios que apuntan a su persona. Por otro lado, el locutor puede optar por descalificar y rechazar las palabras del otro mediante el recurso a múltiples modos de cuestionamiento y representación crítica de su discurso, como la ironía, la oposición o la refutación/ resemantización. En todos los casos, la dimensión polifónico-argumentativa juega un rol preponderante en la medida en que permite poner en escena voces ajenas frente a las cuales el locutor adopta una determinada postura argumentativa, de allí que, también en este caso, las herramientas provistas por la semántica argumentativa resulten especialmente útiles.

En paralelo, y atendiendo a la hipótesis según la cual el discurso kirchnerista construye cierta imagen del pasado reciente y recupera, al mismo tiempo, algunas de sus modalidades discursivas, nos preguntamos en qué medida esas formas lingüísticas hacen resonar mecanismos polémicos propios del discurso de los jóvenes militantes setentistas, contribuyendo de ese modo a modelar el *ethos* kirchnerista.

---

[288] Kerbrat Orecchioni, 1980: 15.

2. Cadenas tópico-argumentativas y núcleos polémicos

2.1. La lógica binaria

El antagonismo parece ser un rasgo propio y *sine qua non* del discurso populista: muchos especialistas señalan que una de sus invariantes es la dicotomización radical de la comunidad política en dos campos antagónicos, que se figuran como "esencialmente" opuestos y por lo tanto irreconciliables e inconmensurables entre sí (el pueblo vs. los enemigos del pueblo), de lo que se deriva la postulación del propio punto de vista como el único legítimo. Vale recordar que la división del espacio político en dos campos opuestos es una operación característica del discurso peronista[289]: la formulación más clara y paradigmática de esta operación se condensa en el célebre discurso de proclamación de la candidatura presidencial del Gral. Perón del 12 de febrero de 1946, en el que este establecía que

> ...en nuestra Patria no se debate un problema entre "libertad" o "tiranía", entre Rosas y Urquiza; entre democracia y totalitarismo. Lo que en el fondo del drama argentino se debate es, simplemente, un partido de campeonato entre la "justicia social" y la "injusticia social".

Más allá de los posibles puntos de contacto o de diferencia con respecto al populismo –aspecto del que no nos ocupamos aquí–, tanto el discurso kirchnerista como el militante reproducen ese modelo dicotómico. En ambos casos la dicotomización del espectro político establece dos campos opuestos: por un lado, los enemigos localizados en el polo autoritarismo/oligarquía/liberalismo/antidemocracia; en el polo contrario –el único legítimo y "verdadero"–, el campo nacional–popular donde se despliega la "auténtica" democracia, la justicia, el progreso, etc. Como vimos, muchos autores coinciden en que el discurso de la Nueva Izquierda –se trate o no de organizaciones armadas– postula la práctica política como una "lucha" librada entre dos sectores: la escena discursiva militante es binaria, y delimita, muchas veces sin matices, un "nosotros" conformado por los

---

[289] Sobre los principales referentes en el estudio del discurso populista y peronista ver el Capítulo I.

"compañeros" de militancia frente a un "ellos" radicalmente antagónico. Aunque no es exclusiva de la Nueva Izquierda, la división binaria del campo social es constitutiva de su discurso e ideario político:

> [La] división de la sociedad en dos campos absoluta-
> mente antagónicos e inconciliables entre sí es un lugar
> común en la imagen que expresan los diferentes grupos
> [...]. De acuerdo a esta imagen existía un corte social que
> separa dos bandos opuestos. Las formas de este corte y los
> sectores que divide pueden ser variados, pero lo que se
> mantiene como una constante es la visión "bicéfala" de la
> sociedad. Esta figura interpretativa constituirá un pilar
> básico sobre el cual se edificará el pensamiento de la
> izquierda que surge alrededor de los años sesenta[290].

En el discurso de las organizaciones setentistas la sociedad aparece como un campo de guerra dividido "en dos por una trinchera que
separa fuerzas opuestas"[291] y se estructura en torno a opciones bina-
rias que se enuncian como disyunciones:

> Frente al enemigo principal, en estas elecciones *la dis-
> yuntiva está planteada así: o se fortalece una alternativa nacio-
> nalista burguesa* (extensible posiblemente al ala balbinista
> radical), *o se fortalece el camino revolucionario* abierto en el
> Cordobazo[292].
> Pero en la Argentina de 1973 ya nadie puede ser neutral.
> O se está con los matones fascistas de la CIA y de la jerar-
> quía sindical que agredieron al pueblo, o se está con quie-

---

[290] Hilb y Lutzky, 1984: 41-42.

[291] Idem: 42. Los clivajes varían en función de los distintos lineamientos
político-ideológicos de las organizaciones: así, mientras para los peronistas
la principal frontera divisoria estaba dada por la distinción peronismo/anti-
peronismo, que organizaba y configuraba la totalidad del campo político
(patria/ antipatria; pueblo/ oligarquía; desposeídos/ poseedores), otras agrupaciones privilegiaban la polaridad en torno a otros ejes como clase obre-
ra/burguesía; explotados/explotadores; Nación/imperio; comunismo/
fascismo.

[292] NH 123, agosto de 1973.

nes quieren acabar definitivamente con ellos. Entre enemigos tan irreconciliables no puede haber "pacificación."[293]

…el dilema concreto está en asumir *uno de los dos polos.* Delante del *conflicto peronismo-antiperonismo* no se puede ser neutral[294].

Pero esta necesaria etapa de reconstrucción no es una etapa "neutra": *o es un período de transición enmarcado en la movilización y organización popular* […]; *o es una etapa de transición a un reacomodamiento* de los distintos sectores sociales que componen la clase dominante; *o es Liberación o es Dependencia*[295].

En cuanto al discurso kirchnerista, este recupera y reactualiza el *topos* de la lógica binaria: en efecto, en muchas ocasiones también configura la escena política en torno a disyunciones que delinean un clivaje entre dos "modelos" de país:

> …acá se está discutiendo *el nuevo modelo contra el viejo modelo* y el nuevo modelo es la construcción con las raíces propias de nuestra historia; *el nuevo modelo es justicia social* con inclusión, es justicia social con educación, es justicia social con desarrollo. (08/05/2007)
> …*hay dos modelos en juego en este país.* Hace algún tiempo dije: argentinos, nos van a atacar y me van a atacar personalmente a mí permanentemente hasta en las cosas que a uno más le pueda doler. Hay algunos que no quieren que cambie la Argentina, se los digo a ustedes y a los que están más allá, no quieren que cambie la Argentina. Y hay *dos modelos, un modelo neoliberal,* que nos llevó en la década del '90 –tengan buena memoria argentinos– a la desocupación, al remate de todo lo argentino. (16/05/2007)

El discurso presidencial establece en efecto un espacio político polarizado y tensionado en torno a dos grandes sectores, fracturados por una frontera que escinde al "nosotros" del "ellos": el "nuevo modelo" frente al "viejo modelo" de país; la "justicia social" con inclusión, edu-

---

293 NH 119, junio de 1973.
294 CyR 30, septiembre de 1971, en Hilb y Lutzky, 1984: 42.
295 Envido 10, noviembre de 1973, en Baschetti 1996: 330.

cación y desarrollo contra el neoliberalismo (causa de las crisis argentinas, y cuyo origen se remonta, dijimos, a la dictadura militar).

Sin embargo, como señalábamos en el Capítulo III a propósito del *topos* de la política como lucha, mientras en los discursos de la militancia setentista la lucha política era efectivamente definida como una batalla revolucionaria que podía derivar en la violencia y la muerte, en el caso del discurso kirchnerista se produce un desplazamiento tópico mediante el cual el segundo predicado del *topos* es reemplazado por encadenamientos vinculados al sufrimiento, la fortaleza, la resistencia, etc. Así, este se inscribe en un espacio ideológico-argumentativo distinto, en el que la dimensión más trágica y radicalizada del imaginario militante es elidida. Del mismo modo, el empleo del *topos* de la "lógica binaria" en el discurso kirchnerista sugiere un cambio de sentido con respecto al dominante en los de la Nueva Izquierda. En efecto, puede pensarse que en estos últimos la división del espacio político en dos campos opuestos y antagónicos se figuraba como una escisión radical que podía potencialmente llevar a la guerra revolucionaria: en los ejemplos citados se habla de "fortalecimiento del camino revolucionario", de "acabar definitivamente" con los enemigos, de no aceptar ningún tipo de "pacificación", dando lugar a encadenamientos del tipo

<+ división binaria + revolución>

En el discurso kirchnerista, en cambio, entre los dos polos enfrentados no se plantea una lucha radical ni revolucionaria, sino simplemente una alternativa de índole "moral" o "ética", una disyunción estrictamente política que coloca al otro en el campo de lo antidemocrático, lo autoritario, lo regresivo y lo ilegítimo: en ese sentido, como bien señala Novaro, el kirchnerismo establece una división dicotómica mediante la cual impugna

> el proyecto político y económico atribuido a la dictadura, por definición 'opuesto a los intereses nacionales y populares', polarizando la vida política entre un bando autoritario y antidemocrático, en el que militarían sus adversarios potenciales o efectivos, y uno popular y legítimo, hegemonizado por él mismo, cuyas raíces se remontarían a la generación combativa de la que abreva[296].

---

[296] Novaro, 2006b: 22.

Ese modo de definir al otro como lo impensado, lo inconcebible, lo impertinente, lo ilegítimo o lo inmoral remite asimismo al imaginario peronista. Ahora bien: además de este esquema binario que, en el discurso presidencial, hace resonar el discurso populista, el peronista y también la memoria militante setentista, también hay recurrencia en los lugares o *topoï* referentes al "contenido" con que se asocia al adversario: en primer lugar, se los vincula al campo semántico del liberalismo (y/o el neoliberalismo) y el imperialismo. En relación con esto, y como ya observamos, estos son vinculados con el pasado dictatorial y por lo tanto con el autoritarismo. En segundo lugar, los adversarios se definen como pertenecientes al terreno de la "burocracia" y de las meras "formas" y en esa medida son calificados como falsos o inauténticos. Se trata en todos los casos de principios argumentativos que subyacen al discurso kirchnerista y que se hacen eco de la memoria discursiva de la militancia setentista.

2.2. La retórica antiliberal y antiimperialista

Como sostiene Altamirano, en los tempranos años setenta la izquierda marxista, el nacionalismo y el catolicismo se unieron "en un solo movimiento, fundamentalmente anticapitalista, con todas sus implicancias"[297]. Inspirado en distintas teorías, experiencias y concepciones internacionales, el proyecto político de los jóvenes activistas de la Nueva Izquierda planteaba la posibilidad fáctica de la revolución, y proponía la construcción de la "Patria Socialista", o del "socialismo" a secas. En muchos casos, esa doctrina se combinaba con el imaginario peronista, dando lugar a reivindicaciones de corte nacional-popular que apuntaban a la implementación de un "socialismo nacional", por definición opuesto al modelo capitalista y a las doctrinas económicas liberales:

> Nuestra guerra es larga, pero será victoriosa porque es una guerra justa, que culminará con *el triunfo definitivo de la Revolución Socialista*, la liberación de nuestra patria y la felicidad de nuestro pueblo[298].

---

[297] Altamirano, 2001: 90.
[298] ER 23, agosto de 1973.

> Llamamos a todos los jóvenes. A los que luchan y quieren luchar por una Argentina verdaderamente libre de los monopolios. A los que quieren terminar con la explotación. *A los que quieren una Argentina Socialista*[299].
>
> Sabemos bien quienes somos y qué queremos: *una Patria Libre, Justa y Soberana con independencia económica, soberanía política y justicia social*[300].

En el marco de ese espíritu revolucionario, independentista y emancipatorio, cuyo principal objetivo era la "liberación nacional" de los monopolios, la oligarquía terrateniente y la burguesía nacional y extranjera, es evidente que uno de los clivajes fundamentales estaba dado por la distinción imperialismo/antiimperialismo, estrechamente vinculado con los pares capitalismo/anticapitalismo y liberalismo/antiliberalismo. Así, mientras el ERP luchaba contra "la siniestra mano del imperialismo yanqui"[301], el comunismo revolucionario, por su parte, definía al "enemigo principal de nuestro pueblo: el imperialismo yanqui y sus aliados nacionales"[302] y afirmaba ser el primero en colocarse "en la trinchera antiimperialista" para "transformar el balbuceo antiyanqui del gobierno en lucha revolucionaria por la nacionalización de los monopolios imperialistas"[303].

Como señalamos previamente, muchos comentaristas y analistas políticos se han referido al carácter "izquierdista" del programa y el estilo de gobierno del kirchnerismo. Al respecto, Svampa sostiene que el discurso kirchnerista se identifica, desde sus inicios, con una "retórica antiliberal" anclada en un "espacio de crítica al neoliberalismo, que había sido la nota común de las grandes movilizaciones de 2002"[304] y que, por otra parte, estaba fuertemente expandida en Latinoamérica, a partir de la emergencia de una "nueva ola" de gobiernos progresistas o de centro–izquierda:

> Este cambio de clima ideológico se expresaría en la fuerte retórica antineoliberal que Kirchner asumiría desde

---

[299] AS 70, agosto de 1973.
[300] ED, marzo de 1974.
[301] ER 23, septiembre de 1973.
[302] NH 125, septiembre de 1973.
[303] NH 122, agosto 1973.
[304] Svampa, 2007: 42.

mediados del año 2003, y que tendría por objetivo ciertos agentes económicos nacionales (en especial, los productores del campo) como las empresas privatizadas en manos de consorcios multinacionales[305].

De ese modo, aunque el socialismo no es el ideario que guía la programática del gobierno kirchnerista[306], sí es posible identificar en el discurso presidencial un conjunto de *topoï* o ideas-fuerza que evocan y recuperan el tono "anticapitalista", "antiliberal" y "antiimperialista" presente en la matriz discursiva de la Nueva Izquierda. Como señala Lesgart, si bien en el registro kirchnerista

> no hay un retorno a la idea de que la democracia sería una "máscara de dominación burguesa" o un instrumento para lograr fines más elevados, la construcción simbólica del poder político evoca la recuperación de ideas-fuerza que son leídas en sintonía con algunos planteos de distintas izquierdas de décadas anteriores[307].

Entre esas ideas–fuerza, la vinculación entre la "soberanía política" y la "independencia económica", y la lucha contra los organismos multinacionales y contra las "recetas" del neoliberalismo –considerados impedimentos para la emancipación político-económica–, son principios recurrentes en el discurso kirchnerista, que enlazan con y reenvían al ideario setentista, aunque en un registro diferente. Por su carácter muchas veces polisémico, esos *topoï*, resignificados y *aggiornados*, habilitan articulaciones políticas ciertamente distintas a las otrora impulsadas por la izquierda setentista, pero que en todo caso funcionan como ecos y resonancias de aquella matriz discursiva. Es en continuidad con esos preceptos que se puede interpretar entonces la persistente prédica kirchnerista contra la "ortodoxia neoliberal", la economía de mercado, la "teoría del derrame" y el "pensamiento único" propios del Consenso de Washington impulsado durante los

---

[305] Ibídem.

[306] A diferencia del discurso del presidente venezolano Hugo Chávez, que explícitamente ha instalado el tópico del "socialismo del siglo XXI" como el principal eje programático de su gestión (Arnoux, 2008).

[307] Lesgart, 2006: 173.

años noventa, vinculados a su vez con las oligarquías, los monopolios, o los "nostálgicos" que añoran modelos económicos pasados:

> *El proyecto neoliberal en la Argentina dejó muchísimos heridos, excluidos sociales, excluidos institucionales*, una fuerte desinversión en todos los aspectos, un país absolutamente quebrado. (02/09/2003)
>
> No puede ser el norte de ninguna sociedad la convivencia con la miseria, la marginalidad, la exclusión y la inequidad a que ha dado lugar *la aplicación del pensamiento único y el señoreo del pensamiento neoliberal* que caracterizó la economía mundial y la propia en el último decenio. (11/12/2003)
>
> Sobre la deuda del Club de París nos dicen: "tienen que hacer un acuerdo con el Fondo Monetario Internacional para que puedan pagar la deuda con el Club de París". Nosotros les dijimos: *"señores, nosotros somos soberanos; nosotros queremos pagar la deuda del país pero "de acá" que vamos a volver a hacer un acuerdo con el Fondo Monetario Internacional; bajo ningún sentido, bajo ningún aspecto.* Estamos dispuestos y queremos pagarla porque somos un país estable y previsible. (01/03/2007)

En ese mismo sentido, en el marco de la IV Cumbre de las Américas en el año 2005, Kirchner realizaba un diagnóstico sobre los efectos de la aplicación de la denominada "teoría del derrame":

> *Esa uniformidad que pretendía lo que dio en llamarse el "Consenso de Washington"* hoy existe evidencia empírica respecto del *fracaso de esas teorías.* Nuestro continente, en general, y nuestro país, en particular, *es prueba trágica del fracaso de la "teoría del derrame".* (05/11/2005)

La asociación metafórica entre el "pensamiento único" neoliberal y la "uniformidad" permite articular, como vimos, una interpretación sobre el pasado en la que se vincula el proceso dictatorial con la implementación del modelo neoliberal. Esa lectura del pasado también tiene asidero en la memoria setentista: en efecto, la polarización de la sociedad en dos campos –pueblo/antipueblo– permitía reunir en el polo del "antipueblo" a las oligarquías, los monopolios, el imperialismo (adversarios económico-ideológicos) con los gobiernos militares o sus expresiones político–partidarias (adversarios políticos):

Del otro lado *el imperialismo, las grandes empresas monopólicas y sus aliados nativos,* la oligarquía industrial, financiera, comercial y agropecuaria, expresada políticamente en los partidos gorilas (Nueva Fuerza, ezequielismo y manriquismo), en sus agrupamientos empresariales (UIA, Sociedad Rural, Cámara Argentina de Comercio, Bolsa de Comercio, etc.) *y sus expresiones militares* (la camarilla militar, los asesores yanquis...)[308].

En un sentido similar, en mayo de 1973 un comunicado de la JP establecía como uno de sus objetivos fundamentales

> ...la investigación hasta sus últimas consecuencias de *los responsables y ejecutores de torturas, secuestros, asesinatos y encarcelamiento* de los militantes populares. Así también la de *los implicados en delitos económicos a todo nivel,* y de los ejecutores y cómplices de la penetración imperialista que han saqueado y entregado nuestra economía[309].

y vinculaba de ese modo los delitos políticos (torturas, secuestros, asesinatos y encarcelamientos) con los "delitos económicos" (penetración del imperialismo, entrega y saqueo de la economía nacional). Así, "golpismo" y "explotación", "represión" e "imperialismo", "Fuerzas Armadas" y "burguesía", constituyen dos caras de una misma moneda:

> Años de proscripciones para distintas fuerzas políticas; de *represión brutal; de asesinatos* de patriotas, revolucionarios y combatientes populares; de *entrega de la economía nacional y de sometimiento al imperialismo yanqui;* de hambre, opresión y explotación desenfrenada a los trabajadores del campo y la ciudad[310].
>
> ...los jerarcas al servicio de la *patronal y del golpismo*[311].
>
> *La burguesía y las FFAA contrarrevolucionarias* han tratado de mostrar la elección del 11 de marzo como la culmina-

---

[308] ED, junio de 1973.

[309] "Compromiso de la Juventud Peronista con el pueblo de la patria" (comunicado), 26 de mayo de 1973, en Baschetti, 1996: 51.

[310] NH 119, junio de 1973.

[311] NH 146, agosto de 1974.

ción de un proceso de pacificación, fingiendo una falsa
voluntad democrática[312].

Como puede verse, tanto en el discurso kirchnerista como en el de
la Nueva Izquierda la represión militar y la implantación de un
modelo económico imperialista y capitalista, en suma, anti–popular,
se unen en la figura del enemigo político contra el que se debe luchar
para la instauración y refundación de una nación soberana. De modo
que también en este plano, la memoria discursiva de la militancia
setentista opera como fundamento y eco del discurso kirchnerista,
que recupera un modo de concebir y representar el pasado.

El discurso kirchnerista tiene, asimismo, un marcado tono antiimperialista. En efecto, la figura de América Latina como "patio trasero
del imperio" (o del mundo)[313], recurrentemente evocada, pone en
cuestión la dependencia y el sometimiento de los países latinoamericanos a los dictados y "recetas" impuestos por los países centrales y
reivindica el valor de la "Patria Grande" latinoamericana:

> *Se terminó la idea de una América del Sur Cenicienta del
> mundo, no queremos ser más el patio trasero* y queremos ser
> parte activa de la construcción de los nuevos tiempos que
> nos esperan. (18/01/2006)
>
> Nuestra Patria es la Patria de todos, *la Patria Grande, la
> Patria latinoamericana* también, yo sueño fuertemente con
> esa Latinoamérica diversa, pero unida con una voz muy
> fuerte ante el mundo, pero que definitivamente tengan que
> entender que *nosotros no queremos ser más el patio trasero del
> mundo.* (01/08/2007)
>
> Señores, es hora que tengamos la mayoría de edad, que
> tengamos nuestra decisión y no tengamos miedo porque
> *nadie se subordina ideológicamente a nadie. Este país siempre
> será un país latinoamericanista, independiente,* plural y
> amplio con todos los pueblos de América del Sur.
> (01/03/2007)

---

[312] ER 21, junio de 1973.

[313] En las publicaciones de la Nueva Izquierda ese sintagma también es
corriente: "America Latina es el patio trasero del imperialismo yanqui, pero
ese patio trasero está ardiendo" (NH 119, junio de 1973).

En el mismo sentido debe interpretarse la marcada tensión existente, a lo largo de todo el período presidencial, entre el gobierno y algunos organismos internacionales de crédito, como el Fondo Monetario Internacional o el Banco Mundial:

> …pudimos decirles con todo respeto, porque no vamos a ser maleducados, pero con todo el sentimiento: *"Chau, Fondo, te pagamos y no vuelvas más por la Argentina porque ya mucho daño hiciste"*. (01/08/2007)

Aunque en otro registro, puede verse que en el discurso kirchnerista la retórica antiliberal y antiimperialista de la izquierda setentista es recuperada y reformulada desde una perspectiva (y en un contexto económico) que, si bien no retoma las banderas del socialismo, reafirma el imaginario nacionalista y anticapitalista en boga por aquellos años.

Sin embargo, es relevante destacar la diferencia que existe entre ambas matrices discursivas, puesto que allí se cifra, en gran medida, la especificidad del discurso kirchnerista con respecto a la izquierda revolucionaria setentista. En efecto, existe, también en este caso, un desplazamiento tópico-argumentativo que reconfigura el sentido de la perspectiva antiliberal y antiimperialista evocada, en tanto se apropia del primer segmento de topos pero modifica el segundo. Así, mientras en el discurso de la izquierda setentista esos preceptos comportaban un sentido radical, porque llevaban directamente a la impugnación del sistema capitalista y a la postulación del socialismo,

<+ antiliberalismo + socialismo>
<+ antiimperialismo + socialismo>

en el discurso kirchnerista, en cambio, su sentido es otro: allí el antiliberalismo y el antiimperialismo se encadenan, como se observa en los ejemplos, con argumentos vinculados a la independencia, la soberanía, la "mayoría de edad" y la autonomía, en lo que aparece como una reivindicación del espíritu independentista y emancipador latinoamericanista[314]:

---

[314] Sobre la impronta "latinoamericanista" que el discurso político latinoamericano en su conjunto ha adoptado en los últimos años, cf. Arnoux, 2008.

<+ antiliberalismo + independencia>
<+ antiimperialismo + independencia>

Mas allá de la viabilidad y las condiciones de posibilidad de reemergencia de este conjunto de preceptos antiliberales y antiimperialistas en el contexto argentino actual –que no corresponde evaluar
aquí–, su reconsideración ha despertado no pocos debates acerca del
alcance de las medidas y posicionamientos adoptados por el gobierno, y del carácter verdaderamente "izquierdista", "progresista" o
"reformista" del discurso kirchnerista: mientras algunos autores afirman que el kirchnerismo impulsó una clara superación del modelo
neoliberal imperante en las últimas décadas y una ruptura con la cultura política y el discurso ideológico vigentes, otros identifican en el
tipo de políticas implementadas por el kirchnerismo reminiscencias
del modelo aplicado durante los años noventa, y destacan las deudas
pendientes en materia de distribución del ingreso, de explotación de
recursos, de reducción de la desigualdad, etc.

Pero existe un segundo aspecto en el que el discurso kirchnerista se
hace eco de la retórica antiliberal propia de la izquierda setentista: se
trata de la condena y el rechazo al individualismo, rasgo que en el imaginario militante se asociaba al pensamiento y la doctrina liberales.
Gillespie muestra que en muchas ocasiones la "debilidad" ideológica
de los compañeros considerados delatores, traidores o claudicantes era
atribuida al individualismo burgués, liberal y/o capitalista que la organización combatía. Evocando "ejemplos de heroísmo e intransigencia
combinados con condenas al *individualismo*" decía la prensa montonera: "el individualista no es un héroe sino un traidor en potencia"[315].

Aunque, nuevamente, despojado de su sentido radical, puede
decirse que el discurso kirchnerista recupera esa crítica al individualismo y al egoísmo, en este caso desde una perspectiva que rescata el
espíritu colectivo y solidario del imaginario setentista:

> Ningún dirigente, ningún gobernante, por más capaz
> que sea, puede cambiar las cosas si no hay una ciudadanía
> dispuesta a participar activamente de ese cambio. *Desarmado*

---

[315] Citado en Gillespie, 1998: 270.

> *de egoísmos individuales o sectoriales,* la conciencias y los actos deben encontrarse en *el amplio espacio común de un proyecto nacional que nos contenga,* un espacio donde desde muchas ideas pueda contribuirse a una finalidad común. (25/05/2003)
>
> Y no es *la tarea individual personalista,* fundamentalista o nihilista de una persona en particular, sino en el marco de *las respuestas colectivas, de la construcción colectiva de toda una dirigencia y un pueblo que decide,* de una vez por todas, ponerse al frente para resolver la cantidad inmensa de problemas, la cantidad de asignaturas pendientes. (18/05/2004)

Paralelamente, esta recuperación y reactualización de la retórica antiliberal se vincula con una concepción de la política como un terreno de conflictos, como un ámbito de voluntad y decisión donde la figura del "sujeto" político es central. Esa concepción está, de hecho, en las antípodas de la tradición liberal, que piensa la política como un ámbito o bien de negociación o bien de búsqueda del consenso, pero nunca como un espacio de conflicto. Esa perspectiva, que suele basarse en argumentos económicos, morales o técnico–burocráticos, es fuertemente cuestionada y rechazada por el discurso kirchnerista, que en este punto también ancla en la tradición militante, en la medida en que destaca y reivindica su dimensión inherentemente agonal[316].

2.3. La retórica antiburocrática

Como vimos en el capítulo anterior, el discurso kirchnerista recupera y reelabora cierta concepción de la política típicamente setentista, según la cual esta consiste en una práctica transformadora, guiada por una firme voluntad, por convicciones y por valores, que debe ser encarada como una batalla épica y heroica. Esta perspectiva comporta un fuerte descrédito hacia las acepciones puramente "institucionales" o "formales" de la política: si la "verdadera" política es aquella que reconoce el estatus de lucha que la situación impone, aquellas con-

---

[316] Sobre el agonismo y su relación con el discurso liberal, cf. Mouffe (2005).

cepciones que niegan u ocultan el conflicto inherente a toda situación política aparecen como mentiras, fachadas o meras apariencias. Hilb y Lutzky sostienen que el imaginario de "guerra" que caracterizó a las agrupaciones de activistas en los años setenta se enmarcaba en una profunda crisis de legitimidad del sistema político, que imponía un profundo rechazo a la política tradicional: "El juego político tolerado y los mecanismos institucionales aparecen como un engaño, una fachada, destinados a enmascarar la ilegitimidad del sistema. A la 'mentira' de la política se opondrá la 'verdad' de la guerra"[317].

En el discurso setentista, el rechazo a la política tradicional se manifiesta bajo dos formas: por un lado, en una clara oposición a la política partidaria, parlamentaria y democrática, ámbito puramente "administrativo" en el que se dirimen asuntos meramente formales y superficiales que distan de, e incluso niegan, los verdaderos intereses del pueblo; por otro, en una impugnación de la "burocracia" en tanto terreno en el que se priorizan los favores, los privilegios y los "arreglos" antes que las verdaderas luchas populares. Así, tanto los políticos tradicionales como los llamados "burócratas" sindicales aparecen como representantes de un tipo de ejercicio de la política que no asume las verdaderas banderas populares[318]. De ese modo, en oposición a la política tradicional (la "politiquería") y a la "burocracia" (representada, por ejemplo, por la derecha peronista), la Nueva Izquierda postulaba la lucha revolucionaria y popular, basada en la movilización, la pasión y las convicciones, como el único camino posible:

> Amplios sectores de nuestro pueblo, hartos de *la politiquería* y la injusticia capitalista[319].
>
> Lo que sucede es que *estos marranos de la política suponen que con papeles y sellos* pueden alterar al cariño de un pueblo

---

[317] Hilb y Lutzky, 1984: 24.

[318] Esta distinción entre dos acepciones de lo político tiene un correlato en ciertas vertientes de la filosofía política, que suelen oponer, por un lado, una concepción de lo "político" como distinción entre amigos y enemigos (Schmitt, 2006), como delimitación de fronteras antagónicas (Laclau y Mouffe, 2004) o como subversión del orden vigente (Rancière, 1996) y, por otro lado, una concepción de la "política" como pura reproducción del orden técnico o administrativo (como "policía", Rancière, 1996) o como búsqueda del consenso (Mouffe, 2005). Al respecto, puede consultarse Marchart (2009).

[319] ER 21, junio de 1973.

> a quienes reconoce como leales, la vocación por luchar
> contra los patrones, la bronca con la policía brava, el des-
> precio a los milicos, el odio al yanqui explotador, las ganas
> de juntarse [...] guiándonos como una enorme llamarada
> revolucionaria. (...) Ahí es donde nunca podrán destruir-
> nos, ahí está nuestra fortaleza, lo indestructible de nuestra
> política[320].
>
> La misma *burocracia sindical* que durante los años de
> dictadura militar celebraba el 1° de mayo escuchando misa
> en la Catedral y confesándose con el Cardenal Caggiano; *la
> misma burocracia* que para no irritar a los Comandantes en
> Jefe suspendía todos los actos limitándose a difundir *desde
> sus escritorios*, casi pidiendo disculpas, un documento de
> compromiso sobre la "Fiesta del Trabajo", en este 1974,
> –con la eficiente custodia del Coronel Villar y el aliento de
> empresarios y militares– se dispone *a realizar la parodia de
> una movilización obrera y popular*[321].
>
> *La aparente actitud combativa con que se pretende embande-
> rar la burocracia*, para nada está basada en la defensa de los
> intereses económicos y políticos de nuestra clase, lo que bus-
> ca en realidad es obtener mayores beneficios[322].

Desde la óptica militante, los políticos y la "politiquería" son asociados con los "papeles y sellos". La burocracia, por su parte, no sólo
es acusada de no involucrarse en la defensa de los intereses de las clases populares, sino que se figura como un sector que "aparenta" tener
una actitud combativa ("parodia", "pretende"), que busca obtener
beneficios y se encarama detrás de sus "escritorios". Esta perspectiva
crítica acerca de los "políticos" y la "burocracia", según la cual ellos
se ocupan de asuntos meramente administrativos y técnicos y carecen
de la voluntad y el compromiso propios de la verdadera y auténtica
práctica política, está también presente en el discurso kirchnerista:

> ...dejar de lado las acciones y *las actitudes politiqueriles
> de cuarta* que tienden a veces a quitar fuerza a los esfuerzos.
> (15/02/2005)

---

[320] ED, marzo de 1974.
[321] AS 101, abril de 1974.
[322] *El comunista* 3, mayo de 1977.

> ...mis amigos periodistas [...] se acostumbraron a *presi-*
> *dentes encerrados en su despacho y de espaldas al pueblo*, enton-
> ces cuando uno sale a caminar a la calle dicen que está en
> campaña. Sí muchachos, estoy en la campaña por una
> patria mejor. (22/07/2005)
> ...hay algunos intereses a los que les gusta y les hizo
> bien durante mucho tiempo que *el Presidente estuviese ence-*
> *rrado en su despacho*, que estuviese con los oídos tapados,
> que no escuchara a la gente, que no escuchara al pueblo,
> que no escuchara a las organizaciones libres del pueblo.
> (27/09/2005)
> ...*algunos sueñan que el país sea manejado por los gerentes*,
> que el país lo tienen que manejar los que representan al
> pueblo, poner la cara los que representan al pueblo y tener
> la iniciativa que corresponde, ya sabemos lo que nos pasó
> en *el país de los gerentes*. (01/03/2007)
> Pero algunos por ahí se ponen nerviosos porque *yo no*
> *voy a permitir que en este país*, mientras la gente nos votó a
> nosotros, *haya un gobierno de burocracias o de gerentes*. Si
> tenemos que hacer cambios los vamos a hacer, no nos van
> a asustar ni nos van a correr con dos tapas de diarios por-
> que hacemos un cambio. (06/02/2007)

El discurso kirchnerista evoca la "retórica anti–burocrática" de la
izquierda setentista, y se erige en contra del "país de los gerentes", de
los gobiernos "de burocracias o gerentes", de los dirigentes que se
encierran en sus despachos, dan la espalda al pueblo y hacen "politiquería de cuarta" y de las burocracias políticas, sectores especulativos
que defienden sus propios intereses sin ocuparse de las necesidades
del pueblo, todos ellos asociados a las meras "formas". En oposición,
el discurso presidencial postula la importancia de escuchar al pueblo
y de tener una firme voluntad política para llevar adelante los cambios necesarios; en suma, a la política de las "formas" se contrapone
la "verdadera" política, desprovista de superficialidades y frivolida-
des, atenta al pueblo y a sus demandas[323].

---

[323] Eso se vincula con la concepción "sustancial" de democracia sostenida
en el discurso kirchnerista (opuesta a la presunta acepción "procedimental"
propia del discurso alfonsinista) que comentamos en el Capítulo II.

Desde una perspectiva tópico-argumentativa, puede decirse que el discurso kirchnerista reactualiza el *topos* en el que se vincula la burocracia y la "politiquería" con la falta de voluntad e ímpetu político y por lo tanto con la falta de interés por el pueblo, y lo aplica con idéntica fuerza argumentativa:

<+ burocracia o "politiquería" – voluntad política>
<–voluntad política – interés por el pueblo>

En ese sentido debe interpretarse también el rechazo que el discurso presidencial manifiesta hacia los "modales", la "prolijidad", la "reverencia" y la "buena educación", a los que opone la sinceridad, la transparencia, la honestidad y la valentía. El discurso kirchnerista se sustenta en un *topos* como

<+ buenos modales o buena educación – sinceridad
o transparencia>:

> …cuando uno defiende los intereses del país pareciera ser que para estos señores y para algunos diagnosticadores de la realidad –y algunos medios por allí– uno es un maleducado y un irreverente, pero *voy a ser todo lo maleducado que tenga que ser e irreverente mientras ello signifique la defensa de los intereses de todos los argentinos.* (14/06/2005)
>
> …ustedes saben que *muchos de los hombres de buenos modales y mejores costumbres que tiene la Argentina son los estafadores más grandes que hemos tenido [...]* cuando *hablan tanto de los modales, modales y modales,* sabemos los argentinos cómo nos ha ido con ciertos individuos tan educados que hemos tenido, que han paseado por todos los salones del mundo y vendieron la Argentina en cada feria que podían. (10/08/2005)
>
> Pero puedo ser desprolijo para vestirme, es verdad, desde chiquito mi mamá me retaba cuando iba a la escuela, es cierto, no me voy a recuperar porque es una condición innata. Si soy pingüino lo soy de corazón, que *soy medio desprolijo para vestirme, sí es cierto, pero no soy desprolijo para manejar la plata del pueblo,* la manejo en forma cristalina y responsable como corresponde. (05/10/2005)

También en las publicaciones de la Nueva Izquierda la "prudencia" y los "buenos modales" se asocian a la farsa, la insensibilidad, la debilidad y la "conciliación":

> ...*detrás de los 'buenos modales' esconde* un testimonio crudo de la insensibilidad y la farsa[324].
>
> Desde distintos lados se aconseja "prudencia". *Es justo ser prudentes.* Pero el pueblo entiende por prudencia el ajustar muy bien sus golpes, tratando de que los mismos peguen solo al enemigo principal [...] *Pero apuntar bien el golpe no significa transformarlo en simple empujón. O en conciliación*[325].

Esta "quiebra del protocolo" permite articular, al decir de González, un "arquetipo popular"[326], y así afirmar un *ethos* sincero, verdadero y auténtico, pero también dotado de voluntad y potencia política.

Hasta aquí hemos examinado, desde el punto de vista de la evocación y resignificación de cadenas tópico–argumentativas, algunos modos de construcción discursiva de los adversarios políticos. Por un lado, observamos que el proceso de definición de la alteridad política se configura mediante la delimitación de una frontera que divide el campo político en dos ámbitos que se postulan como irreconciliables; en segundo lugar, señalamos que el discurso kirchnerista se hace eco de la "retórica antiliberal" y antiimperialista setentista y, desde esa perspectiva, asocia al adversario político con sectores vinculados al (neo)liberalismo, al imperialismo y, por extensión, al modelo dictatorial y autoritario implementado en la década del setenta. Finalmente, el análisis reveló que el discurso kirchnerista también se identifica con una "retórica antiburocrática" que remite al imaginario setentista, y a partir de la cual el otro es definido por su carácter superfluo, falso e inauténtico. Aunque cada uno de esos *topoï* son evocados con distinta fuerza argumentativa o con distinto sentido, el análisis pone de manifiesto la existencia de una matriz común al discurso kirchnerista y la memoria militante setentista, que configura un espacio ideológico-argumentativo. A continuación abordaremos algunos

---

[324] ED 30, diciembre de 1973.
[325] NH 119, junio de 1973.
[326] González, 2003: 22.

gestos de habla mediante los cuales ese espacio ideológico–argumentativo se inscribe en la propia enunciación del locutor político.

3. La contradestinación directa

3.1. Tres modos de interpelación: contradestinatarios encubiertos, indirectos y directos

Como se señaló anteriormente, según Verón (1987), el discurso político permite poner en escena una diversidad de destinatarios (positivos, negativos e indecisos) a los que el locutor se dirige más o menos explícitamente. En esta escena discursiva con múltiples personajes, el enemigo o adversario político puede ser definido mediante un triple dispositivo interpelativo. Según demuestra García Negroni (1988) complejizando los aportes de Verón, el destinatario negativo puede ser aprehendido lingüísticamente mediante las categorías de contradestinatario *encubierto e indirecto*. A esa clasificación proponemos añadir la figura del contradestinatario *directo*, que constituye el mayor grado de explicitación de la adversidad y la confrontación. Menos manifiestas, las modalidades de *contradestinación encubierta e indirecta* tienen también una presencia significativa en el discurso que aquí analizamos, y desencadenan no pocos efectos polémicos.

El contradestinatario *encubierto* se define como "aquel lugar simbólico que, aunque incluido en el grupo alocutario inicial, es constituido como T.D. [tercero discursivo] a lo largo de la enunciación discursiva"[327]. Su forma lingüística más frecuente es la tercera persona del singular o plural *(aquellos que, el/los que, ese/a/os/as que, estos/esos, algunos, ellos, los de…)*, y a él se dirigen actos de habla con fuerza ilocucionaria oculta o derivada de advertencia o amenaza. Frecuente en todo discurso político, este modo de decir comporta un marcado tono de confrontación, tanto más cuanto que el adversario, nombrado en tercera persona, queda excluido de todo diálogo o derecho a réplica. Con mayor o menor grado de explicitación y confrontación, el destinatario encubierto siempre ocupa un lugar de importancia en el discurso político: dado que es una de las formas privilegiadas y más habituales para identificar,

---

[327] García Negroni, 1988: 88.

señalar y dirigirse a los oponentes, esta figura estará presente a lo largo de todo este capítulo, tanto en el abordaje de los distintos modos de insulto y vituperio como en el de los mecanismos de argumentación negativa. En el caso del discurso kirchnerista son múltiples los sectores y actores a los que el locutor alude e interpela de manera encubierta: sectores políticos opositores, dirigentes de gobiernos anteriores, grupos económicos, "corporaciones" (militar, mediática, agropecuaria).

Una característica fundamental de este tipo de destinación es que ella permite articular Complejos Ilocucionarios (CI), fenómeno que alude a la presencia de no una sino dos fuerzas ilocucionarias simultáneas y destinadas a distintos sujetos sociales: "Así, en un discurso político, un mismo contenido proposicional debe ser interpretado como portador de distintas fuerzas ilocucionarias dirigidas a distintos destinatarios y tal interpretación es básica y constitutiva del sentido del discurso"[328]. El discurso comporta así simultáneamente una fuerza ilocucionaria "*explícita* dirigida a D_1 (*destinatario explícito o directo*) y una *oculta* dirigida a D_2 (*destinatario encubierto o indirecto*)"[329]. De ese modo, un acto de habla de aserción o de promesa dirigido a los destinatarios positivos del discurso puede funcionar, a la vez, como un acto de habla oculto de advertencia, amenaza, o reproche orientado hacia un destinatario negativo.

Esta posibilidad de articular CI se relaciona con el rol de Tercero Discursivo que caracteriza al contradestinatario encubierto. En ese sentido, vale agregar que una particularidad de este tipo de formulaciones es su ambigüedad lingüística: dado que en español la tercera y la segunda persona del plural tienen, a menudo, la misma forma, muchas veces los enunciados con destinatario encubierto dan lugar a una superposición de sentidos, por lo que constituyen una zona ambigua en la que el locutor se dirige a sus adversarios de modo encubierto (en tercera persona) y –simultánea aunque no explícitamente– de manera directa (en segunda persona). Esa ambigüedad permite un deslizamiento desde actos de habla ocultos en el CI hacia otros directos, cuyo efecto es marcadamente confrontativo y desafiante. Tal es el caso en el fragmento que sigue, donde es posible distinguir al menos tres destinatarios distintos: un destinatario positivo;

---

[328] Ibídem.
[329] García Negroni y Zoppi Fontana, 1992: 34.

uno negativo y encubierto (el "sector ganadero", al que L se dirige en tercera persona) y uno negativo y directo, interpelado en segunda persona en el inciso "no les tengo miedo, eh":

> Nosotros, de la mejor buena fe, le hemos tratado de explicar al sector [ganadero...], no queremos la "patria ganadera" que quieren algunos dirigentes del campo. *Que no se equivoquen, que este Presidente no les tiene miedo, no les tengo miedo, eh.* Estoy seguro de que llegado el momento seremos miles y miles de argentinos los que estaremos presentes en el momento de hablar. (30/03/2006)

El inciso "no les tengo miedo, eh" permite reformular el acto de habla de advertencia oculto en un acto de habla directo y explícito, cuyo tono intimidatorio se refuerza notablemente por la presencia del yo, dado que quien se hace responsable del acto de advertencia es el propio locutor en primera persona.

Menos explícito y directo que el *encubierto*, el contradestinatario *indirecto* comparte con el primero el estatus de Tercero Discursivo. Este tipo de destinatario se caracteriza por no aludir claramente a un referente ni a un agente social específico (aquí no aparecen las marcas de tercera persona que caracterizan al encubierto ni vocativos de ninguna índole): de allí que los indicios de esta figura en la superficie textual sean netamente *polifónicos*, siendo la negación polémica o metalingüística y demás expresiones de polaridad negativa algunas de sus manifestaciones más relevantes[330]: en efecto, para convocar al destinatario indirecto, el locutor evoca, pone en escena y "simula" –mediante múltiples marcas polifónicas como negaciones, marcadores, diversos modos de discurso referido, entre otras– voces que atribuye a sus adversarios políticos, a los cuales refuta o descalifica sin siquiera mencionar. Dado que el contradestinatario indirecto solo es aprehensible mediante esas marcas polifónicas, más adelante aludiremos a él de manera exhaustiva, al abordar los modos de representación crítica del discurso ajeno.

Las nociones de *contradestinatario encubierto e indirecto* son recursos lingüísticos no solo habituales sino característicos del discurso polí-

---

[330] García Negroni, 1988: 95.

tico. Ellas permiten dar cuenta de estrategias de borramiento del destinatario: ni explícita ni oficialmente designados por el locutor, estos dos tipos de destinatario quedan, en virtud de su estatus de Terceros Discursivos, excluidos del colectivo de identificación del locutor y por ello carecen, en el discurso, de toda posibilidad de respuesta. En efecto, bajo estas dos modalidades, los destinatarios negativos "no entran en el circuito comunicativo, no se les da voz, ni derecho a réplica pues, en la superficie del enunciado, no se les está hablando: nunca hay interpelación en segunda persona ni inclusión en el colectivo de identificación"[331]. Sin embargo, aunque el destinatario es solapado y velado, al mismo tiempo es indirectamente convocado e identificado como un "blanco" con el cual se polemiza.

La que hemos denominado *contradestinación directa*, en cambio, es una estrategia excepcionalísima de interpelación directa al adversario político y constituye el mayor grado de explicitación del destinatario negativo. Con un alto nivel de desafío e incluso de amenaza, este modo de decir se encuentra tanto en el discurso kirchnerista como en el de la Nueva Izquierda. En efecto, aunque –como ya señalamos– la figura del adversario político es inherente a todo discurso político, el contradestinatario directo es una categoría poco frecuente en los discursos políticos tradicionales y, en ese sentido, constituye una peculiaridad del discurso político que aquí estudiamos.

3.2. La contradestinación directa en el discurso kirchnerista

Como se señaló, en el discurso político los adversarios políticos suelen ser convocados de forma velada y encubierta, apelando a términos y mecanismos descalificantes que refuerzan su carácter de Tercero y lo excluyen definitivamente del círculo de identificación. Su presencia puede estar cargada de fuertes dosis de rechazo, e incluso comportar un grado alto de confrontación. Estos modos velados de interpelación se encuentran en distintos discursos presidenciales argentinos, como el peronista, el alfonsinista o el menemista, que en muchos casos presentaban una importante cuota de desafío y confrontación con respecto a sus adversarios. Sin embargo, en ninguno de

---

[331] García Negroni y Zoppi Fontana, 1992: 36.

ellos se registra el empleo de la contradestinación directa, un formato interpelativo que, veremos, remite a ciertos gestos de habla setentistas. Por no atender a ningún tipo de restricción protocolar y por su informalidad, la contradestinación directa constituye un mecanismo sumamente infrecuente en los discursos presidenciales tradicionales, de allí que su análisis resulte de especial relevancia para la comprensión de las características distintivas del discurso kirchnerista[332].

La contradestinación directa consiste en una interpelación, en segunda persona, a un adversario político a quien se desafía y con el que se confronta directamente. Es por ello que los enunciados dirigidos a contradestinatarios directos no participan de Complejos Ilocucionarios sino que, en cambio, despliegan un único acto de habla directo, ya sea de amenaza o advertencia, de pedido, de mandato o de interrogación. En nuestros casos de análisis el contradestinatario directo es designado mediante el formato usted/vos; en cuanto al locutor, su presencia está fuertemente marcada por numerosos indicios que remiten a la primera persona, de modo que quien se dirige a los contradestinatarios directos es habitualmente un yo que remite al locutor político, y no siempre un nosotros.

Una característica de esta forma directa de contradestinación en el discurso kirchnerista es que en algunos casos la interpelación directa al adversario se realiza en forma voseante. Es sabido que la deixis social es uno de los principales indicios de tratamiento intersubjetivo, de allí que el empleo del pronombre vos resulte significativo. Dentro de los pronombres de tratamiento, uno de los rasgos que en español rioplatense distingue el vos del usted es el rasgo formalidad (usted)/ informalidad (vos), siendo el vos un modo de tratamiento que indica confianza, cercanía y familiaridad. En términos de corte-

---

[332] Vale señalar que la contradestinación directa también puede identificarse en el discurso del presidente venezolano Hugo Chávez: el lector recordará la famosa interpelación de Chávez al ex Presidente de los Estados Unidos, George W. Bush: "You Mr. Danger!, you are a donkey" (¡Señor Peligro! ¡Usted es un burro!), en la que la afrenta fue aun más virulenta por realizarse en el código idiomático del destinatario y por comportar un insulto fuertemente descalificante. En otra ocasión, por caso, el Presidente venezolano declaró, dirigiéndose al presidente del grupo de empresas alimenticias Polar: "Si tú crees que no me atrevo a nacionalizar las empresas Polar, estás bien equivocado".

sía, puede decirse que quien dice "usted" indica "respeto" por su interlocutor, que es tratado como con mayor jerarquía o poder; quien dice "vos", en cambio, representa a su interlocutor como un par o como un sujeto que no detenta ninguna jerarquía digna de consideración: este es interpelado en términos familiares, de confianza y sin atender a cuestiones protocolares[333].

En el caso del discurso kirchnerista, el empleo de formas voseantes efectivamente permite escenificar una relación asimétrica de poder entre el locutor y sus destinatarios. En los casos en que estos adversarios son figuras públicas con alta jerarquía o estatus, el voseo produce un efecto "minorizante", en la medida en que esas figuras son expresamente desplazadas, al menos en términos discursivos, de sus posiciones jerárquicas. En términos de cortesía, este modo de decir tiende a aumentar la supremacía del locutor y a destruir el vínculo con el interlocutor, por lo que parece ser un mecanismo de "descortesía" que amenaza más o menos abierta y directamente la imagen pública del interlocutor. Aunque en algunos casos los enunciados con contradestinatario directo incluyen mecanismos de compensación o reparación, en otros la afronta es directa y sin matices.

Un contradestinatario directo privilegiado por el discurso kirchnerista es el sector militar. En varias ocasiones el ex presidente se ha dirigido de forma directa a ex militares o ex represores: generales, coroneles y policías son directamente interpelados mediante vocativos como "señor", "querido ex represor", o mediante vituperios como "asesino" o "delincuente"[334], que ponen radicalmente en cuestión sus grados jerárquicos y les quitan incluso el "mérito" de ser llamados "generales":

> Pero [el ex policía Luis Abelardo Patti] dijo algo que me preocupó más y lo digo como Presidente de la República, con el rol que me toca vivir en este tiempo temporario de la historia: "si siguen así, esto se va a volver a repetir". No escuché que prácticamente algún medio haya tratado de analizar esta amenaza a la que se vio sometida la sociedad argentina, "si siguen así, esto se va a volver a repetir". *No, querido ex*

---

[333] Sobre el voseo, ver García Negroni y Ramírez (2006) y Fontanella de Weinberg (1999).

[334] Más adelante nos referimos detalladamente a la enunciación injuriosa.

represor, no se va a volver a repetir. No te tenemos miedo, la memoria de 30 mil desaparecidos nos lleva a no tenerte miedo, no te tenemos miedo. Si no te tuvieron miedo ellos que estaban solos e indefensos, ¿te lo vamos a tener nosotros hoy? No, bajo ningún aspecto. (14/12/2005)

Señor Videla, porque no merece que lo llame general, hay treinta mil argentinos que fueron desaparecidos de distintas ideas y hay cuarenta millones de argentinos que fuimos agredidos y ofendidos por *su pensamiento fundamentalista y mesiánico.* Espero que la justicia proceda y a fondo. (24/03/2006)

Desde acá, desde Córdoba, a ese general, que lo voy a nombrar como Presidente de la Nación que soy, señor... *No te voy a llamar general porque ni eso merecés. Señor Luciano Benjamín Menéndez: tené en claro que sos un cobarde, tené en claro que los argentinos saben quién sos y que estás escondido en tu casa. Tendrías que estar en una cárcel común,* donde tienen que estar los delincuentes y los asesinos como corresponde. (24/03/2007)

En los últimos dos casos, fragmentos de los discursos pronunciados en los actos de inauguración de los Museos de la Memoria en los ex Centros Clandestinos de Detención ESMA y La Perla respectivamente, la interpelación directa a Rafael Videla y Luciano Benjamín Menéndez, figuras paradigmáticas de la última dictadura militar, crea un efecto de fuerte confrontación, lo que al mismo tiempo configura un *ethos* de convicción, firmeza y decisión en relación a la resolución de sus situaciones judiciales. En el primer y último ejemplo, el voseo tiene un valor descalificante y desautorizante ("no te tenemos miedo"; "no te voy a llamar general porque ni eso te merecés", "tené en claro que sos un cobarde", etc.). Además, puede observarse que al empleo del voseo se agregan los vocativos "querido" o "señor", desautorizando las jerarquías de los destinatarios.

El ex presidente también se ha dirigido de modo directo a otros sectores definidos como adversos, como algunos medios de comunicación[335]

---

[335] Recientemente, ya no como Presidente de la Nación pero como líder del Partido Justicialista, Néstor Kirchner se dirigió al periódico *Clarín*: "¿Qué te pasa *Clarín*? *Clarín*, ¿por qué estás tan nervioso? La verdad es que no me lo explico. Hacé democracia, sé abierto, usá los medios para informar y no para desinformar a la gente" (10 de marzo de 2009).

> Hoy cuando ven a los trabajadores discutiendo los medios dicen "gran conflictividad social", como si la Argentina estuviera por explotar. Cuando acuerdan los trabajadores sus aumentos dicen "esto va a la inflación". *Por favor, no nos extorsionen más*, en la Argentina tenemos que vivir todos, en la Argentina tenemos que encontrar puntos de acuerdo todos y las verdades superadoras que nos contengan a todos. (17/06/2005)

algunos dirigentes políticos opositores

> Le puedo asegurar a Hermes [Binner, gobernador de la provincia de Santa Fé], a quien le doy un gran abrazo y un gran afecto, que yo no estoy en la mezquindad ni en la porción chica del poder. [...] *Hermes*: en las elecciones se define quién tiene la iniciativa, después hay que pensar en el país, nada más que en el país. (29/08/2007)
>
> Acuérdense: Mauricio es Macri. Acuérdense bien de esto. Y entonces habla de los jubilados y *nosotros mandamos la Ley Opción Previsional –señor Macri– al Congreso y usted la votó en contra.* (05/06/2007)

o, como en los siguientes ejemplos, representantes de organismos internacionales de crédito y del sector financiero, empresarios y funcionarios nacionales o extranjeros:

> *Señor Rodrigo Ratto*, con todo el respeto que me merece su investidura: *dedíquese a hablar de otro porque nosotros ya no nos acordamos de usted.* (12/04/2007)
>
> *Señor Coto: trabaje para la Argentina; señor Coto: deje de presionarnos; señor Coto:* los argentinos vamos a salir adelante, se terminó la década del '90, *su gloriosa década del '90, donde usted participó activamente y obtuvo ganancias muy grandes* a costas de las espaldas de los argentinos. (24/11/2005)
>
> Pero volvemos a insistir y a pedir a las Plantas de Botnia y Ence. *¿Por qué no cortan por '90 días?, ¿qué problema tienen?, ¿por qué no nos arriman, señores de Botnia y Ence, todos los elementos que tienen para que podamos dilucidar? Por ahí tienen razón ustedes y si es así, bienvenidos.* Con claridad, cristalinidad, para los argentinos que están acá y a los que me miran por televisión, a uruguayos tam-

bién, para terminar con las dudas a los ojos de la sociedad. (19/04/2006)

También es cierto que hay un lobby que hacen las empresas del sector, respecto al tema tarifario, para decir: es necesario subir la tarifa para que haya más gas. *Acá, despacito señores, sin extorsiones, sin nada, produzcan, inviertan, cumplan con los compromisos que tienen* e iremos valorizando los temas que correspondan. Hoy no hay por qué subir las tarifas. (04/07/2007)

…hay sectores que se quejaron con justicia que la Argentina no cumplió, pero también es verdad, *señores banqueros italianos, y desde aquí desde Mendoza se los digo, que ustedes*, sabiendo la situación que tenía la Argentina y la irresponsabilidad que tuvo la Argentina de lanzar los bonos en su momento con el megacanje, *fueron ustedes los que estafaron a sus jubilados* vendiendo uno a uno los bonos que ya no valían prácticamente nada porque la Argentina se derrumbaba. (05/03/2005)

La negación y las expresiones negativas, la interrogación y la exclamación opositiva, los actos de habla de pedido o advertencia o los argumentos *ad hominem* son algunas de las marcas lingüísticas de polémica que acompañan necesariamente la interpelación de los contradestinatarios directos, intensificando el tono de confrontación. Puede decirse que, por un lado, en su aspecto deíctico este modo de decir representa y escenifica la enunciación como una interpelación directa al adversario, imponiendo de ese modo un marco de disputa frente a frente y una escena discursiva dual en la que sólo un hay vencedor. Y por otro lado, dado que la contradestinación directa apunta a la descalificación del adversario o de sus palabras, esa escenificación enunciativa se combina con múltiples mecanismos polémicos (de los que nos ocupamos más adelante). Para retomar solo un ejemplo, en el primer caso citado la interpelación al ex policía Luis Abelardo Patti está inescindiblemente ligada a la negación metadiscursiva[336] "no, querido ex represor, no se va a volver a repetir", que funciona como una respuesta al discurso citado previamente en forma directa y atribuido al adversario.

---

[336] Categoría definida por García Negroni (2009) que retomamos más adelante.

Gesto irreversible de demarcación de una alteridad absoluta, la contradestinación directa provoca un gran impacto en el escenario político. Su impronta es aun más radical en la medida en que el responsable de su enunciación es un yo, una primera persona que se identifica ya no exclusivamente con un rol institucional sino con un posicionamiento político, ideológico e incluso personal. La ruptura de la convención genérica del discurso político, según la cual el nosotros (mayestático, de cortesía, inclusivo o exclusivo) es la forma propia de la enunciación política, crea un efecto suplementario de batalla dual, en la que el yo se opone a un tú sin mediaciones ni convenciones.

A diferencia del destinatario encubierto, el directo es interpelado y en cierto modo queda incluido en la esfera interlocutiva delineada por el locutor. Su estatus enunciativo es entonces el de un posible interlocutor con derecho a réplica. No obstante, cabe preguntarse si este peculiar dispositivo enunciativo, que desafía al adversario en forma directa, propicia la interlocución o si, por el contrario, anula y obstruye todo posible vínculo con el otro. Este modo de decir instaura un tipo particular de relación enunciativa entre el locutor –responsable de la enunciación según el enunciado– y los adversarios políticos: estos quedan allí explícita y claramente designados como interlocutores en un (simulado) diálogo entre dos, pero, en verdad, la radical descalificación y desautorización de su palabra e incluso de su persona bloquean cualquier posibilidad de réplica o diálogo. La anulación discursiva del adversario se completa con la explicitación del estatus del propio locutor como dotado de autoridad y poder para designar, desafiar y afrontar a sus enemigos.

Puede afirmarse que mediante el recurso a este modo de decir el *ethos* del discurso kirchnerista se afirma a partir del gesto desafiante y confrontativo de interpelar al otro sin miramientos, temores ni limitaciones, evocando así cierto "estilo" discursivo propio de la militancia setentista. De hecho, la contradestinación directa puede considerarse como una huella que hace resonar, en la materialidad del discurso presidencial, gestos de habla característicos de la discursividad de los jóvenes militantes setentistas.

3.3. Ecos de la memoria militante setentista

Por tratarse de categorías inherentes al discurso político, los destinatarios encubiertos e indirectos tienen presencia en todos los discursos políticos en general, y por eso también en el de la Nueva Izquierda setentista. Distinto es el caso de la contradestinación directa: este modo de decir, casi inexistente en el discurso político tradicional, constituye una de las huellas más significativas de esa memoria discursiva en el discurso presidencial, que retoma, reelabora y se reapropia de ese gesto de interpelación característico de la generación evocada por el locutor.

En efecto, en el discurso militante –muy especialmente en el de la Juventud Peronista– es habitual encontrar este tipo de interpelaciones directas en las consignas orales y cánticos populares[337], como:

> Rucci/ traidor/ a vos te va a pasar/ lo que le pasó a Vandor
> Rucci/ traidor/ saludos a Vandor
> Rucci/ carajo/ contame como crecen rabanitos desde abajo
> Lanusse asesino/ del pueblo mendocino
> Lastiri, Lastiri, Lastiri gorilón, andate con tu suegro la puta que te parió
> López Ré/ López Ré/ López Rega/ la puta que te parió
> Ya van a ver/ ya van a ver/ cuando venguemos los muertos de Trelew
> Lacabane/ Lacabane/ ya te queda poquitito/ porque todos los obreros te rompemos el culito
> No rompan más las bolas/ Evita hay una sola
> Navarro/ Navarro/ Navarro criminal/ a vos te está esperando la justicia popular
> Isabel/ Isabel/ Isabel/ cuánto gana un obrero/ cuánto gana un coronel
> Seguí robando/ patrón/ seguí robando/ que los obreros te vamo' a reventar[338].

Cantadas y coreadas colectivamente en actos y manifestaciones populares, estas consignas orales atraviesan y caracterizan el clima

---

[337] Extrajimos la mayor parte de las consignas del trabajo realizado por Tcach (2002), donde se recogen 126 consignas orales, clasificadas en tres categorías: identitarias, estratégicas y tácticas.

[338] Según Tcach (2002: 28) esta consigna puede interpretarse como más cercana a las agrupaciones que localizaban la principal contradicción entre clase obrera y burguesía, y no a aquellas que acentuaban el clivaje imperialismo/ nación, como las comunistas o peronistas.

de época setentista[339]. Por su "poder constituyente" o performativo, las consignas configuraban un horizonte común de sentido, un universo discursivo e ideológico que amalgamaba las identidades políticas de los activistas. Según Tcach las consignas orales poseen una doble dimensión: en su aspecto público ellas "explicitan –objetivan– líneas políticas, elecciones estratégicas, opciones tácticas". En su dimensión más particular, "acompañadas de una musicalidad que varía desde el estribillo deportivo al ritmo de cumbia, y asociadas siempre a una gestualidad en cuyo código prevalecen la rabia, el odio, la ironía o el afecto a un líder, expresan el costado más íntimo de la subjetividad política"[340].

Entre los casos que citamos, estructurados como interpelaciones en segunda persona a un enemigo, adversario o competidor político al que se le dirigen, directamente, actos de habla de advertencia o amenaza, podemos decir que remiten, en su mayoría, al imaginario peronista (gorilas, Rucci, Lastiri, López Rega, Isabel, Navarro, Lacabane). La interpelación directa al adversario se produce mediante el empleo de vocativos que suelen o pueden acompañarse por vituperios que intensifican la confrontación: "traidor", "asesino", "gorilón", "criminal". Pero este modo de interpelación no se limita exclusivamente a las consignas orales. En los panfletos y las publicaciones setentistas también es posible reconocer la presencia de este gesto de habla:

> *Usted señor Ministro, en dos actos muy recientes se refirió* a "unos pocos piojosos, bolches y troskos"... *Cuando efectúa esas declaraciones, lo hace protegido en su investidura de Ministro [...]. Nosotros lo desafiamos públicamente:* 1ro) a que se atreva a hacer tan burda y ridícula acusación...[341]
>
> ¿Qué nos cuenta *Sr. Ministro Don Otero* [Ministro de Trabajo] de todos estos recuerdos lindos para la agenda de un traidor? [...] *¿No considera sospechoso* que de las 55 seccionales que forman parte de la Unión Obrera Metalúrgica de la

---

[339] A estos ejemplos puede agregarse la consigna "Qué pasa/ qué pasa/ qué pasa General/ que está lleno de gorilas el gobierno popular", dirigida al General Perón, interpelado críticamente por la Juventud Peronista.

[340] Tcach, 2002: 14.

[341] "Al Señor Ministro de Trabajo Don Ricardo Otero" (solicitada), 1 de marzo de 1974, en Baschetti, 1996: 390.

> R.A. en todo el país no pueda haber listas opositoras? […]
> *¿Puede atreverse a negar* que se ha convocado a elecciones en el gremio con más de 100 compañeros expulsados desde 1970 hasta la fecha por el solo hecho de ser opositores y que *usted fue firmante de todas esas expulsiones?*[342]
>
> *¡Yanquis,* acá no se rinde nadie![343]
>
> ¿Así que *sos peronista, Mancera?*[344]
>
> *Dr. Cámpora:* ¿Por cuál constitución *va a jurar?*[345]
>
> ¿Cuándo, *señores de Mayoría,* la Iglesia puso todo su poder espiritual y político, que no es poco, para frenar estas chorreadas sexológicas que impregnan la vida cotidiana actual? Nunca.[346]

A lo largo de esta sección hemos intentado demostrar que la contradestinación directa es un gesto de habla característico del discurso kirchnerista que recupera y reelabora formas de interpelación también presentes en el discurso militante. Podemos decir que esa resonancia discursiva aporta una evidencia que da sustento a nuestra hipótesis de investigación: la evocación, reapropiación y reelaboración de ese gesto típicamente setentista contribuye a modelar el *ethos* militante que allí se proyecta.

En el siguiente apartado veremos que ese *ethos* toma forma, asimismo, mediante la inscripción de la propia enunciación presidencial en una modalidad discursiva desde la cual se despliegan diversos modos de vituperio y descalificación de la persona del adversario: ella no es otra que la modalidad emotivo-afectiva a la que nos referimos más arriba, una modalidad enfática, exclamativa y subjetiva, que, en su empleo polémico, da lugar a un léxico y un tono confrontativo beligerante.

---

[342] Idem: 389.

[343] ED 7, julio de 1973.

[344] ED 4, junio de 1973.

[345] AS 53, marzo de 1973.

[346] AS 116, agosto de 1974.

4. La clasificación y descalificación de los adversarios políticos: "apelación a la memoria" y enunciación injuriosa

En la sección anterior nos ocupamos de analizar los modos de interpelación y definición de los adversarios políticos desde su aspecto deíctico y enunciativo, esto es, considerando la configuración de la escena enunciativa y la constitución de los roles del discurso. Como vimos, en el discurso político los adversarios pueden ser interpelados o bien en forma encubierta o bien en forma indirecta; en el caso del discurso kirchnerista, ellos pueden ser interpelados, también, de manera directa, esto es, en segunda persona, gesto de habla que delinea una escena discursiva fuertemente conflictiva.

Al referirnos a los tipos de destinación negativa, observamos que en algunos casos el ex presidente dirigía a sus adversarios vituperios e insultos sobre la persona, que reforzaban el carácter confrontativo de su discurso. Para continuar con el análisis de los modos de definición, interpelación y descalificación de los adversarios políticos, en esta sección abordamos, desde el punto de vista léxico, el empleo de insultos y expresiones injuriosas que apuntan a la persona denostada (en el apartado siguiente nos referimos a los modos de descalificación de su decir) y que, en su mayoría, se basan en lo que denominamos la "apelación a la memoria". Términos calificantes y subjetivos, la función de estos vituperios no es otra que definir, clasificar y al mismo tiempo ubicar al adversario en un lugar de terceridad y exterioridad que lo excluye definitivamente no solo del colectivo de identificación delineado por el locutor, sino, sobre todo, del terreno de lo posible y lo aceptable: en suma, lo legítimo.

4.1. La "apelación a la memoria" o argumentación sobre la persona

La retórica denomina *argumentación sobre la persona* o *argumento ad hominem* a aquellos contra–argumentos centrados no sobre el discurso del otro sino sobre su persona. Este tipo de procedimiento se asemeja a lo que Apothéloz, Brandt y Quiroz (1992) denominan *mise en cause*, una forma de argumentación negativa que supone el desplazamiento del objeto de debate hacia la persona descalificada, el contexto o las condiciones de producción del discurso citado[347].

La descalificación basada en las características personales (históricas, biográficas) de los adversarios constituye, en términos enunciativos, un modo particularmente eficaz de deslegitimación y exclusión definitiva del círculo comunicativo, quitándoles no solo estatus enunciativo, sino también cuestionando su derecho y su legitimidad para intervenir en el espacio público. En esa medida, constituye un gesto de habla polémico y eminentemente político por cuanto supone, como dice Rancière, una subversión de la distribución establecida de los lugares de habla: "las estructuras del desacuerdo son aquellas en las que la discusión de un argumento remite al litigio sobre el objeto de la discusión y sobre la calidad de quienes hacen de él un objeto"[348].

En el caso del discurso kirchnerista este modo de decir suele articularse a partir de la "apelación a la memoria", procedimiento que consiste en evocar el pasado de los adversarios para señalar conductas vergonzantes, denunciar su participación o complicidad con determinados gobiernos o eventos, o evidenciar sus posiciones "privilegiadas". En general, como ya se señaló, en el discurso presidencial los adversarios suelen ser descalificados por su presunta participación en la última dictadura militar o por su connivencia con el modelo político–económico implementado en esos años y prolongado durante la década del noventa en Argentina. En ese sentido, por ejemplo, los economistas opositores son cuestionados por pertenecer a ciertas escuelas económicas responsables de la implementación de políticas regresivas:

> No me interesa que algunos digan peyorativamente
> 'keynesianos', 'neokeynesianos' y demás; *ya sabemos*[349]

---

[347] Aunque los autores consideran que uno de los efectos de la *mise en cause* es relanzar –o al menos no cerrar– el debate, nosotros consideramos que, por el contrario, la argumentación sobre la persona o "apelación a la memoria" tiene un efecto fuertemente clausurante.

[348] Rancière, 1996: 10.

[349] Vale la pena agregar que la expresión "ya sabemos" desencadena un efecto presuposicional, en tanto el verbo factivo "saber" introduce un segmento de discurso que se supone o se postula como conocido, evidente y ya sabido, y que crea, de ese modo, un efecto de complicidad y acuerdo preestablecido con el auditorio.

> *quiénes son, a qué escuelas económicas pertenecen, qué visión de*
> *la Argentina tienen y qué Argentina nos dejaron,* esta Argentina
> prácticamente destruida, esta Argentina prácticamente con
> los brazos caídos, con la fe perdida, con la esperanza
> inexistente, esa Argentina que no vislumbraba la posibili-
> dad de poder pensar uno o dos días más para adelante.
> (25/06/2003)

o los adversarios por sus privilegios actuales y pasados y por "no
poder mostrar" o "explicar" su propia historia:

> ...pero ojo, algunos de los que nos señalan con el dedo
> son los *que han vivido del privilegio que les dio este país injus-*
> *to,* durante mucho tiempo, donde la riqueza se concentró
> en pocas manos. *Hay algunos que viven muy bien, y que han*
> *vivido muy bien toda su vida y que participaron de muchísimas*
> *cosas que pasaron en este país* y hoy nos quieren marcar el
> camino y el rumbo o el supuesto marco de rectitud. *No pue-*
> *den mirar para atrás porque se le caen las sombras de esa histo-*
> *ria que no pueden soportar porque no la pueden mostrar y no la*
> *pueden explicar.* Nosotros luchamos por un modelo distin-
> to, luchamos por un país distinto, luchamos por una
> Argentina para todos. (05/04/2006)

A esos sectores que no pueden dar cuenta de las "sombras" de su
pasado, interpelados por el locutor de manera encubierta, se opone
un "nosotros" que lucha y brega por cambiar esa historia de injusticias, concentración de la riqueza y desigualdad. El rol de la memoria
como reveladora de la "verdadera" naturaleza de los enemigos se
visualiza también en numerosos fragmentos en los que el discurso
kirchnerista llama a la ciudadanía a "hacer memoria" y a "recordar"
ciertos hechos del pasado con el fin de exponer las debilidades y vicios
de sus adversarios[350].

---

[350] El llamado a "hacer memoria", a "tener buena memoria" y a "llenar las
urnas de buena memoria" es un mecanismo discursivo que el discurso kich-
nerista desplegó especialmente en períodos electorales, y que buscaba, al
mismo tiempo, poner en evidencia el pasado vergonzante de los adversarios
y capturar la atención de sectores indecisos.

Las diversas y variadas formas de insulto y vituperio que describimos a continuación se despliegan en el ámbito de la argumentación sobre la persona o, más específicamente, de la "apelación a la memoria": en efecto, en el discurso kirchnerista habitualmente el adversario es denostado y descalificado no solo por sus características personales, sino, especialmente, por su accionar y sus posicionamientos pasados.

4.2. Acerca del insulto

Como se sabe, el léxico es uno de los terrenos más propicios para el despliegue de la polémica. En efecto, el insulto se articula a partir del empleo de sustantivos de calidad o adjetivos evaluativos, axiológicos o afectivos, los cuales comportan, en términos modales, un fuerte componente asertivo y exclamativo[351]. Su empleo introduce siempre una calificación o evaluación subjetiva del elemento predicado y tiene efectos pragmáticos obligatorios.

Su carácter performativo reside en que el insulto se relaciona de manera privilegiada con el acto de enunciación: dado que no existe una clase sinvergüenza, imbécil, etc., con características "objetivas" comunes, "la única propiedad común que podemos atribuirles consiste en que digamos, con respecto a ellos, en una enunciación singular el insulto considerado"[352]. Eso implica que, por su fuerza ilocucionaria, el enunciado insultante tiene la capacidad de crear discursivamente una nueva clasificación que redefine el estatus de los destinatarios a los que se orienta[353]. Según Kerbrat Orecchioni (1986), la injuria siempre aparece acompañada de cierta entonación que remite a una modalidad afectiva o exclamativa, y su presencia puede incluso convertir un término neutro en injurioso. Por último, es necesario recordar que los insultos son compatibles con las expresiones de alto grado, las cuales configuran un "fuera de clase" que escapa a las escalas ordinarias habituales[354].

---

[351] Los sustantivos de calidad son los únicos susceptibles de un empleo exclamativo autónomo, y son elementos sobre los cuales puede recaer la interrogación (Milner, 1978: 287).

[352] Idem: 291.

[353] Como todo enunciado performativo, el insulto no puede ser negado sin perder su propiedad característica (Milner, 1978).

[354] Sobre el "alto grado", ver García Negroni, 1995.

4.3. La polémica en el plano léxico: calificación negativa y clasificación de los adversarios en el discurso kirchnerista

A continuación examinamos los modos en que el discurso kirchnerista nombra, califica y clasifica a sus adversarios, es decir, las formas léxicas mediante las cuales se articula lingüísticamente la enunciación injuriosa.

El adversario político suele ser evocado de manera encubierta, como un tercero indeterminado que constituye una "amenaza"[355]:

> Vean ustedes que cada vez que se toma una determinación, *hay 6, 7 ó 10 sujetos que siempre hablan. Obviamente que son financiados por determinados grupos económicos*, por determinadas escuelas económicas que son los responsables de las cosas que han pasado y que pontifican sobre las cosas que pasan en este país. [...] *Están al acecho, escondiditos para ver por dónde pueden entrar* para volver a recuperar la iniciativa política en la Argentina. Tengamos muchísimo cuidado con este tipo de cosas porque *están allí.* (02/06/2004)

La indefinición de las identidades de estos adversarios permite eliminarlos del círculo de interlocución: ellos quedan así definidos como una entidad amenazante que, desde un lugar de exterioridad y alteridad, pone en riesgo la propia identidad política. Del mismo modo, en el acto del 24 de marzo del año 2007 el ex presidente

---

[355] La definición del enemigo como una otredad amenazante, peligrosa y "al acecho" también es recurrente en el discurso militante: "Los enemigos de la clase trabajadora y el pueblo, no han sido derrotados totalmente. Están al acecho, se reagrupan y comienzan a reaparecer los primeros hechos que evidencian su actividad aunque ahora se cubre con formas distintas" (FAR, Baschetti, 1996: 88); "los torturadores y asesinos de revolucionarios [...] siguen sueltos, se organizan y conspiran" (NH 119, junio de 1973); "El enemigo, las grandes fuerzas empresarias, terratenientes, burocráticas, militares, políticos, peronistas y no peronistas, se unen entre ellos y se organizan. Intentan incluso engañar al pueblo, detener su lucha, para retomar la ofensiva, para dividir y desorganizar al pueblo y estar en condiciones de volver a atacarlo" (ER 21, junio de 1973).

Kirchner definía a los posibles captores de Jorge Julio López[356] como *ellos, los que están allí, los de siempre*[357], cuya referencia es (o debe ser) reconocida por el auditorio aunque no esté explicitada:

> Por eso, para terminar, quiero mencionar el nombre del compañero López, porque allí está la amenaza, *allí está el terror, allí están ellos*. A López no se lo llevaron dos o tres distraídos, a López se lo llevaron *los de siempre* y lo tenemos que encontrar vivo. (24/03/2007)

Como es evidente a pesar de su opacidad, en este caso el locutor alude a los sectores relacionados con las Fuerzas Armadas sospechados o acusados de delitos de lesa humanidad. A través de estas denominaciones ambiguas e indeterminadas *(ellos, los de siempre, la amenaza, están allí, están al acecho)* que no obstante se postulan como conocidas por todo el auditorio, el adversario es no solo tercerizado, sino también objetivado y exteriorizado.

Otro modo de denominar –y de descalificar– a los adversarios es mediante los demostrativos "estos" o "esos", en función adjetival o pronominal: "estos economistas que ustedes ven en la televisión hablando permanentemente", "estos hombres que se ponen serios para hablar de economía" (21/08/2003); "estos opinadores que se callaban la boca mientras se entregaba la Argentina" (01/09/2003); "estos minúsculos sectores de hablar difícil" (02/09/2003); "estos tipos que hablan de la indigencia y de la pobreza" (14/12/2003); "estos que viven charlando de micrófono en micrófono" (04/08/2004); "todos estos señores que escribían largas hojas en *La Nación*" (25/02/2005); "estos personajes que aparecen hoy a querer darnos lecciones de tantas cosas que sufrimos los argentinos" (04/03/2005);

---

[356] Testigo clave en el juicio contra el ex represor M. Etchecolatz, J.J. López desapareció en septiembre de 2006. Aún no hay noticias de su paradero, y se sospecha que la Policía Federal y otras fuerzas antiguamente vinculadas a sectores militares podrían estar implicadas en su desaparición.

[357] La expresión "los (x) de siempre" es frecuente en el discurso presidencial y también en los discursos de la Nueva Izquierda: "los figurones de siempre", "los conocidos de siempre", "sus opiniones de siempre", "los oligarcas de siempre".

"estos señores del radicalismo tradicional o antiguo" (16/8/2006).
Con un sentido netamente deíctico que apunta a identificar y señalar
a los adversarios y a crear connivencia con el auditorio, los determi-
nantes "este", "esos" o "estos" presuponen la existencia de los elementos señalados (presuposición existencial), y adquieren un valor
desvalorizante que se refuerza con la presencia de subjetivemas con
valor calificante, en este caso sustantivos y adjetivos peyorativos *(opinadores, minúsculos sectores, personajes, tipos)*. También suelen aparecer
seguidos de sustantivos no subjetivos que, sin embargo, al referir a
personajes públicos o de renombre, minorizan sus roles jerárquicos
o institucionales: economistas, hombres, señores[358]. En todos los
casos, el empleo del determinante "estos" para aludir a los adversarios refuerza su carácter de Tercero del discurso y los coloca en un
lugar de radical exterioridad.

En el discurso kirchnerista, los términos injuriosos se destinan
principalmente a cuatro tipos de actores: a) la clase política (contemporánea o precedente); b) la prensa; c) los sectores económicos liberales, neoliberales u ortodoxos; d) los actores vinculados con la
dictadura militar. En cuanto a su forma lingüística, pueden distinguirse: estructuras con determinante (el, la, los, aquellos), estructuras
metonímicas con sustantivos abstractos y, por último, subjetivemas y
adjetivos calificantes:

---

[358] En el discurso de la Nueva Izquierda, por su parte, este tipo de expresiones resuenan: "estos pequeños sectores que se autoproclaman dueños del
movimiento"; "estos señores"; "estos que salen a los tiros"; "estos figurones",
"estos bandidos"; "estos ladrones"; "¿Quiénes son este Navarro, este
Bárcena, este Simó?" (ED, marzo de 1974); "¿Qué es para estos señores [diri-
gentes del PC] lo fundamental en ese futuro cercano que avizoran con tanta
certeza?" (NH 122, agosto de 1973); "Estos mismos que declaman y expresan su horror ante la violencia son los mismos que la ejercen cotidianamente" (ER 23, septiembre de 1973).

Forma lingüística / Destinatario	Estructuras con determinante (el, la, los, aquellos)	Estructuras metonímicas con sustantivos abstractos	Subjetivemas, sustantivos de calidad y adjetivos calificantes
Clase política	los iluminados de turno, los que saben todo los que destruyeron el país aquellos que se robaron la patria aquellos nativos de la Argentina que viven metiéndonos miedo los mezquinos y los sectarios	la soberbia, la incapacidad y la corrupción los vicios del oportunismo y la especulación el pragmatismo, la cirugía sin anestesia[359] actitudes politiqueriles de cuarta	charlatanes burócratas sinvergüenzas atorrantes pícaros vivos banda de malandrines
Prensa	los agoreros de siempre estos que viven charlando de micrófono en micrófono aquellos que diariamente destilan sus odios, sus envidias y hasta sus fracasos	la pluma oscura las plumas amarillas	opinadores

[359] Referencia a la metáfora empleada por el ex presidente Carlos Menem sobre la necesidad de realizar reformas políticas y económicas drásticas "con el objeto de 'sanar' el 'cuerpo' social" (Fair, 2009: 264).

Sectores económicos liberales o neoliberales	los sabios de la Argentina liberal los gurúes de la economía los diagnosticadores los personeros del fracaso los bancos insaciables los escépticos los economistas que sirvieron para la entrega de la Argentina	intereses mezquinos, que sólo piensan en su propia ganancia el fundamentalismo del mercado el discurso/ pensamiento uniforme el discurso/ pensamiento único[360] el fundamentalismo mesiánico la ortodoxia neoliberal la ortodoxia financiera	
Actores o sectores vinculados con la dictadura militar		la nefasta doctrina de seguridad nacional la sinrazón, la bestialidad, la falta de humanidad hace 30 años la voluntad autoritaria, represiva y genocida de una clase dirigente que se apoderó del país la irracionalidad irreflexiva el plan/ el proyecto criminal	generales cobardes delincuente, asesino y torturador jerarcas, torturadores y cobardes

---

[360] Nos referimos en detalle a la noción de pensamiento/ discurso único/ uniforme en el Capítulo II.

Los adversarios son asimismo clasificados en torno a atributos como lo "viejo" o proveniente del pasado:

> el *pasado* que se resiste a conjugar el verbo cambiar; los *gerentes*; los *nostálgicos*; los antiguos y nostálgicos; algunos *viejos fantasmas; las viejas sombras; la vieja política*

lo "pequeño" o insignificante

> los grupos *minoritarios* de la ultra y la otra ultra; minúsculos sectores de hablar difícil; grupos *minoritarios* que no son ni de derecha ni de izquierda

lo "falso"[361]

> esa *pseudo*-generación de jóvenes brillantes entre comillas; cobardes inmostrables que *se dicen* argentinos; *supuestos* empresarios argentinos

lo "oscuro" o "corrupto"

> *mercenarios*[362]; discusión *oscurantista, encubierta*; la pluma *oscura*; aquellos que siguen trabajando en las *sombras*; la *corrupción*, los *corruptos*.

---

[361] En los documentos de la Nueva Izquierda también es habitual descalificar a los adversarios por ser "falsos", "pequeños" o "minúsculos": "tramposos falsificadores de la realidad" (ED 1, mayo de 1973), "esos grupos o supuestos comandos", "los excesos de un pequeño grupo que no comprendió el cambio operado en el país", "grupos minoritarios dentro del Movimiento [...] con una política sectaria" "pequeños sectores que se autoproclaman dueños del Movimiento" (ED 4, junio de 1973), "sus minúsculos intereses de sector" (ED 38, febrero de 1974), "minúsculos grupos provocadores" (volante, en Baschetti, 1996: 87).

[362] En los documentos de la Nueva Izquierda: "un grupo de lacayos mercenarios" (Solicitada en Baschetti, 1996: 98); "bandas de matones, alcahuetes y mercenarios al servicio de burócratas y patrones" (*Militancia* 4, julio de 1973, en Baschetti 1996: 71).

y la "mediocridad"[363]

> la *chatura*; el *vivo*, el *atorrante*; la *inacción*, la *desidia*, la *indolencia*; los *pícaros* que se aprovechan de las carencias

Como se observa, muchos de estos términos injuriosos poseen además un tono burlón o irónico: *iluminados; gurúes; sabios; agoreros; charlatanes; pícaros; vivos; malandrines; atorrantes*, entre otros.

Como ya señalamos en el capítulo anterior, el empleo del registro coloquial es otra de las características distintivas del discurso kirchnerista en la interpelación y definición de los adversarios políticos. Términos y expresiones que crean, como ya se dijo, un efecto de "acercamiento" de la distancia social con los destinatarios positivos, las locuciones y lexemas coloquiales –como *gerontes, pícaros, malandrines, atorrantes, charlatanes*– reafirman la identidad "popular" del locutor y su *ethos* rebelde, informal y no protocolar.

Los ejemplos observados muestran que, mediante el empleo de distintas formas léxicas que apuntan a denostar al adversario, este es ubicado dentro de una "clase" construida a partir de una calificación subjetiva negativa. Así, el carácter calificante de los términos y expresiones injuriosas destinados a los contradestinatarios deviene clasificante: al hacerlo, la calificación pasa a ser "objetiva" y por lo tanto se muestra como compartida con los destinatarios positivos, esto es, con el colectivo de identificación del discurso kirchnerista.

4.4. Evocaciones y reelaboraciones de la memoria militante setentista

Como indicamos, el discurso presidencial construye una representación estereotípica del espíritu de época setentista, a partir de la evocación y reelaboración de algunos lugares argumentativos, tonos y gestos de habla propios de esa memoria. En efecto, para la calificación y descalificación de sus adversarios, el discurso presidencial despliega un léxico cargado de ecos setentistas (y también peronistas) que remiten no solo a la marcada modalidad afectiva, enfática, exclamativa que caracteriza a

---

[363] La "mediocridad" también era denunciada en los documentos de la Nueva Izquierda: "mediocridad mental del que no piensa" (ED 38, febrero de 1974) "Cuatro chantas" (ED 37, enero de 1974).

aquella memoria, sino, especialmente a su típico registro coloquial. El empleo de términos injuriosos como *oportunista, alcahuete, cobarde, personero, especulador, aventurero, sinvergüenza, criminal, usurero, mercenario* y *burócrata* –de claras reminiscencias setentistas[364]–, o la idea, recurrente en ambos discursos, de que los adversarios realizan pactos o acciones *a espaldas del pueblo*, dan cuenta de esas resonancias léxicas.

Existen asimismo algunas asociaciones semánticas que remiten a la discursividad setentista, asociaciones que se inscriben en el *topos* del antiimperialismo en el que ambos discursos se reconocen: por un lado, como ya vimos, los responsables de dictaduras y de represión política son vinculados con ciertos sectores económicos, y, en particular, con la oligarquía y la burguesía nacional (esto se liga con el tipo de lectura del pasado que ambas discursividades instauran). Por otro lado, los adversarios *de afuera* (imperialismo, organismos internacionales) se vinculan con los *nativos* o *de adentro* (empresarios, economistas, políticos, oligarquía). Así, mientras en los documentos de la Nueva Izquierda se denunciaba a "la dictadura militar oligárquico-imperialista"[365]; "la dictadura y el imperialismo"[366]; "el imperialismo, las grandes empresas monopólicas y sus aliados nativos, la oligarquía industrial, financiera, comercial y agropecuaria, expresada políticamente en los partidos gorilas, en sus agrupamientos empresariales, y sus expresiones militares"[367], "los gerentes y el brazo armado de los monopolios y del imperialismo"[368], "los enemigos de afuera y de adentro"[369], "los partidos gorilas, la oligarquía y el impe-

---

[364] Ver, entre otros ejemplos: "actitud oportunista" (ED 16, septiembre de 1973); "oportunismo de derecha" (NH 122, agosto de 1973); "oportunismo revisionista" (NH 124, septiembre de 1973); "oportunismo de la camarilla dirigente del PC" (NH 124); "la vieja tesis oportunista de la `tregua social´ (NH 139, abril de 1974); "bandas de matones, alcahuetes y mercenarios al servicio de burócratas y patrones" (*Militancia* 4, julio de 1973, en Baschetti 1996: 71); "adulones y alcahuetes" (ED 38, febrero de 1974), "cobardes esbirros" (ER 49, marzo de 1975), "milico asesino, […] cobarde Juez" (ER 71, marzo 1976), "camarilla de conspiradores aventureros" (*Militancia* 6, julio de 1973, en Baschetti, 1996: 118); "la camarilla de aventureros en el poder" (ER 49, marzo de 1975); "la nueva aventura golpista de las FFAA enemigas" (ER 67, diciembre de 1975).

[365] "Por la liberación inmediata de todos los enemigos del régimen" (gacetilla), en Baschetti, 1996: 70.

[366] *Militancia* 4, julio de 1973, en Baschetti, 1996: 70.

[367] ED 4, junio de 1973.

[368] ED 4, junio de 1973.

[369] *Militancia* 9, agosto de 1973, en Baschetti, 1996: 163.

rialismo"[370], "la camarilla militar y la oligarquía, los testaferros del imperialismo"[371], "los monopolios nativos y extranjeros"[372], "los imperialistas y sus cómplices nativos"[373], "el imperialismo y los capitalistas nativos"[374], "el imperialismo y sus lacayos nacionales"[375], en el discurso presidencial esa asociación también tiene lugar:

> ...aquellos nativos de la Argentina que viven metiéndonos miedo. (06/01/2004)
> ...los irresponsables que gobernaban acá, [...] los atorrantes que gobernaban acá y por los atorrantes de afuera también. (21/01/2004)
> ...los que nos vienen a visitar [y nos apuran][376] y algunos de adentro también. (20/02/2004)
> ...todavía quedan algunos gérmenes dando vuelta, algunos adentro y otros afuera, estemos atentos. (01/03/2007)
> ...los agoreros de adentro y de afuera. (09/07/2007)

Aunque la intensidad, la referencia y la carga semántica de todas estas formulaciones varían, puesto que se sitúan en coyunturas y escenas discursivas diversas, su recurrencia no deja de ser significativa en tanto constituyen indicios de la evocación, reapropiación y resignificación de una memoria discursiva que deja huella en la voz presidencial[377].

---

[370] AS 71, agosto de 1973.

[371] "La vuelta de Perón" (cuadernillo), en Baschetti 1996: 90.

[372] *Militancia* 31, enero de 1974, en Baschetti 1996: 420.

[373] ER 23, agosto de 1973.

[374] ER 67, diciembre de 1975.

[375] ER 52, abril de 1975.

[376] Referencia al Fondo Monetario Internacional (FMI).

[377] No obstante esas similitudes, debemos destacar que existen asimismo significativas diferencias en las formas léxicas de interpelar y clasificar a los adversarios políticos: en efecto, el discurso militante está, naturalmente, poblado de formulaciones y expresiones propiamente setentistas, que responden al imaginario de izquierda o propiamente peronista, ausentes en el léxico presidencial, tales como *enemigos del pueblo, traidores, tránsfugas, vendepatrias, antipueblo, antipatria, traidores apátridas, oligarcas, capitalismo explotador, patronal, fuerzas contrarrevolucionarias, régimen gorila, gorilas de turno, conspiración gorila, camarilla de conspiradores, infiltrados,* entre otros.

Hemos presentado una descripción de los modos de definición de los contradestinatarios en el discurso kirchnerista, atendiendo especialmente al plano léxico y modal, esto es, al empleo de distintas formas de vituperio que aluden a la persona, y especialmente al pasado de los adversarios a los que se dirigen. Como esperamos haber hecho visible, ese discurso exhibe un profuso léxico polémico que, en algunos casos, recupera y hace resonar modos de decir militantes y peronistas, a pesar de las distintas coyunturas históricas en que cada discurso se sitúa, del tiempo transcurrido y de las mutaciones socio-lingüísticas que el paso del tiempo imprime sobre la lengua y los modos de decir políticos.

5. Descalificación y representación crítica del discurso ajeno

5.1. Ironía, oposición y refutación

Esta sección está dedicada a los procesos de definición, interpelación y descalificación de la alteridad política en el discurso kirchnerista, y al análisis de los mecanismos polémicos que instauran clivajes, líneas de fractura o ejes de disputa que estructuran y/o dividen el espacio político. Si en la sección anterior examinamos los distintos modos de descalificación de la persona del adversario, en esta nos ocupamos en cambio de estudiar las formas de contra-argumentación y de representación crítica de su discurso, es decir, los modos de cuestionamiento y descalificación de las palabras o los puntos de vista que se le atribuyen: se trata del funcionamiento microdiscursivo de los mecanismos polifónicos mediante los cuales el locutor evoca, reproduce y representa palabras ajenas –más o menos explícitas e identificables– en su propia voz, y de las distintas posturas enunciativas que el discurso presidencial adopta frente a ellas.

Partimos del supuesto de que el kirchnerista es un discurso manifiestamente polémico, que muestra y exhibe, en un grado notorio, voces y puntos de vista atribuidos a sus contradestinatarios, con los que dialoga más o menos expresamente: denominamos a ese fenómeno "polémica mostrada". Un segundo supuesto, derivado del anterior, es que esa permanente "mostración" de las voces adversas constituye una huella interdiscursiva de la memoria discursiva militante setentista con la que se identifica, y que en el despliegue de esos gestos de habla polémicos el discurso kirchnerista proyecta un *ethos* confrontativo y desafiante. Teniendo en cuenta que el discurso presidencial retoma y resignifica distintos *topoï* argumentativos o cadenas tópico-argumentativas que evocan la memoria setentista, en esta sección observaremos cómo algunos de esos *topoï* son movilizados en el plano intradiscursivo para descalificar y cuestionar, mediante distintos procedimientos, el discurso del adversario y así posicionarse en las disputas político-ideológicas.

Según Sauerwein Spínola (2000), en su enunciación el locutor siempre construye una imagen, una representación subjetiva de las palabras ajenas que evoca, y adopta una determinada postura enunciativa frente a ellas. A través de la voz del locutor, el discurso ajeno puede ser denostado o ensalzado, descalificado o tolerado, en suma, evaluado y cargado de representaciones que contribuyen, en última instancia, al fortalecimiento del punto de vista sostenido por aquel:

> Toda palabra reactiva comporta una imagen de aquella que la provocó. En la medida en que se presenta como continuación de un discurso anterior, lo califica. Esa propiedad discursiva no es siempre manifiesta. Algunos contextos tienden a hacerla más o menos visible. Entre otros, los intercambios conflictivos u opositivos constituyen un terreno favorable para aprehender esos fenómenos: es la imagen no-conforme lo que subraya que hay imagen y por lo tanto representación del discurso del otro. Ella constituye incluso, a menudo, el centro del conflicto[378].

Desde una perspectiva polifónica, todo enunciado funciona como una respuesta o una anticipación de respuesta: los enunciados (aquellos que forman parte de un diálogo efectivo pero también los monologales) constituyen, entonces, "diálogos cristalizados" en los cuales el locutor moviliza, organiza y jerarquiza voces ajenas. La representación del discurso del otro está, así, fuertemente mediada por el locutor, que se posiciona frente a la palabra ajena, imprimiendo y afirmando su presencia: "quien dice representación, dice imagen investida –de manera visible o no– por la subjetividad del sujeto que representa"[379].

---

[378] Sauerwein Spínola, 2000: 1.
[379] Idem: 13

Dijimos que el discurso kirchnerista pone permanentemente en escena voces que atribuye a sus contradestinatarios, y que las representa de manera generalmente crítica y negativa. Las formas lingüísticas bajo las que esas voces aparecen citadas remiten a las distintas modalidades de discurso referido. Entre estas formas, es particularmente notable el efecto que produce el empleo recurrente del discurso directo, en el que la pretensión de objetividad, literalidad y fidelidad con respecto a las palabras citadas es máxima, ya que allí el locutor reproduce un discurso ajeno manteniéndolo aparentemente idéntico[380]. En muchas ocasiones el discurso presidencial efectivamente cita, de forma directa, palabras atribuidas a otros locutores identificables por su nombre o su cargo[381]. La voz del contradestinatario aparece señalada (en la transcripción oficial mediante las comillas, y en la oralidad mediante el tono o el corte entre el discurso propio y el citado) con pretensión de literalidad, como una voz heterogénea, objetivada y externalizada, y en ese sentido, como un discurso-otro del que el locutor se distancia pero que al mismo tiempo domina. Según Maingueneau (1984), la cita "introduce un simulacro por el gesto mismo que parece introducir la realidad de un cuerpo extraño […]. Colocado en conflicto con el cuerpo citante que lo rodea, el elemento citado es expulsado de sí mismo por el solo hecho de sostenerse en un universo semántico incompatible con el de la enunciación que lo encierra". Así, a pesar de su aparente literalidad, estos gestos de habla no son transparentes, neutrales ni objetivos: ellos comportan siempre una suerte de teatralización que, en su misma escenificación, limita, expone y denuncia el decir ajeno.

---

[380] El discurso directo se caracteriza por la existencia de un corte sintáctico entre el texto citante y el citado (generalmente introducido por un verbo de decir y delimitado por comillas o guiones) y por el mantenimiento del sistema deíctico original. Para Ducrot (1984) el discurso directo constituye un caso de doble enunciación, en tanto el locutor pone en escena un discurso atribuido a otro locutor.

[381] Al respecto, recuérdese el fragmento, citado al inicio de este mismo capítulo, en el que la interpelación directa al ex policía L.A. Patti era precedida por una referencia directa a sus palabras, insistentemente reproducidas: "si siguen así, esto se va a volver a repetir". Otros casos paradigmáticos se observan en las alocuciones de los días 27/09/2006 y 30/04/2007, en las que el locutor reproduce literalmente fragmentos de artículos periodísticos a los que se opone vehementemente..

Sin embargo, como dice Ducrot, "la posibilidad de hacer hablar al otro dentro de nuestro propio discurso desborda el campo dentro de lo que se llama habitualmente *discurso referido*"[382]: en ese sentido, la negación léxica o sintáctica, las expresiones de evidencialidad citativa, los marcadores refutativos, las comillas y las formas de connotación autonímica o las modalidades interrogativa y exclamativa –en sus empleos opositivos– son otras formas canónicas de emergencia de la polifonía.

Pero ¿de qué modos se retoman y cuestionan, en el discurso kirchnerista, las palabras de los adversarios políticos, cómo se descalifican o refutan sus puntos de vista? En un intento de sistematización dentro del vasto campo del análisis del discurso polémico, proponemos una gradación en términos de acercamiento/distanciamiento del locutor con respecto al discurso ajeno, en un arco que va de las formas irónicas y sarcásticas de descalificación –el grado menos intenso de representación crítica del discurso ajeno– a la refutación/resemantización, pasando por la oposición argumentativa. En ese sentido, el discurso del otro puede ser representado irónicamente como inadecuado, absurdo o insignificante; puede ser rechazado mediante operaciones vinculadas con la oposición argumentativa; o puede ser refutado y resignificado mediante operaciones que dan pie a una resemantización, a un cambio de perspectiva enunciativa y a una alteración del marco semántico del otro[383].

5.2. La representación irónico-sarcástica del discurso del otro

Desde el campo del análisis del discurso, Brait (1996) ha estudiado los efectos de sentido sociales, ideológicos y políticos de la ironía en tanto fenómeno discursivo revelador de puntos de vista y de mira-

---

[382] Ducrot, 2001: 139.

[383] En la medida en que nos ocupamos de discursos fuertemente polémicos, en nuestro corpus la negación cumple un papel fundamental: en efecto, muchos de los enunciados que estudiamos contienen, evidentemente, negaciones o términos de polaridad negativa que constituyen marcas explícitas de oposición y rechazo. No obstante, nos interesa destacar que existen otras marcas lingüísticas -tales como la exclamación, la interrogación, el léxico, los marcadores de discurso, etc.- que refuerzan y profundizan la intensidad del distanciamiento entre el locutor y el punto de vista impugnado, en tanto y en cuanto "muestran" la subjetividad y las valoraciones de aquel.

das sobre el mundo que involucran tanto al locutor como a los destinatarios. De naturaleza polifónica, el enunciado irónico moviliza diferentes voces y así permite incluir más de un sistema de ideas en una misma frase, dando cuenta de una yuxtaposición y articulación de sentidos en función de las formaciones discursivas e ideológicas en que se inscribe. Sin embargo, ello no implica necesariamente una democratización de los valores allí expuestos: por el contrario, la ironía establece una configuración jerárquica en la que el locutor se posiciona frente a los discursos evocados. La autora afirma también que la ironía es un "arma de polémica" destinada a colocar a los otros en contradicción consigo mismos: en ese sentido, ella es una forma particular de interdiscurso que puede provocar efectos de sentido como la desacralización o el desenmascaramiento de un discurso.

En el campo de la lingüística, Sperber y Wilson (1978) discuten con la acepción restringida de ironía como antifrase o inversión del sentido[384], y proponen abordar las ironías como "menciones implícitas de proposición" con carácter de "eco", es decir, como "comentarios" sobre el enunciado: "se puede concebir que todas las ironías son interpretadas como menciones que tienen carácter de eco: eco más o menos lejano de pensamientos, o de proposiciones, reales o imaginarias, atribuidas o no a individuos definidos". Dado que la ironía supone una actitud generalmente crítica del locutor respecto de los enunciados de los que se hace eco –considerados falsos o inadecuados–, ella puede conceptualizarse como uno de los modos de la polémica[385].

Desde la perspectiva de la semántica argumentativa, el enunciado irónico tiene una configuración polifónica, en la medida en que consiste en la puesta en escena de un punto de vista que aparece representado como absurdo o insostenible (en sí mismo o por el contexto): ser irónico equivale, para el locutor (L), a presentar la enunciación

---

[384] Esa acepción clásica de ironía, según la cual el fenómeno irónico se define como un sentido figurado que se opone a uno literal, ancla en la tradición retórica, que la define primordialmente a partir de las figuras de la antifrase o la litote (Perelman y Olbrechts-Tyteca, 1989). Ver también Kerbrat Orecchioni (1978).

[385] Para los autores, la fuente de esos discursos citados puede estar más o menos identificada: si ellos son atribuidos al destinatario, debe hablarse de sarcasmo. En cuanto a la relación entre la ironía y la parodia, ambas funcionan como menciones (de proposición y de expresión, respectivamente).

como si expresara la posición de un enunciador (E), de la que L no se hace responsable. Ese punto de vista absurdo puede atribuirse a un personaje determinado que se intenta ridiculizar –un destinatario negativo– o no: en el primer caso, Ducrot habla de ironía; cuando el enunciador absurdo no se identifica con nadie, se trata simplemente de enunciados humorísticos (1984; 1988). Según Ducrot, para que haya ironía es preciso que desaparezca toda marca de transmisión, hay que "hacer como si" el discurso absurdo evocado fuera realmente pronunciado, en la enunciación misma. De ese modo, L "hace oír" un discurso absurdo, pero como si fuera de otro, como un discurso distanciado. Evidentemente, L no se homologa con E: solo presenta su punto de vista y se distancia de él –mediante la entonación, interjecciones, giros irónicos (¡qué bonito!, ¡ajá!), o simplemente mediante la evidencia situacional–, y su responsabilidad enunciativa pasa precisamente por esa toma de distancia. Es importante señalar que para Ducrot en el enunciado irónico no se presenta ningún punto de vista opuesto al que es representado como absurdo, ni ninguna rectificación, simplemente una toma de distancia (lo que permite diferenciar la ironía, por ejemplo, de la negación)[386].

Por nuestra parte, proponemos reservar el concepto de *ironía* para todos aquellos casos en los que el locutor pone en escena un punto de vista que aparece *representado* como absurdo, sea este un discurso atribuido a un locutor específico o no, y en los que ese discurso evocado no aparece directamente citado, sino solo representado en la voz del locutor, sin marca alguna de transmisión. Denominamos de modo amplio *sarcasmo* a todos aquellos casos en los que el locutor no solo escenifica, sino que también cita de forma directa, indirecta o narrativizada (Genette, 1972) palabras atribuidas a sus adversarios, para burlarse de ellas y descalificar así a sus enemigos. Aunque

---

[386] Maingueneau (2009) retoma los aportes de Ducrot, pero propone distinguir entre los fenómenos de subversión de un texto fuente por un texto citante y los fenómenos de ironía. Si los primeros apuntan a imitar un texto para parodiarlo, descalificarlo y oponerse a él, valorizando así la propia enunciación, en el caso de la ironía existe subversión pero no impugnación del discurso-otro, ya que es el enunciador quien subvierte y descalifica su propia enunciación, al asociar el punto de vista vehiculizado en su enunciado a un personaje ridículo o absurdo del que se distancia.

muchas veces en un mismo fragmento es posible identificar, de manera superpuesta, ambos modos de descalificar el discurso del otro, es conveniente marcar esa distinción conceptual.

En ambos casos, nos importa resaltar el carácter irónico y sarcástico del discurso kirchnerista, que introduce discursos ajenos y los representa como absurdos, ridículos e inadecuados, descalificando así al posible autor (identificado o no, citado o no) de los puntos de vista evocados y fortaleciendo consecuentemente la posición del locutor[387]. La ironía y el sarcasmo funcionan así como modos de oponerse y cuestionar al otro, pero en un tono menos agresivo y frontal, lo que posibilita el establecimiento de cierta complicidad y simpatía con el auditorio.

Representación irónica y sarcasmo en el discurso kirchnerista

En muchos ámbitos (especialmente mediáticos y periodísticos) se ha señalado –y cuestionado– el carácter irónico y sarcástico del discurso kirchnerista y su efecto descalificante. El blanco de este tipo de manifestación polémica suele ser, en primer lugar, la prensa escrita, un importante foco de disputa durante todo el período de gobierno que, por otra parte, se presenta como un "blanco fácil" por su carácter locuente y diario. Sin embargo, el discurso presidencial también ridiculiza otros discursos, efectivos o no, atribuidos a sectores económicos opositores (el discurso neoliberal u "ortodoxo") o a determinados actores del espacio político, contemporáneos o pretéritos.

Un ejemplo paradigmático de estos mecanismos lingüísticos de descalificación se observa en la alocución del 23 de septiembre del año 2007, en la que se dedica un importante segmento a citar, de manera directa, varias notas periodísticas (todas ellas atribuidas a un locutor identificado) relativas al entonces reciente fallo de la Corte de la Haya sobre el diferendo sostenido entre Argentina y Uruguay con respecto a la industria papelera en el río Uruguay, fallo que resultó, en aquella ocasión, favorable para la Argentina. Como se ve en el fragmento que sigue, el locutor (L) cita textualmente las palabras de otro

---

[387] Al respecto, es relevante recordar que Perelman y Olbrechts-Tyteca (1989) ubican a la ironía dentro de las formas del ridículo, y sostienen que ella constituye una afirmación indirecta con un uso pedagógico.

locutor (en este caso el periodista F. Laborda, del diario *La Nación*, que definimos como L0), y lo asocia a un enunciador absurdo, al que responde de manera sarcástica:

> Fernando Laborda, *La Nación*, 14 de enero: "El tiempo corre a favor de Uruguay, la construcción de la planta Botnia avanza *–obvio–* irremediablemente y cunde la sensación que en los próximos días –escuchen lo que dijo este señor, a quien respeto– el Tribunal de La Haya le propinará otra paliza *–je–* al Gobierno argentino cuando trate los bloqueos de rutas denunciados por Uruguay". *Laborda... No nos tratan bien: 14 a 1 fue el fallo.* (23/09/2007)

El enunciado "no nos tratan bien" evoca polifónicamente la voz de L0 (que había sostenido que "el Tribunal de La Haya le propinará otra paliza" a la Argentina), ridiculizada y cuestionada a partir de la evidencia de los hechos: "14 a 1 fue el fallo", dando así lugar a una reinterpretación[388] de sus palabras. En efecto, si la primera interpretación, atribuida al punto de vista de L_0 es "no nos tratan bien", la segunda interpretación, atribuida al punto de vista de L y derivada de la evidencia del dato, es "nos tratan bien". Pero existen además otros indicios que dan cuenta del posicionamiento crítico de L con respecto a las palabras de L_0: los comentarios metadiscursivos en inciso, marcados por la interjección transcripta como "je", y el marcador conversacional "obvio", dan cuenta del distanciamiento del locutor y del sarcasmo con que califica el punto de vista asociado a L_0. El sentido opositivo del enunciado se completa a partir de la figura del contradestinatario directo, que aparece interpelado y cuestionado directamente (cf. el vocativo "Laborda").

Existen asimismo varios discursos en los que el locutor, inscribiéndose en *topos* argumentativo de rechazo a las "formas" y a los "buenos modales" pero también en otros como la afirmación de las convicciones y la retórica anti–imperialista, ironiza sobre la cuestión de la falta de "modales" o la "desmesura" con que se acusaba al presidente:

> También escuché algunas declaraciones del doctor Rato, que es responsable del Fondo Monetario Internacional, [...]

---

[388] Sobre la noción de reinterpretación, ver García Negroni, 1995.

> yo se lo vuelvo a repetir con absoluto respeto, más que nada *ahora que andan algunos preocupados tanto por los modales, mesuras o desmesuras*, no importa las cosas como salgan –este país de las formas, *se preocuparon tanto tiempo de los modales, mesuras y desmesuras y miren donde llegamos*, realmente es patético escucharlos a veces–; quiero decirle al doctor Rato –*se lo voy a decir con mesura y con buenos modales* para que no se enojen algunos periodistas, *bien educadito voy a ser*– que la Argentina es un país independiente, es un país soberano, que sabe cómo tiene que administrar sus cosas. (16/03/2005)
>
> …ustedes saben que muchos de *los hombres de buenos modales y mejores costumbres* que tiene la Argentina son los estafadores más grandes que hemos tenido, *se portan muy bien, comen bien, colocan bien los cuchillos y después nos comen a todos*, esto es lo que nos ha pasado históricamente acá en la Argentina. Esto lo sabemos muy bien y lo tenemos muy claro, *cuando hablan tanto de los modales, modales y modales, sabemos los argentinos cómo nos ha ido con ciertos individuos tan educados que hemos tenido*, que han paseado por todos los salones del mundo y vendieron la Argentina en cada feria que podían. (10/08/2005)

En el primer caso, el enunciado irónico "bien educadito voy a ser" evoca el punto de vista de un enunciador para el cual es necesario "ser muy educaditos" (diminutivo peyorativo que representa la voz evocada como absurda) y lo ridiculiza. El fragmento locutor pone en escena y ridiculiza un discurso (narrativizado) a cargo de un enunciador no identificado, presumiblemente asociado a la prensa ("andan algunos preocupados tanto por los modales, mesuras o desmesuras"), en el que se cuestiona la falta de modales y la desmesura del gobierno. En primer lugar, L califica de "patéticos" a quienes sostienen esos discursos, por no preocuparse por lo que sucede "verdaderamente" y por vivir en un "país de formas"; en segundo lugar, si L introduce irónicamente esas voces es, en última instancia, con el fin de confrontar con su destinatario indirecto, el director del FMI Rodrigo Rato.

En el segundo fragmento observamos que la descalificación irónica se funda en la "apelación a la memoria", y que la ironía se despliega fundamentalmente a partir del empleo de una suerte de hibridación entre el discurso indirecto (en este caso, sin verbo dicen-

di) y la *oratio quasi oblicua*[389], que reproduce y representa burlona-
mente tanto el tono como la voz del adversario: "se portan muy bien,
comen bien, colocan bien los cuchillos". El punto de vista al que el
locutor se opone aparece además citado indirectamente, con tono
sarcástico, en "hablan tanto de los modales, modales y modales".
Este ejemplo revela una forma muy habitual de descalificación irónica del adversario en el discurso kirchnerista, que consiste en reproducir y cuestionar sus palabras de manera solapada. En este gesto de
habla, la voz del otro es introducida en el propio discurso, y a la vez
es alterada, modificada y, en suma, reformulada. El locutor deja una
huella de su posicionamiento al marcar un distanciamiento de esa
voz, mediante la ridiculización de su decir o de su modo de hablar.

En síntesis, la ironía y el sarcasmo constituyen recursos de primer
orden para la descalificación de las palabras de los adversarios políticos en el discurso kirchnerista. Retomando los aportes de Brait, la ironía puede considerarse como una disposición, una actitud o una
postura del locutor, esto es, como un tipo de *ethos*: el locutor irónico,
como el romántico, busca afirmar la figura del yo, negar el carácter
serio u objetivo del mundo exterior y así "mostrar que todo [...] es falso e ilusorio"[390], lo que da cuenta del aspecto ideológico de la ironía.
Como dice Maingueneau con respecto a la fuerza "subversiva" de la
ironía militante, ella "hace como que asume lo dicho por el adversario,
de manera que se *autodestruya*".[391] Así, la ironía "desenmascara" lo
absurdo del discurso del adversario sin confrontar necesariamente con
él. Sin embargo, como se desprende de los ejemplos analizados, en
muchos casos los enunciados irónico– sarcásticos comportan una
importante dosis de confrontación hacia el contradestinatario: el propio punto de vista se afirma a partir de la ridiculización del otro, y de
su exclusión del campo de lo lógico, lo aceptable y lo coherente.

---

[389] Vale recordar que el discurso indirecto libre y el discurso directo libre
son, según Sperber y Wilson (1978), parientes cercanos de la ironía, puesto
que esta última consiste, como señalamos, en una mención implícita de proposición. En cuanto a la *oratio quasi oblicua*, muestra, al igual que el discurso
indirecto libre, una confluencia de los puntos de vista del locutor y de la voz
citada, pero a diferencia de este, no presenta una superposición u homologación de las referencias deícticas (Reyes, 1994).
[390] Brait, 1996: 33.
[391] Maingueneau, 2009: 199.

5.3. Oposición argumentativa

A diferencia de la ironía y el sarcasmo, en la oposición argumentativa la enunciación se presenta como el choque de dos puntos de vista antagónicos: el estatus del punto de vista rechazado, atribuido a los adversarios, es sin duda distinto al que el locutor está dispuesto a defender y sostener[392]. La oposición argumentativa no se funda exclusivamente en discursos efectivamente pronunciados sino, también, en puntos de vista o principios ideológicos atribuidos a los adversarios, que pueden ser representados o reconstruidos discursivamente por el locutor.

Para el análisis de los mecanismos de oposición y de refutación/resemantización –que abordamos a continuación–, es preciso apelar a la noción de "negación metadiscursiva" acuñada por García Negroni (2009), derivada de la "negación metalingüística" de Ducrot. Caracterizada por su capacidad para anular la palabra efectivamente pronunciada por otro locutor (o por el mismo locutor en un momento previo), para García Negroni la negación metalingüística puede asimismo anular la voz de un locutor "ficticio" puesto en escena por el responsable de la enunciación y así cancelar marcos de discurso: en ese sentido, ella no solo permite cuestionar el empleo de determinadas palabras y por lo tanto el marco fonético, sintáctico o pragmático del interlocutor, sino que también puede cancelar el "espacio discursivo"[393] dominante en el enunciado ajeno. De allí que la autora distinga dos empleos de la negación metalingüística: los empleos estrictamente metalingüísticos para los primeros casos, y los empleos metadiscursivos para los casos de descalificación del espacio discursivo impuesto por el interlocutor.

En cuanto a la distinción que proponemos entre la oposición argumentativa y la refutación/resemantización, no reside en el tipo de negaciones que ellas vehiculan, puesto que en ambos casos se pro-

---

[392] Plantin (2005) denomina "objeción" a los discursos que consisten en "oponer un obstáculo" a la argumentación del otro: se trata de una oposición más local y menos radical que la refutación, que mantiene el diálogo abierto y no cierra el debate. Este mecanismo se asemeja también a lo que Roulet (1989) denomina, en el marco de su clasificación de los tipos de intercambio agonal, "controversia": más orientada a la afirmación del propio punto de vista que a la descalificación del discurso ajeno, ella es más serena y regulada que la polémica y la *scène de ménage*.

[393] La categoría es de Anscombre, 1990.

ducen operaciones vinculadas con la negación metadiscursiva. El criterio para distinguir ambos mecanismos reside en cambio en el alcance de esa negación: según creemos, en la refutación/resemantización el locutor se opone a un discurso efectivo cancelando el marco o espacio discursivo en que ese discurso adverso se inscribe: en ese sentido, la refutación permite realizar un cambio de *topos* argumentativo, e implica por lo tanto siempre la anulación del marco semántico de otro locutor. Es por ello que la refutación suele acompañarse habitualmente de una rectificación, orientada a resemantizar o resignificar el discurso del otro, al que se busca atribuir un nuevo sentido. En contraste, en la oposición argumentativa la intensidad del distanciamiento del locutor con respecto al discurso rechazado es menor: en este caso, el locutor rechaza un punto de vista adverso y opone otro, pero manteniéndose dentro del mismo *topos* o marco argumentativo. Así, en este caso L anula la forma tópica propuesta por el otro, pero acepta y se mantiene dentro del mismo *topos* propuesto por el discurso rechazado. Veamos como funciona este último mecanismo en nuestro corpus de análisis.

La oposición argumentativa en el discurso kirchnerista

Como indicamos anteriormente, la oposición implica un grado relativamente moderado de confrontación con el adversario, pero no por ello deja de ser una estrategia de fuerte demarcación del posicionamiento político–ideológico del locutor, que se afirma frente a un otro cuya voz es cuestionada mediante formas vinculadas con la negación metadiscursiva.

El discurso kirchnerista ha sostenido, a lo largo de sus cinco años de gestión, múltiples "frentes de batalla" que se manifestaron en clivajes y núcleos polémicos con distintos sectores del campo político argentino, en torno a distintos temas. Observemos los siguientes fragmentos, dirigidos indirecta o encubiertamente a economistas y sectores críticos:

> Por eso nosotros trabajemos fuerte, reconstruyamos la Argentina, pero *se terminó esto de que hay que construir para pagar permanentemente afuera a costa del hambre argentina.* Primero hay que consolidar la integración interna con integración externa, *no vale de nada la integración externa si nuestro pueblo se desmorona* como pasó en este pasado reciente,

> hay que cambiar y dar vuelta la historia para que definiti
> vamente nuestro pueblo pueda recuperar su potencialidad.
> (21/01/2004)
>
> Fíjense ustedes en quienes hablan [...] cuando nos
> dicen: "ahí están los autoritarios". *¿Autoritarios de qué no
> sotros? Si nosotros lo único que estamos tratando de hacer en
> todas nuestras acciones es, primero, como en el caso de la libre
> opción previsional, que se pueda elegir,* que uno si se quiere
> jubilar por la opción del Estado pueda y si se quiere hacer
> lo por la privada lo pueda hacer. Qué más derecho puede
> tener un individuo que poder elegir en qué sistema jubila
> torio quedar, después de haber trabajado toda una vida o
> cuando está trabajando durante su vida para, al final de su
> vida, saber qué sistema más le conviene. Cada uno que eli
> ja con tranquilidad qué es lo que más le conviene, la posi
> bilidad de optar, de pensar. (18/04/2007)

En estos casos el locutor pone en escena discursos o puntos de vista adversos –atribuibles a un enunciador (E_1) identificado o no–,
como: "Hay que pagar las deudas e integrarse con los países internacionales a costa del hambre de los argentinos/ a costa de la integración interna"; "Este gobierno es autoritario porque no permite elegir
[en materia previsional]". Esos discursos se sustentan en ciertos *topoï*,
(T_1 y T_2) cuyas dos formas tópicas pueden representarse como sigue:

FT_1': <+ integración externa – integración interna>
FT_1": <– integración externa + integración interna>

FT_2': <+ autoritarismo –libertad de elección>
FT_2": <– autoritarismo + libertad de elección>

Mientras, desde la perspectiva del locutor, E1 estaría vinculado
con la primera de las FT (FT'), el enunciador con el que L se identifica se homologa, en cambio, con la FT".

En el primer caso, las locuciones "se terminó" y la negación metadiscursiva ("no vale de nada") permiten oponerse a la FT evocada e
introducir el punto de vista del locutor ("no hay que priorizar la integración externa ni el pago de deudas por sobre las necesidades internas"), punto de vista fuertemente opositivo que implica "dar vuelta
la historia".

En el segundo, la interrogación retórica con valor opositivo ("¿Autoritarios de qué, nosotros?") seguida de un enunciado justificativo ("Si nosotros lo único que estamos tratando...") es el mecanismo que posibilita el pasaje del punto de vista rechazado al propio: "este gobierno no es autoritario porque favorece la libertad de elección".

A pesar de que los dos fragmentos analizados constituyen casos de fuerte oposición a un discurso–otro, el punto de vista sostenido por el locutor es converso al del adversario, y en esa medida se mantiene dentro del mismo *topos* que este: por ese motivo, puede decirse que en estos casos L se opone a sus adversarios pero no los refuta. Y, aunque esa oposición sea firme y no poco confrontativa –en ambos casos domina un tono enfático y exclamativo, con una importante presencia del yo frente a un otro que es rechazado tajantemente–, ella no implica una anulación radical del marco discursivo del otro sino que se orienta más a la afirmación del propio punto de vista y, en ese sentido, mantiene cierta apertura en la discusión.

Asimismo, es interesante observar que en el primer caso, el *topos* asumido por el discurso presidencial se inscribe en la retórica antiimperialista, que remite a la memoria setentista; en segundo caso, en cambio, el locutor se posiciona en un *topos* vinculado con la tradición liberal, para la cual la "libertad de elección" es un valor fundamental[394].

5.4. Refutación/resemantización

En la gradación que proponemos sobre los niveles de distanciamiento y cuestionamiento de la palabra ajena, la refutación constituye el grado más alto de rechazo. Para Plantin (2005), la refutación constituye el modo más radical de oposición en un intercambio argumentativo ya que busca destruir el discurso atacado y así clausurar definitivamente el debate. Por nuestra parte, como ya indicamos, proponemos abordar este mecanismo a la luz de la noción de negación metadiscursiva –variante de la negación metalingüística– acuñada por García Negroni (2009a). Caracterizada por su capacidad de anular discursos efectivamente pronunciados por otro locutor (o por el mismo locutor en un momento previo) y por estar a menudo segui-

---

[394] En el próximo capítulo veremos que esa evocación de la tradición liberal se manifiesta, asimismo, en la defensa, pero también en la redefinición, de tópicos como la "libertad de prensa" y la "libertad de expresión".

da por una rectificación, la negación metalingüística tiene efectos discursivos de gran alcance en la medida en que permite cancelar marcos de discurso y reemplazarlos por uno nuevo, del que el locutor se hace responsable y que constituye el objeto de su decir. Dado que, recordamos, este tipo de negación permite cuestionar tanto el marco fonético, sintáctico, pragmático, etc. como cancelar el marco de discurso o "espacio discursivo" dominante de ese enunciado, la autora propone distinguir entre los empleos estrictamente metalingüísticos y los metadiscursivos para los casos de descalificación del espacio discursivo impuesto por el interlocutor:

> Dado que, según la hipótesis que defiendo, la característica central de esta negación [metadiscursiva] es la de rechazar, desacreditar un determinado marco de discurso en favor de otro, el efecto que ella producirá será: a) o bien contrastivo (lectura "contrario a"): en este caso, el espacio que será declarado como el adecuado para la aprehensión argumentativa de la situación será el definido por el marco antonímico [...] b) o bien ascendente (lectura "más que"): en este caso, la negación declarará situarse en el marco extremo o extraordinario, distinto, por lo tanto, del ordinario o banal que ha sido descalificado [...] c) o bien diferencial (lectura "diferente de"): en este caso, el espacio que será declarado como el adecuado para la aprehensión argumentativa de la situación será simplemente otro, distinto[395].

Desde este enfoque, a diferencia de la oposición argumentativa (en la cual el locutor se opone a un discurso o punto de vista ajeno pero manteniéndose dentro del mismo *topos* o marco argumentativo), diremos que en la refutación/resemantización el locutor rechaza un punto de vista adverso pero su oposición no alcanza solo la forma tópica rechazada, sino el *topos* mismo en el que el discurso del otro se inscribe, su marco argumentativo o espacio discursivo. Siguiendo este criterio, la refutación implica por lo tanto siempre la anulación del marco semántico de otro locutor y la resemantización o resignificación de sus palabras, a las que se busca atribuir un nuevo sentido (generalmente contrastivo o diferencial): esta operación es entonces netamente recti-

---

[395] García Negroni, 2009a: 64-65.

ficativa e involucra una alteración de la perspectiva enunciativa, un cambio en la escala de evaluación o calificación de la situación.

Puede decirse que, en el discurso político, la refutación/resemantización es una operación privilegiada en los procesos de lucha por el sentido, en los que se pone en juego el sentido y el valor semántico de ciertos términos claves[396] para la construcción de una comunidad política homogénea, con la consiguiente exclusión de los sectores antagónicos. Esos procesos conforman el terreno para el establecimiento de grandes clivajes políticos, entendidos como los principios o núcleos polémicos fundamentales que estructuran o dividen el campo político. El enfoque tópico-argumentativo y polifónico provisto por la teoría de Ducrot permite realizar una descripción semántica minuciosa del funcionamiento de esas disputas por el sentido de las palabras, que son también político-ideológicas. Dado que los *topoï* constituyen principios ideológicos que funcionan como puntos de apoyo y garantes tanto del discurso argumentativo como del sentido de las palabras mismas, ellos permiten efectivamente dar cuenta de la lógica argumentativa que subyace a las disputas por el sentido en el discurso político: la participación de un discurso en uno u otro *topos* podrá considerarse como la inscripción en cierto espacio ideológico–argumentativo, y la homologación e identificación del locutor con cierto punto de vista argumentativo podrá asociarse a un determinado posicionamiento ideológico.

Núcleos polémicos, refutación y resemantización en el discurso kirchnerista

Proponemos abordar la refutación/resemantización –en tanto mecanismo de anulación del marco o espacio discursivo del adversa-

---

[396] Laclau y Mouffe (2004) denominan "significantes flotantes" a estos términos o símbolos ambiguos y polisémicos que participan de luchas políticas por el sentido y que, por su "polivalencia táctica" (Foucault, 2002b), pueden inscribirse en proyectos hegemónicos distintos -incluso opuestos- y en pugna. Ellos tienen un rol fundamental en todo proceso de articulación hegemónica, es decir, de constitución de una identidad política a partir de la configuración de cadenas equivalenciales y fronteras antagónicas.

rio, y de afirmación del propio– a partir del análisis de una serie de fragmentos que, por el visible cambio de perspectiva enunciativa que desencadenan, pueden resultar esclarecedores e ilustrativos. Todos ellos plantean distintos clivajes y ejes polémicos que surcan el discurso presidencial, y así dan forma al espacio ideológico-argumentativo en el que el este se reconoce. Como veremos, la red de *topoï* que configura ese espacio discursivo remite, en muchos casos, a la memoria militante setentista, y en otros, evoca otras memorias o tradiciones políticas que también tienen presencia en el discurso kirchnerista.

Veamos en primer lugar un fragmento en el que se pone en juego el sentido del término "intransigencia": como vimos en el capítulo anterior, el *topos* de la intransigencia es uno de los ejes estructurantes del discurso kirchnerista y una de las huellas que reenvían a la memoria militante. Aquí se manifiesta la reivindicación de la intransigencia como virtud política, en oposición a aquellos que la asocian con la falta de tolerancia, de diálogo o de negociación:

> A veces a uno lo quieren mostrar como intransigente porque, obviamente, *tenemos que serlo con los que quebraron el país, con los que llevaron a millones de argentinos a quedar sin trabajo, con los que nos destruyeron la riqueza nacional. ¡Como no vamos a ser intransigentes con los responsables de estas políticas y con esas políticas! Tenemos que ser transigentes* con los que quieren crear las políticas superadoras que está necesitando la Argentina. (02/06/2004)

El punto de vista de los adversarios del gobierno –contradestinatarios indirectos cuya voz es puesta en escena mediante la exclamación "¡Cómo no vamos a ser intransigentes…!"– puede encuadrarse en el *topos* (T1):

$$T_1: FT_1' \ \text{<+ intransigencia – tolerancia>}$$
$$FT_1'' \ \text{<– intransigencia + tolerancia>}$$

Con toda claridad, L rechaza ese *topos* y lo sustituye por otro diferente (T2), en el cual la intransigencia se encadena con la firmeza en la defensa de los intereses del pueblo y en el castigo de los que "quebraron el país":

T_2: FT_2' <+ intransigencia + firmeza en la defensa
de los intereses del pueblo>
FT_2'' <– intransigencia – firmeza en la defensa
de los intereses del pueblo>

Como puede verse, el locutor resignifica el término "intransigencia" y lo carga de un sentido nuevo, que se inscribe en la memoria discursiva setentista, en la que se condenaba la tibieza, la claudicación y
la "transigencia" con respecto al adversario y se ponderaba la firmeza, la fortaleza y la resistencia.

En un sentido similar, en el siguiente ejemplo el eje de disputa se
estructura en torno a la cuestión de los "modales" del ex presidente:

> …cuando uno defiende los intereses del país pareciera
> ser que para estos señores y para algunos diagnosticadores
> de la realidad –y algunos medios por allí– uno es un male-
> ducado y un irreverente, pero *voy a ser todo lo maleducado
> que tenga que ser e irreverente mientras ello signifique la defen-
> sa de los intereses de todos los argentinos.* (14/06/2005)

En este caso, el discurso atribuido al adversario –opositores y
periodistas– ("el presidente es maleducado e irreverente, y por lo tanto poco diplomático"), aparece asociado a la FT_1' del *topos*:

T_1: FT_1' <+ irreverencia – diplomacia>
FT_1'' <– irreverencia + diplomacia>

A este discurso cuestionado y descalificado mediante ciertos recursos léxicos –como "estos señores", "diagnosticadores de la realidad"–
el locutor opone su propia perspectiva, según la cual la irreverencia
garantiza o se vincula con una mayor fortaleza para defender los intereses del país:

T_1: FT_2' <+ irreverencia + fortaleza para defender
los intereses del país>
FT_2'' <– irreverencia – fortaleza para defender
los intereses del país>

L se identifica, así, con la FT_2'' y, como en el caso anterior, se funda en una *doxa* que evoca *topoï* propios del discurso militante y un conjunto de rasgos juveniles que ese discurso pondera, sintetizados en la irreverencia, la intransigencia, la rebeldía y el valor supremo del compromiso político.

Veamos ahora el ejemplo siguiente, fragmento de un discurso pronunciado a pocos meses de las elecciones legislativas del año 2005 y dirigido indirectamente a quienes cuestionaban al ex presidente por "estar en campaña permanente"[397]:

> Gobierno desde muy temprano y *aquellos que dicen que estoy en campaña y no gobierno vuelven a mentir y a equivocarse. Ellos nunca estaban en campaña, gobernaban y así nos fue. Yo gobierno todos los días y estoy en campaña,* claro que estoy en campaña, en la lucha contra el hambre, contra la desocupación, contra la indigencia, contra la falta de trabajo, contra el olvido. ¡*Claro que estoy en campaña,* en la lucha por la verdad y contra la impunidad, creyendo firmemente que podemos construir la Argentina de nuestros sueños! (08/08/2005)

Este ejemplo pone claramente de manifiesto que la refutación permite no solo rechazar el punto de vista ajeno y cambiar la perspectiva enunciativa hacia un punto de vista radicalmente distinto del sostenido por el adversario, sino también construir discursivamente una imagen y una calificación del discurso del otro, el cual será, a través de la voz del locutor, deslegitimado y representado críticamente. En este caso, L pone en escena un discurso ajeno ("el Presidente está en campaña permanente y por lo tanto no trabaja") fundado en el *topos* (T_1):

T_1: FT_1' <+ estar en campaña – trabajar o gobernar>
    FT_1'' <– estar en campaña + trabajar o gobernar>

Si bien inicialmente L parece aceptar esa definición de "estar en campaña", la asocia solamente a un tipo de actores políticos, aquellos

---

397 Ver, por caso, la columna del diario *La Nación* del 14 de agosto de 2004, titulada "Un Kirchner gobierna, el otro está en campaña"; o la del 14 de septiembre del mismo año, "Kirchner, la vida color campaña".

políticos que solo "gobiernan" y "administran"[398]. Esos personajes, y sus puntos de vista, son ubicados en el ámbito de los "burócratas" o "gerentes", ámbito denostado por la retórica anti-burocrática en la que el discurso kirchnerista se reconoce. En oposición, esta vez a partir del marcador evidencial (en este caso, con valor opositivo) *claro que*[399], el ex presidente redefine el sentido de "estar en campaña" situándose en otro espacio ideológico-argumentativo, el que concibe la política como el terreno de las convicciones, el compromiso y los sueños: desde este punto de vista "estar en campaña" implica, entonces, "luchar contra el hambre, contra la desocupación, contra la indigencia, contra la falta de trabajo, contra el olvido, por la verdad y contra la impunidad":

T_2: FT_2' <+ estar en campaña + luchar>
FT_2'' < – estar en campaña – luchar>

Los dos términos en disputa quedan entonces redefinidos e interligados: según el nuevo sentido que se despliega a la derecha del marcador, "estar en campaña" no es otra cosa que luchar "contra" las adversidades; por su parte, "gobernar" se define también en ese marco: "yo gobierno todos los días y estoy en campaña". Por el contrario, al adversario se le atribuye un sentido de "estar en campaña" que se asocia a "hacer proselitismo" y, simultáneamente, un sentido de "gobernar" que no incluye la idea de "lucha" y "esfuerzo" con que L se identifica: "ellos nunca estaban de campaña, gobernaban y así nos fue". El "gobierno" de los adversarios se distingue entonces de la "lucha" emprendida por el ex presidente, en la medida en que –como se observa en el siguiente fragmento– consiste en estar "encerrado en el despacho" y "de espaldas al pueblo":

> Seguro –escúchenme bien– que mañana mis amigos
> periodistas que están acá van a decir "Kirchner se metió de

---

[398] Vale señalar, además, que en el segmento "Ellos nunca estaban en campaña, gobernaban y así nos fue" el locutor reproduce, simula y representa irónicamente, mediante una especie de hibridación entre el discurso indirecto y la *oratio quasi oblicua*, la voz de sus adversarios. Hemos abordado este fenómeno al inicio de este capítulo.
[399] Ver Montero, 2008b.

vuelta con todo en la campaña". Porque *ellos se acostumbraron a presidentes encerrados en su despacho y de espaldas al pueblo, entonces cuando uno sale a caminar a la calle dicen que está en campaña. Sí muchachos, estoy en la campaña* por una patria mejor, por una patria que se levante, por una patria que se ponga de pie. Estoy en campaña para que los dineros del pueblo vuelvan al pueblo; estoy en campaña por ir a ver dónde está la pobreza para ayudar a solucionarla; estoy en campaña para luchar contra la indigencia; estoy en campaña para luchar contra la pobreza, por generar empleo, por generar inversión. Y no me avergüenzo de ello porque creo que este país vivió muchas veces en la hipocresía, y muchas veces para algunos estar en campaña es salir dos meses antes a buscar los votos, no se acuerdan de ellos nunca. (22/07/2005)

En este caso, es la afirmación "Sí, muchachos" la que vehicula el cambio de *topos* y de perspectiva enunciativa, que vincula "estar en campaña" con la lucha, con el compromiso político y con "caminar la patria junto al pueblo", en oposición a quienes meramente "salen a buscar votos" sin acordarse de las verdaderas necesidades del pueblo. Nuevamente, el cambio de perspectiva enunciativa introducido por la refutación nos sitúa inmediatamente en el terreno dóxico de la memoria militante setentista, en el que la política se opone a la mera burocracia, y se define en cambio como un espacio de lucha y convicciones.

Otro de los principales ejes polémicos durante los primeros años de gobierno kirchnerista remite a la cuestión de la "racionalidad" o "irracionalidad" de las medidas económicas adoptadas por el kirchnerismo. Veamos el siguiente ejemplo:

Tenemos que dejar de sentir vergüenza de las cosas que defendemos, nos quieren hacer sentir a veces que son posturas que deben ser "revisadas" en nombre de *la supuesta racionalidad.* ¿Qué es la racionalidad, amigos y amigas, compañeras y compañeros? *¿La racionalidad es bajar la cabeza, acordar cualquier cosa pactando disciplinada y educadamente con determinados intereses, y sumar y sumar excluidos, sumar y sumar desocupados, sumar y sumar argentinos que van quedando sin ninguna posibilidad? ¿O la racionalidad es trabajar con responsabilidad, seriedad, con fuerzas para abrir las puertas de la producción, del trabajo y del estudio para todos los*

> *argentinos?* Yo quiero adherir a este tipo de racionalidad, es
> la única racionalidad viable que nosotros tenemos para
> poder realizarnos. (11/03/2004)

Si, por un lado, ciertos sectores económicos manifestaban reticencia hacia las medidas implementadas por el gobierno por considerarlas, en ciertos puntos, "poco racionales", el ex presidente defendía su punto de vista precisamente disputando el sentido y por lo tanto los encadenamientos argumentativos asociados al término "racionalidad". En nuestro ejemplo, el locutor pone en escena y representa ese discurso adverso, que se sostiene en un *topos* (T_1) donde la racionalidad se asocia a la sumisión, el "pactismo" y el consecuente aumento de la exclusión (L le atribuye a su adversario la FT_1'):

T_1: FT_1' <+ racionalidad + sumisión /exclusión>
$\quad\;\; FT_1''$ <– racionalidad – sumisión/ exclusión>

El punto de vista adoptado por L introduce en cambio, mediante una interrogación retórica dirigida directamente a los destinatarios positivos e indirectamente a los adversarios del campo económico, otro *topos* (T_2) distinto al anterior, en el que la racionalidad se define en relación con el trabajo, la producción, la responsabilidad y la seriedad, y en el que L se identifica con la FT_2'.

T_2: FT_2' <+ racionalidad + trabajo/ producción>
$\quad\;\; FT_2''$ <– racionalidad – trabajo/ producción>

El pasaje del T_1 al T_2 habilita una lectura diferencial, según la cual el *topos* evocado por el discurso adverso es inadecuado y nulo, de lo que surgen dos espacios ideológico–argumentativos claramente diferentes. Esto se confirma en el siguiente fragmento:

> Y aquellos que quieren que Argentina sea *racional y
> seria, entre comillas, como dicen* –y lamentablemente lo dicen
> algunos que viven junto a nosotros pero que no sufren el
> hambre y la desocupación– tienen que entender que *no es
> más que racionalidad y seriedad que haya dignidad, trabajo,
> otra distribución del ingreso y que se vuelva a poner en marcha
> la patria.* (30/12/2003)

En ambos fragmentos el punto de vista cuestionado es, además, descalificado tanto léxicamente (se trata de una "supuesta racionalidad", de una "racionalidad entre comillas") como mediante el recurso al argumento *ad hominem* (quienes sostienen ese punto de vista no sufren "hambre y desocupación" y por ello son voces menos legítimas). En este caso, el locutor parece remitir menos a la memoria de la izquierda setentista que a una ideología capitalista de corte nacional-populista[400].

Veamos ahora el siguiente ejemplo, en el que se pone en cuestión, nuevamente, el valor de "hablar" y "discutir" y el "derecho a disentir" como modos de defender las propias ideas (*topos* que, según vimos oportunamente, remite a la representación que el discurso kirchnerista construye sobre la memoria militante setentista):

> Juntos en democracia y en paz, respetando la diversidad y el pluralismo, debemos discutir y aclarar este pasado doloroso. *Pluralismo no es callarse la boca, pluralismo no es aceptar lo que se dice, sino, si uno está en desacuerdo por más que le toque ser Presidente de los argentinos, tener la honestidad y la sinceridad de discutir cada punto. ¿Por qué me tengo que callar la boca si no estoy de acuerdo? Es decir, ¿otro puede decir cualquier cosa y uno tiene que aguantar permanentemente?* (02/04/2006)

El significante en disputa es, en este caso, "pluralismo", uno de los aspectos más reclamados y cuestionados por los sectores adversos al kirchnerismo, especialmente por lo que Morresi (2008) denomina el "consenso institucionalista republicano". Como veremos en profundidad en el próximo capítulo, este consiste en un conjunto de críticas y cuestionamientos dirigidos al kirchnerismo, basado en un diagnóstico republicano, institucionalista y liberal y representado por distintos sectores del arco político y mediático. Estas críticas apuntan básicamente al presunto irrespeto del kirchnerismo por la división de poderes republicanos, a la predominancia del Poder Ejecutivo por sobre el Legislativo y el Judicial –y por lo tanto a la presunta tendencia "autoritaria" o "decisionista" del primero–, al estilo "conflictivista" del gobierno kirchnerista (y populista en general), a su carácter poco "plural" y tolerante, y a la consecuente disminución de la calidad institucional y democrática.

---

[400] Con respecto a las distintas vertientes que el discurso kirchnerista articula en materia de política económica ver el Capítulo V.

En el ejemplo abordado vemos que según la enunciación presidencial, mientras para los adversarios el pluralismo implicaría que la figura presidencial se "calle la boca" a fin de evitar los conflictos y los desacuerdos, para el locutor, en cambio, el pluralismo supone la posibilidad de "hablar" abiertamente, discutir, aclarar y no "callarse" ni aceptar acríticamente el estado de cosas. Así, mientras el discurso adversario se apoya en un *topos* (T_1) como

T_1: FT_1' <– desacuerdo + pluralismo>
FT_1 " <+ desacuerdo – pluralismo>

(y particularmente en la FT_1'), el discurso presidencial evoca en cambio otro *topos*, opuesto al primero, y se inscribe en la FT_2':

T_2: FT_2' <+ desacuerdo + pluralismo>
FT_2 " <– desacuerdo – pluralismo>

El discurso del otro es puesto en cuestión mediante la interrogación retórica que, como se sabe, tiene muchas veces la fuerza de la aserción e impone una respuesta precisa y restringida, dando lugar a la lectura "si no estoy de acuerdo no me tengo que callar la boca" o "no tengo que aguantar cuando los otros opinan". Mediante esta operación, el ex presidente proyecta su propia imagen como la de "un ciudadano más", un particular con derecho a discutir y a disentir, desdibujando así su condición de presidente de la República y por lo tanto la implicancia e impacto que su palabra tiene en el espacio político. Apoyándose en dos *topoï* típicamente setentistas –"el político como hombre común" y "el derecho a disentir"– el locutor disputa y redefine el sentido de "pluralismo" en una clave que recupera el imaginario militante pero a la vez lo resignifica mediante su articulación con memoria, la republicana–democrática, en la cual el pluralismo es un valor ponderado que el locutor no niega ni cuestiona, sino que reafirma.

Se delinean así dos visiones antagónicas acerca del pluralismo, plasmadas en distintos marcos argumentativos que remiten a posicionamientos políticos e ideológicos: si para el adversario citado por el locutor el Presidente debe, en pos de respetar el pluralismo, evitar la confrontación pública, para el responsable de la enunciación, por el contrario, solamente puede existir pluralismo si hay desacuerdos y discusión en el espacio público.

Los análisis realizados a lo largo de esta última sección del capítulo, referentes a los modos –irónico–sarcásticos, opositivos y refutativos– de descalificación de la palabra del adversario político revelan, en primer lugar, la efectividad del enfoque polifónico–argumentativo para el análisis de la dimensión polémica de los discursos políticos. Por otra parte, los casos examinados evidencian que, en gran medida, la red de *topoï* que el discurso kirchnerista evoca ancla en la memoria de la militancia setentista, en sus ideas, principios y fundamentos. En cuanto a las resonancias que estos gestos polémicos evocan, vale la pena realizar algunas consideraciones que nos permitirán evaluar su alcance y sus efectos de sentido.

5.5. La representación crítica del discurso ajeno: evocaciones y reelaboraciones de la memoria militante setentista

Para llevar a cabo el análisis de los modos en que el discurso kirchnerista evoca, interpela y alude al otro negativo, en cada una de las secciones de este capítulo señalamos, cuando resultaba pertinente y significativo, los puntos de continuidad –y también las diferencias– existentes entre el discurso presidencial y la memoria discursiva militante sententista en la que, según nuestra hipótesis, aquel se inscribe. Esa hipótesis se funda en el hecho de que el kirchnerista se figura como un discurso que despliega un amplio abanico de mecanismos polémicos, y que en ese punto hace resonar ciertos ecos del discurso militante, cuya fuerte impronta polémica es destacada por numerosos estudios.

En ese marco, en esta última sección nos ocupamos, en particular, de estudiar los modos de representación crítica del discurso del otro, que clasificamos en tres mecanismos, con distinto grado de oposición y distanciamiento: la representación irónica o sarcástica, la oposición y la refutación/resemantización. Aunque, como señalamos, esos mecanismos constituyen recursos de la lengua disponibles para todos los tipos y géneros discursivos, y, por lo tanto, están relativamente presentes en todos los discursos políticos, su frecuencia e insistencia varían en función del estilo discursivo del orador y de los posicionamientos ideológicos a los que cada discurso político responde. De modo que, si bien la figura del contradestinatario es habitual en –e incluso inherente a– todo discurso político, la frecuencia, estilo e intensidad con que el locutor cuestiona las palabras de sus opositores asumen formas y modalidades diferentes en cada caso. En el discurso kirchnerista, las formas irónicas y refutativas son recurrentes y revisten un grado alto de intensidad y confrontación.

Como se sabe, por cuestiones desde protocolares hasta estilísticas, los discursos políticos tradicionales no suelen hacer uso de la ironía, mecanismo más propio del discurso oral y coloquial. En efecto, el empleo del humor y la ironía son indicativos de un cierto *ethos* proyectado y mostrado por el locutor, un *ethos* juvenil, informal, que manifiesta cierto desapego frente a las formas protocolares e incluso, como es numerosas veces tematizado, cierto rechazo por los "buenos modales". Al recurrir frecuentemente a ese gesto de habla, el discurso presidencial proyecta de hecho una imagen de sí que apela a un *topos* que remite, a su modo, al "setentismo": el de la irreverencia, el desparpajo y la informalidad juveniles. En simultáneo, en ese mismo proceso el discurso presidencial construye una cierta imagen de ese pasado evocado.

En cuanto al discurso de la Nueva Izquierda, que exploramos para contrastar con nuestro corpus de estudio, la ironía aparece efectivamente como un mecanismo frecuente de descalificación del adversario político. Existen numerosas secuencias en las que el locutor-militante emplea modos irónicos de representar y cuestionar la palabra ajena. Siendo la ironía un modo de polemizar menos directo que la oposición y la refutación, ella permite no solo descalificar al otro sino también oponerse a él sin asumir los costos de una confrontación más directa y frontal, adoptando por lo tanto un tono humorístico y ligero que genera empatía con los lectores/oyentes.

Dado que el discurso setentista no constituye nuestro objeto de análisis, aquí no nos ocupamos de analizar ni ejemplificar esos casos, por cierto numerosos. Sin embargo, algunos ejemplos pueden resultar de interés: la ridiculización del discurso adversario mediante su reproducción solapada (con modos cercanos a la *oratio quasi oblicua*) en "la soberanía popular y la voluntad soberana del pueblo son categorías filosóficas para el fiscal [Almeyda, que había rechazado el pedido de personería jurídica del PCR], *no vaya a ser cosa que* la mayoría del pueblo se decida por el comunismo revolucionario"[401] o en "Los zurdos nos decían que no teníamos ideología, que Perón era un burgués, *que era esto o lo otro…*"[402]; el titular "*¿Quiénes son los pobrecitos* que no ganan nada?"[403] que ironiza sobre el discurso y el modo

---

[401] NH 176, agosto de 1974.

[402] "Ayer juventud maravillosa; hoy infiltrados" (panfleto de la JP-Regional I), diciembre de 1973, en Baschetti 1996: 354.

[403] AS 101, abril de 1974.

de hablar de las empresas que reclamaban aumentos; el empleo de léxico descalificante y de formas diminutivas que manifiestan el desdén y rechazo del locutor hacia las palabras y, sobre todo, los modos de decir de sus adversarios, como en "la burocracia sindical [y] la política son agentes, destinados a adormecer la conciencia política de la clase obrera *con frasecitas patrióticas*"[404] o en "*no es repitiendo frasecitas como se combate*"[405].

Aunque la ironía constituye un recurso del lenguaje que difícilmente pueda asociarse con exclusividad a la discursividad militante, la presencia frecuente de ironías, sarcasmo o modos de ridiculización del discurso ajeno en el discurso setentista resulta particularmente reveladora e iluminadora sobre nuestro objeto de investigación. Toda vez que el discurso kirchnerista hace uso de esos mecanismos de descalificación, su efecto no solo repercute de modo inmediato sobre los destinatarios positivos del mensaje, sino que hace resonar inevitable –aunque no únicamente– cierto tipo de relación enunciativa entre el locutor y su otro negativo (los contradestinatarios directos, indirectos y encubiertos) que remite, como en otros casos aquí estudiados, a los modos de decir setentistas.

A diferencia de la descalificación irónica, la oposición, que definimos como un tipo de argumentación negativa consistente en contraponer dos puntos de vista sin alterar el marco semántico del discurso rechazado, no puede ser abordada como una huella de la memoria setentista, en la medida en que ese modo de decir constituye un recurso que está inscripto, inevitablemente, en el uso mismo del lenguaje. Por ese motivo, resultaría aventurado pretender encontrar, en ese tipo de argumentación negativa, una huella de la memoria discursiva setentista. Sin embargo, sí es posible identificar modismos, sintagmas, locuciones que recurren entre ambas series discursivas, modos de decir que por su intensidad o rareza pueden constituir indicios o ecos de esa memoria: es el caso de locuciones coloquiales como "¡basta!", "¡minga!", "¡por favor!", negaciones y afirmaciones enfáticas y exclamativas ("¡no!", "sí"), marcadores opositivos ("¡cómo…!") y otras locuciones que resuenan entre el discurso kirchnerista y el setentista[406].

---

[404] *Militancia* 35, 21 de febrero de 1974, en Bachetti 1996: 435.

[405] ED 38, febrero de 1974.

[406] Algunos ejemplos, entre tantos otros, son: "Pero este Movimiento es nuestro y en él nos vamos a quedar. Nos empujan de adentro y nos llaman desde afuera

Más revelador resulta el sistemático empleo que los discursos militantes realizan de la refutación y resemantización, procedimientos discursivos en los que se materializa y plasma la lucha política. Definida como el mecanismo de oposición a un discurso efectivo que consiste en confrontar no solo puntos de vista sino, sobre todo, marcos semánticos y argumentativos, la refutación permite al locutor inscribir el sentido de un término en *topoï* y por lo tanto en terrenos dóxicos distintos –e incluso radicalmente antagónicos– a los de su adversario. Su recurrencia da cuenta, efectivamente, del importante esfuerzo discursivo, simbólico y político que las organizaciones políticas y armadas de jóvenes militantes setentistas debieron desplegar para llevar a cabo su batalla ideológica, esfuerzo que consistía, sobre todo, en imponer una lectura y una interpretación propias sobre los acontecimientos y los sentidos en disputa. De modo que, tanto en el interior de las distintas organizaciones –muchas de ellas tendientes a la fragmentación y la dispersión– como en los distintos ámbitos de disputa entre las organizaciones y el gobierno o los sectores de poder, se producían pugnas y choques en torno al sentido de ciertos términos o hechos clave, que constituían un terreno propicio para la refutación y la resemantización.

Un ejemplo elocuente, entre otros[407], está dado por la consigna "Sí,

---

pero ¡minga! la vamos a pelear desde adentro" (ED 38, 5 de febrero de 1974). "Basta de injusticias, basta de explotación" (ER 23, agosto de 1973); "Si esto no es impunidad para el asesinato, el atentado y el matonaje a los activistas obreros, entonces ¿a qué hay que llamar impunidad? ¿Se va a arreglar esto con una reforma del Código Penal? Por favor, no nos hagan reír" (AS 88, enero de 1974).

[407] Algunos otros ejemplos de refutación/resemantización son: "No basta la actitud individual de un hombre por importante que sea. De lo que se trata es de una política de triunfo para el pueblo frente a sus enemigos. Por ello los comunistas revolucionarios nos reconocemos apresurados; si por apresurados se entiende avanzar por el camino de la Revolución y no retroceder por el de la conciliación; si por apresurados se entiende desatar las energías invencibles de las masas obreras, campesinas y populares, y organizar el parlamento de los de abajo, capaz de luchar sin claudicaciones hasta vencer..." (NH 125, septiembre de 1973); "Los comunistas revolucionarios combatimos codo a codo con los peronistas revolucionarios y todos los sectores populares y antiimperialistas no por atenuar la dependencia argentina sino por romperla, no por humanizar a la oligarquía y al imperialismo sino por destruirlos". (NH 121, julio 1973); "El país exige una revolución y no `reformas al sistema´ como pro-

sí señores, soy terrorista; sí, sí señores, de corazón"[408], coreada por diversas agrupaciones políticas de la época, en la que mediante el marcador de afirmación enfática seguido de vocativo interpelativo "Sí, señores", el locutor desafía directamente a sus interlocutores poniendo en cuestión, de algún modo, el marco semántico en el que el sentido de "ser terrorista" se incluye: mientras que para el adversario –que, además, encarna el sentido común y dominante– el terrorismo puede aparecer vinculado con discursos relacionados con la delincuencia, la oscuridad, la ilegalidad y la violencia, para el locutor–militante "ser terrorista" se inserta en cambio en otro espacio discursivo: ser terrorista "de corazón" supone ser un militante heroico, comprometido y valiente.

Hemos podido comprobar que la refutación, en torno a distintos ejes polémicos y versando sobre diferentes temáticas, aparece como un mecanismo muy recurrente en el conjunto de discursos que tomamos como corpus de contraste, todos ellos fuertemente implicados en la lucha ideológica y política, que es, sobre todo, una lucha por el sentido. Y aunque la refutación constituye un modo de decir no poco habitual en el discurso político, como ya indicamos, su frecuencia y su intensidad nos proveen una pista acerca de las relaciones que es plausible entablar entre el discurso kirchnerista y la memoria setentista. En efecto, creemos que ambos discursos reconocen en la operación de refutación/resemantización un importante mecanismo discursivo mediante el cual la lucha política toma forma: rechazando

---

pugna Perón". (NH 125, septiembre de 1973); "A esto, ellos les llaman `socialismo nacional´ y nosotros decimos que no, que es nada más –ni nada menos– que nuestra intervención en un nuevo frente de lucha contra el imperialismo […]. Pero no es socialismo, ni la vía para alcanzarlo, ni nada que se le parezca, porque el estado y las fábricas siguen siendo de los patrones" (AS 60, mayo de 1973); "OSCAR MADERYC, de 19 años, obrero de diversos talleres mecánicos […], no era ni fue delincuente; mejor dicho, ¡SI! Fue y es delincuente para las leyes de las clases dominantes, de los imperialistas, de los explotadores, de los mismos que apalean a los obreros en las fábricas, en las villas, en las facultades. ¡SI! El delito de Oscar fue querer luchar por su pueblo" (ER 27, diciembre de 1973); "Nosotros, lo que debemos plantear es que sí, queremos la depuración del Movimiento, pero fundamentalmente de aquellos que son agentes de los yanquis en el Movimiento. Esta es la depuración que vamos a hacer" (ED 23, 23 de octubre de 1973).
[408] En Calveiro (2005) y Tcach (2002).

y alterando el marco semántico–argumentativo del otro, intentando imponer nuevos sentidos y representaciones ideológicas, desafiando las significaciones y lecturas dominantes, ambos discursos configuran y articulan un determinado *ethos* discursivo que se materializa, entre otros terrenos, en estos modos de decir refutativos. Ellos nos ofrecen, en efecto, una huella, entre otras, de la presencia constitutiva de la memoria setentista en el discurso kirchnerista.

En este capítulo indagamos sobre los distintos modos de inscripción de la memoria discursiva setentista en el *ethos* presidencial en el plano de la polémica, esto es, sobre los modos de clasificación, interpelación y descalificación de la alteridad política. Analizamos, en primera instancia, los distintos *topoï* y núcleos polémicos propiamente setentistas que el discurso kirchnerista moviliza para la configuración de un espacio político dicotómico; en segundo lugar, nos referimos, desde una perspectiva enunciativa, a los modos directos de interpelación de los contradestinatarios; luego abordamos ciertos gestos de habla que contribuyen a la definición y clasificación de la persona de los adversarios en términos de insultos y vituperios; y finalmente examinamos tres modos de representación crítica (irónico-sarcástica, opositiva y refutativa) de la palabra de otro.

La polémica parece ser, según observamos, el terreno donde la dimensión interdiscursiva de la palabra presidencial se revela con mayor riqueza. Si, por un lado, gran parte de los mecanismos que hemos abordado son procedimientos intradiscursivos característicos del discurso político en tanto género discursivo y, en esa medida, traspasan las distintas tradiciones y generaciones, puede decirse que muchos de ellos reenvían, al mismo tiempo, a una determinada memoria con características y posicionamientos específicos que la distinguen de otras memorias. Así, no todos los discursos políticos o sociales movilizan los mismos clivajes, los mismos tópicos, los mismos tonos o los mismos gestos de habla en materia de polémica. En ese sentido, las cadenas tópico-argumentativas y los diversos gestos de habla que el discurso kirchnerista hace circular en el plano intradiscursivo, remiten necesariamente al interdiscurso, inscribiéndose así en una memoria que no es homogénea ni cerrada pero que tiene rasgos propios.

No obstante, al abordar los modos lingüísticos de emergencia de la memoria setentista en el discurso presidencial, también observamos que en la mayoría de los casos se produce una reelaboración, reutilización y resignificación de ese imaginario: así, cuando, por caso, observamos que el discurso kirchnerista evoca *topoï* o gestos de habla típicamente setentistas y denuncia los intereses "de adentro y de afuera", se opone a los "alcahuetes" u "oportunistas" o interpela a sus adversarios de forma directa, la interpretación de esos fragmentos de discurso no puede obviar las profundas distancias ideológicas, históricas y políticas que separan a ambos acontecimientos discursivos, así como los proyectos políticos y los ideales que los atraviesan. Aun así, su reaparición en el discurso político contemporáneo se figura como un elemento significativo que da cuenta de la especificidad del discurso presidencial, permeado y atravesado por esa memoria. De este modo, si bien puede resultar cierto que la mera recurrencia de ciertas huellas lingüísticas no constituye un indicio suficientemente sólido para identificar una línea de continuidad que, por sí sola, configure una memoria discursiva, es necesario sin embargo destacar que la preeminencia, frecuencia y recurrencia de ciertos mecanismos polémicos como los que analizamos es reveladora acerca de un tipo de relación enunciativa entre el locutor y sus adversarios, que contribuye a su vez a la configuración de un *ethos*, de una cierta imagen y corporalidad del locutor.

El análisis de los modos de definición, interpelación y descalificación del adversario en el discurso kirchnerista hizo visible que el discurso presidencial objetiva, separa y excluye al enemigo político, colocándolo en un lugar de radical externalidad y asimetría. Si en ocasiones este es señalado como un tercero amenazante y "al acecho", en otras es interpelado y desafiado directamente, y de ese modo también es excluido del círculo de lo aceptable y lo legítimo. Por otra parte, tanto su persona como sus palabras son sistemáticamente denostadas y descalificadas por su carácter oscuro, falso, erróneo o absurdo, quedando así desfasados e identificados como fuera de toda legitimidad y consideración[409]. En ese marco, la figura presidencial se recorta como un *ethos* joven, informal, rebelde e "igual" al pueblo, y en esa medida como directo, desafiante y confrontativo. Un *ethos* que, en tren de manifestar sus convicciones, no considera formalidades ni mide riesgos. En suma, un *ethos* que se afirma en la voluntad y la decisión

---

[409] Esto da cuenta, asimismo, de una convergencia con respecto a la estrategia de "vaciamiento del campo político" estudiada por Sigal y Verón (2003) en el discurso peronista.

de no claudicar, de no cambiar, de no ceder en los ideales y en las convicciones. Un *ethos* que se sustenta fundamentalmente en un gesto estilizado, estereotipado y, en muchos aspectos, desprovisto de sustancia político-ideológica, que evoca y hace resonar el espíritu juvenil, rebelde, transgresor, popular, austero, sacrificado, inclaudicable e intransigente de la "generación" en la que se filia.

A partir del análisis realizado también se puso de manifiesto que el discurso kirchnerista participa de diversas disputas políticas y semánticas, en las que intenta no solo descalificar las palabras de su adversario y oponerse a ellas, sino también "apropiarse" del sentido de ciertos significantes clave ("libertad de elección", "racionalidad", "gasto público", "pluralismo", "libertad de opinión", "libertad de expresión", "división de poderes", entre otros[410]), redefiniéndolos y reinscribiéndolos en el propio espacio ideológico–argumentativo.

En ese sentido, puede decirse que en el discurso presidencial la memoria de la militancia setentista convive y coexiste con gestos y huellas que se inscriben en un tiempo más corto, más inmediato, y que remiten a la coyuntura argentina contemporánea y a los vaivenes de la escena política en la que el kirchnerismo se inserta, dominado por las tensiones entre la tradición nacional–populista, el liberalismo, y los vestigios del discurso institucionalista y republicano. En efecto, hemos observado que, aunque existen múltiples continuidades entre el discurso kirchnerista y la memoria discursiva setentista con la que manifiestamente se identifica, también pueden encontrarse sintomáticas diferencias entre ambas discursividades.

Nuestro análisis revela que la evocación del setentismo se manifiesta menos como una inscripción nítida en esa memoria que como una reelaboración y una reapropiación con rasgos y características peculiares. Así, por ejemplo, hemos identificado los principales atributos con los que el pasado de la militancia setentista es retratado y también aquellos que aparecen elididos y silenciados (la lucha armada, el socialismo nacional). En el mismo sentido, también observamos que aunque el discurso kirchnerista recupera y se reapropia de ciertos *topoï* típicamente setentistas, muchos de ellos son resignificados, aggiornados y desprovistos de sus sentidos más radicales, mediante su inscripción en nuevas cadenas tópico–argumentativas, vinculadas con otras tradiciones políticas: de eso nos ocupamos en el próximo capítulo.

---

[410] Retomamos estos significantes en el próximo capítulo.

Capítulo V
Las grietas de la memoria
y los umbrales de lo decible

En este capítulo nos proponemos complejizar el análisis realizado hasta aquí, considerando otras tradiciones, vertientes de pensamiento y memorias discursivas que introducen grietas o intersticios en el discurso kirchnerista, y terminan de delinear las características de la identidad política y del *ethos* presidencial. Se trata de un *ethos* que, aunque se filia explícitamente en la memoria de los jóvenes militantes setentistas, incorpora asimismo elementos, rasgos y características propios de otras tradiciones políticas: así, allí las evocaciones y reelaboraciones de la memoria setentista conviven con posicionamientos que reenvían a otras tradiciones, como el liberalismo, el republicanismo, o el institucionalismo. La hipótesis que nos guía es que esas tradiciones, lejos de representar contradicciones o debilidades que minarían la supuesta homogeneidad del discurso presidencial, deben interpretarse como la condición de posibilidad de su emergencia, en tanto instauran los "umbrales de lo decible", las fronteras más allá de las cuales este no es pensable ni posible.

1. Las grietas de la memoria: tradiciones
y memorias convergentes en el discurso kirchnerista

Como hemos intentado demostrar a lo largo de todo este libro, el discurso kirchnerista recupera y reivindica, por primera vez desde la posición de enunciación presidencial, la memoria militante setentista, y en ese proceso la reelabora y resignifica. Así, tanto en las representaciones sobre el pasado de la militancia, como en aquellas huellas discursivas de las que el ex presidente se hace eco para conformar su propia imagen como líder y locutor político, se pone de manifiesto una visión y una apropiación de esa experiencia que remite a lo que Palermo (2004) denomina "memoria fijada"[411]. Aunque el autor no se ocupa de la lectura del pasado elaborada por el discurso kirchnerista, nos permitimos hacer extensiva su interpretación a nuestro objeto de análisis, con el que guarda más de un punto de contacto.

La "memoria fijada" es una suerte de "híper–memoria" que determina por completo el presente y condiciona todo vínculo político, una modalidad de acción colectiva que tiene un carácter ritual y reiterativo, y consiste en una "reconfiguración mítica de la identidad" de los protagonistas, en la que se destaca su carácter heroico pero no se interrogan ni cuestionan los métodos, las finalidades, ni los resultados históricos[412]. La memoria fijada de esos personajes heroicos traza una continuidad histórica hasta la actualidad, y se prolonga, como señalamos, en la propia figura del locutor presidencial, que se muestra como la continuación y encarnación actual de las luchas, sueños y convicciones de la generación de activistas políticos en la que se filia. El discurso público y oficial sobre el pasado de la militancia y el terrorismo de estado –que en este punto se alinea e identifica expresamente con los reclamos y puntos de vista de algunos sectores del movimiento de derechos humanos– tiende así a recuperar tonos, temáticas y hasta un "registro discursivo y simbólico" tradicionalmente "nacional–populares" de izquierda[413].

Así pues, el discurso kirchnerista propone, según sostuvimos en el Capítulo II, una evocación relativamente estilizada e idealizada de la memoria setentista, con una fuerte impronta autorreferencial, testimonial y subjetiva que, como señala Palermo, se apropia de ciertos clichés verbales y gestuales. Complementariamente, este tipo de lectura

---

[411] El autor se refiere específicamente a los relatos y reclamos de ciertas organizaciones de derechos humanos durante la décadas del ochenta y noventa, como H.I.J.O.S y la Asociación Madres de Plaza de Mayo.

[412] La noción de "memoria fijada" puede vincularse también con lo que Vezzetti (2009: 30-31) denomina "memoria montonera", consistente en una recuperación ideológica que supone la "reafirmación retrospectiva de una memoria afincada en la identidad y la continuidad de tradiciones y creencias", y que reconoce sus raíces en la experiencia del peronismo.

[413] Palermo, 2004: 183.

del pasado instala y fija a un "otro" irreductible e inamovible, que se prolonga también él hasta el presente, condensado en la imagen del bloque dictadura–neoliberalismo, bloque temporal que cubre, sin grandes matices ni distinciones, la totalidad del período 1976–2003.

Pero toda memoria fijada comporta sus propios olvidos, mutaciones y transformaciones. En efecto, aunque efectivamente es posible reconocer ecos y huellas que, en el discurso kirchnerista, evocan la discursividad, el imaginario y el "espíritu de época" militante setentista –formulaciones, tópicos, temas, polémicas, clichés, en suma, *topoï* argumentativos y gestos de habla–, esa evocación está siempre atravesada por el relato y la lectura oficial, que "fija" y cristaliza ciertos elementos pero olvida, deja de lado o al menos elude otros, no menos característicos. De hecho, vimos que muchos de los *topoï* argumentativos recuperados por el discurso kirchnerista son reelaborados y resignificados en función de ciertos "umbrales de decibilidad" contemporáneos, que imponen y restringen los límites de lo decible. Así, ni la lucha armada, ni la violencia revolucionaria, ni la muerte por causas políticas, ni la posibilidad del fin del capitalismo y el consiguiente surgimiento del socialismo aparecen como temas posibles en el discurso kirchnerista.

Así pues, existen numerosos lugares discursivos en los que el discurso kirchnerista se desmarca del discurso setentista para inscribirse, aunque más no sea de manera velada, en otras tradiciones, vertientes y memorias discursivas que lo atraviesan y conforman de modo igualmente constitutivo. Así, el discurso presidencial exhibe, aun de modo velado y muchas veces implícito, una convergencia de memorias y una hibridación de tradiciones que hacen a su especificidad y permiten, asimismo, echar luz sobre su efectividad política en la Argentina contemporánea.

1.1. Kirchnerismo y peronismo

El discurso kirchnerista presenta no pocas continuidades con el discurso peronista, y populista en general. Dado que no es ese el eje que orienta nuestra investigación (y que existen ya algunos trabajos que se ocupan del tema), en este libro no ponemos el foco en esa cuestión. Sin embargo, vale la pena recordar algunos de los numerosos aspectos que evidencian ese vínculo, desde la reproducción del "modelo de llegada" peronista hasta ciertos modos de descalificación del adversario político, pasando por la impronta refundacional de ambos discursos, por la recuperación de un imaginario nacional-popular y por la configuración dicotómica del campo social[414]. Además, puede decirse que el kirchnerismo adopta algunos patrones de negociación, compensación, disciplinamiento y acuerdo con distintos sectores y corporaciones que remiten al peronismo. En ese sentido, el análisis del corpus muestra que, dentro del amplio espectro de la Nueva Izquierda setentista, el kirchnerismo se alinea con más claridad con la discursividad peronista[415].

Por otra parte, también es importante señalar que el discurso kirchnerista reconoció cada vez más explícitamente su pertenencia al espacio del peronismo: en ese sentido, aunque inicialmente el ex presidente Kirchner se mostró como un *outsider* de la clase política tradicional e incluso del justicialismo[416], su alineamiento con este último como estructura partidaria pero también como espacio identitario fue en aumento. Ese proceso de acercamiento al espacio del peronismo fue acompañado, en simultáneo, por una disputa intrapartidaria en torno a las insignias, símbolos y sentidos de esa tradición, cuyo principal eje polémico fue de carácter ideológico. Así, por caso, en el Congreso Nacional del Partido Justicialista celebrado el 26 de marzo de 2004 en Parque Norte, donde se produce la fractura definitiva de la alianza entre el kirchnerismo y el duhaldismo, el primero se diferencia abiertamente del justicialismo "tradicional" u ortodoxo: se plantean posturas irreconciliables sobre la historia del peronismo y sobre los crímenes de los años setenta que evidencian una escisión ideológica profunda entre un "peronismo ortodoxo" y una corriente identificada con el kirchnerismo[417], especialmente por sus políticas

---

[414] Todos ellos, tópicos tratados por los trabajos sobre discurso populista. (Ver Capítulo I)

[415] Vale recordar que, a pesar del alineamiento inicial de la Juventud Peronista con las políticas oficiales del gobierno de Perón, ya para el año 1974 las disputas internas y las diferencias ideológicas entre el gobierno y la izquierda peronista eran marcadas, y giraban, entre otros ejes, en torno a definiciones de política económica y represiva (Gillespie, 1998; Ivancich y Wainfield, 1983).

[416] La expresión es de Torre (2005).

[417] Es interesante señalar que en el marco del Congreso de Parque Norte también se reabrió el debate en torno a la muerte del dirigente sindical José Ignacio

de derechos humanos, su condena del terrorismo de Estado y su reivindicación de la militancia setentista[418]. De allí surge un nuevo espacio partidario, que buscó "refundar" el peronismo bajo el liderazgo kirchnerista, disputando e intentando apropiarse del aparato, la militancia, el universo de sentido, la historia y la simbología peronistas. Como dice Ollier, retornaba entonces "un viejo debate al interior de la tradición peronista: cuál es el verdadero peronismo, quién es el verdadero peronista y qué debe hacer un peronista"[419].

En ese marco de redefinición de la identidad peronista y de lucha simbólica por la apropiación de sus banderas, valores y emblemas, el ex presidente se representaba a sí mismo como un "peronista impuro": "...realmente tengo una profunda satisfacción de juntarme con todos ustedes, con [...] los distintos partidos, radicales, vecinales, de los peronistas puros y de los 'impuros', como soy yo" (30/05/2005). Sintetizando de ese modo su compleja e intrincada relación con el universo justicialista, el ex presidente se muestra entonces como un peronista amplio y heterodoxo, que recupera la tradición frentista y articuladora del movimiento fundado por el General Perón y que se distingue, desde la óptica del discurso oficial, del arcaico, falso y

---

Rucci en 1973, presuntamente asesinado por la agrupación Montoneros. Esa controversia acerca de un hecho puntual del pasado reciente que establece una frontera entre los peronistas "anti-Montoneros" y aquellos que reivindican –o al menos no condenan– el hecho (Ivancich y Wainfield, 1983), volvió a funcionar como parteaguas dentro del espacio del peronismo.

[418] Del mismo modo, el 17 de octubre de 2005 –día de la Lealtad peronista–, en el marco de la disputa electoral entre las candidatas a senadoras por la Provincia de Buenos Aires Cristina Fernández de Kirchner e Hilda "Chiche" Duhalde, mientras esta última se identificaba con el eslogan "ni yanquis ni marxistas, peronistas" (que evoca una consigna presumiblemente de origen sindical y atribuida a Rucci, que sienta posición en relación al peronismo de izquierda), el ex presidente apoyaba la candidatura de su esposa evocando su militancia juvenil en los setenta: "Hace 33 años en la ciudad de La Plata, en el Club Atenas, compartíamos un 17 de octubre con la fórmula Héctor Cámpora-Solano Lima; luego el 12 de octubre de 1973 compartíamos la Plaza de Mayo con la asunción de la tercera presidencia del general Juan Domingo Perón. En aquellas dos oportunidades miles y miles de jóvenes, muchos hoy ausentes por el genocidio de la dictadura militar, nos abrazamos a la causa nacional y popular definitivamente" (17/10/2005).

[419] Ollier, 2009: 19.

timorato peronismo del aparato duhaldista mostrándose, en cambio, como un líder amplio, concertador, institucional, fundacional, valiente, auténtico y "a la altura de las circunstancias históricas"[420].

Dicho esto, intentando ir más allá de las posibles continuidades y rupturas entre el discurso kirchnerista y el espacio ideológico–identitario del peronismo, pero asumiendo la presencia de esa interdiscursividad como telón de fondo, nos referimos a dos memorias que colisionan, de forma notable, con el imaginario de la militancia setentista, pero que conviven y confluyen en el discurso presidencial: por un lado, abordamos brevemente las tensiones que surgen a partir de la convergencia de la impronta "izquierdista" y nacional–popular con el alineamiento en un modelo capitalista que adopta algunos postulados del (neo)liberalismo económico. En segundo lugar, examinamos bajo qué formatos la tradición populista se combina con posicionamientos discursivos que remiten al imaginario republicano, institucionalista o liberal en lo político.

1.2. Izquierda, populismo y "capitalismo en serio"

Numerosos analistas han destacado la orientación izquierdista del discurso kirchnerista, especialmente por el despliegue de una tónica y una retórica "antiimperialista", "antiliberal", "anticapitalista" y "antiempresarial" que, *a priori*, remiten de forma palmaria a la memoria setentista, especialmente a la representación y al relato que el primero construye sobre ese pasado. El estilo de conducción política y económica kirchneristas han sido en efecto encuadrados en el "giro a la izquierda" o el surgimiento de "gobiernos progresistas" que caracteriza a las nuevas democracias latinoamericanas. Según suele decirse, ese "cambio de rumbo" político-ideológico que signó a la región implicó un intento de superación del modelo neoliberal imperante en las últimas décadas y una ruptura con la cultura político-económica y con el discurso ideológico vigentes hasta entonces[421]. En el caso particular del kirchnerismo, ese cambio de rumbo supuso, en ciertos

---

[420] Idem: 18.
[421] Ver Laclau, 2006; Elías, 2006; Godio, 2006.

aspectos, un retorno a los modelos, premisas y esquemas de la tradición nacional-populista heredada del peronismo, que postulan la centralidad del Estado, de la igualdad y de las demandas del "pueblo" como elementos estructurantes de su modelo económico[422].

Sin embargo, vale la pena recordar que, aunque el discurso kirchnerista retoma muchas de las banderas y legados de la militancia setentista, lo hace siempre desde una perspectiva nueva, que no se hace eco de sus sentidos más profundos o radicales, sino que la reelabora y adapta a los tiempos que corren. Es el caso del programa del "socialismo" o la "revolución socialista", inherente al ideario y al imaginario setentista, pero ausente del kirchnerista[423]. En ese sentido, al igual que el peronista, el discurso kirchnerista se reconoce y asume explícitamente alineado en el modelo capitalista[424], y en esa medida colisiona con muchos de los reclamos y banderas históricos de la izquierda en materia de transformaciones económicas. Dada la orientación "fundamentalmente anticapitalista"[425] de la izquierda argentina, gran parte de los dilemas, rupturas y fragmentaciones que históricamente han atravesado a ese sector político, incluso en las filas de la Nueva Izquierda, proceden de sus posicionamientos (de alineamiento, ambigüedad o rechazo) con respecto a la tradición populista, acusada en ocasiones de capitalis-

---

[422] Al respecto, ver Barros, 2006a y Novaro, 2006b.

[423] En este punto existen marcadas diferencias con el discurso chavista, ya que este, inscribiéndose en los "grandes relatos" emancipadores de la modernidad, plantea efectivamente la implementación del "socialismo del siglo XXI" en Venezuela y América Latina (Arnoux, 2008).

[424] De Ipola (1982) afirma que el discurso de Perón es a menudo ambiguo y contradictorio, y que en él coexisten elementos conservadores y organicistas con otros aspectos más combativos y radicales: de allí que se dirija favorablemente a los trabajadores y a los sectores de la alta burguesía. Esta ambigüedad será objeto de intensos enfrentamientos durante la tercera presidencia de Perón, en la que el líder alentaba tanto a sectores de izquierda como de derecha. Al respecto, es relevante recordar el famoso discurso en el que Perón afirma su identidad "justicialista" y se distancia tanto del imperialismo como del socialismo: "nosotros somos justicialistas. Levantamos una bandera tan distante de uno como de otro de los imperialismos dominantes".

[425] Altamirano, 2001: 90.

ta, de reformista o de insuficientemente radical en sus propuestas de cambio social[426].

De modo que, en sus mismos fundamentos, la identidad kirchnerista está atravesada por ambigüedades y tensiones que remiten, ellas mismas, a debates y clivajes, irresolubles y de larga data, entre la izquierda y el populismo[427]. Ellas resultan tanto más intensas cuanto que el discurso presidencial se hace eco de una visión esencialista de la izquierda, que no interroga en profundidad sus fundamentos, sus ideales y sus límites, y en cambio retoma algunos de sus estandartes de manera acrítica.

Como se pone de manifiesto en gran parte de los discursos presidenciales[428], el locutor asume una retórica alineada con las premisas económicas básicas del peronismo clásico: la movilidad social ascendente, la inclusión social, la regulación estatal, las políticas proteccionistas y antimonopólicas, la producción nacional, la independencia económica, la justicia social, entre otros, son algunos de los tópicos que se evocan más recurrentemente. De allí que, a lo largo de todo el mandato presidencial, el discurso kirchnerista haya impulsado el desarrollo de un "capitalismo en serio". Así lo expresaba en un discurso del año 2003:

---

[426] Así lo indican además numerosos documentos de la época, en los que las organizaciones políticas de la Nueva Izquierda manifiestan sus vaivenes, dudas y rechazos con respecto a los programas económicos llevados adelante por el gobierno peronista: así, por caso, el PCR decía "El plan político de Perón pretende […] bajo la divisa de la 'reconstrucción nacional' imponer el 'aumento de la productividad' intensificando el régimen de superexplotación" (NH 117, mayo 1973) y "¿El gobierno de Cámpora es revolucionario? No. Ningún sector del mismo –incluido Cámpora en su mensaje a las Cámaras y Perón en sus discursos– planteó ni plantea liquidar al poder económico y político de las clases que oprimen al pueblo" (NH 119, junio 1973); y el ERP se preguntaba: "[en el gobierno del FREJULI se] habla de revolución, pero ¿puede acaso haber revolución […] con los explotadores dueños de fábricas? ¿Puede haber revolución con un puñado de grandes empresas inmobiliarias propietarias de miles y miles de casas, departamentos y terrenos? ¿Puede haber revolución con ministros y altos funcionarios como el gran capitalista Gelbard […]?" (ER 21, junio 1973).
[427] Ver Novaro, 2006b.
[428] Vale especialmente la pena examinar los discursos pronunciados todos los años en la Bolsa de Comercio de Buenos Aires, donde se elaboran y anuncian con mayor claridad los lineamientos en política económica.

El plan es construir en nuestra patria *un capitalismo en serio*, con reglas claras en las que el Estado juegue su rol inteligentemente para regular, para controlar, para hacerse presente donde haga falta mitigar los males que el mercado no repara, poniendo un equilibrio en la sociedad que permita el normal funcionamiento del país. *Un capitalismo en serio*, donde importen las reglas y la calidad institucional; *un capitalismo en serio* que asuma riesgos y nutra nuestro consumo a la vez que agresivamente coloque sus productos donde los necesite el mundo; *un capitalismo en serio*, donde se combata el monopolio y la concentración, para no ahogar las iniciativas de los pequeños y medianos emprendedores; *un capitalismo en serio* donde se proteja al consumidor y al inversor con marcos regulatorios explícitos y transparentes, y organismos de control impolutos. (02/09/2003)

El sintagma "capitalismo en serio" se define polémicamente en contra del modelo económico aplicado durante los años previos, que promovía la retirada del Estado, la predominancia del mercado, la concentración y el monopolio de los sectores rentables. Un "capitalismo en serio" es entonces aquel que alienta la participación del Estado no solo para regular "los males que el mercado no repara" sino también para proveer marcos institucionales y regulatorios que garanticen el despliegue de una economía "solidaria", que promueva el "desarrollo nacional y social" y la "justicia social":

En nuestro proyecto ubicamos en un lugar central la idea de reconstruir *un capitalismo nacional que genere las alternativas que permitan reinstalar la movilidad social ascendente.* (25/05/2003)

Queremos recuperar los valores de la solidaridad y la *justicia social* que nos permitan cambiar nuestra realidad actual para avanzar hacia la construcción de una sociedad más equilibrada, más madura y más justa. Sabemos que el mercado organiza económicamente, pero no articula socialmente, *debemos hacer que el Estado ponga igualdad allí donde el mercado excluye y abandona.* (25/05/2003)

...la República Argentina necesita desarrollar *una economía capitalista, productiva y transparente, que promueva la inclusión social,* basada en una cultura que favorezca la producción nacional y que premie el esfuerzo. (10/07/2006)

> ...acá se está discutiendo el nuevo modelo contra el vie-
> jo modelo y el nuevo modelo es la construcción con las raí-
> ces propias de nuestra historia; *el nuevo modelo es justicia*
> *social con inclusión, es justicia social con educación, es justicia*
> *social con desarrollo.* (08/05/2007)

El "capitalismo en serio" se define en el discurso kirchnerista como un sistema económico productivo, transparente, pujante e inteligente, donde debe primar la "racionalidad". Significante que, como vimos, es disputado a aquellos sectores de la economía considerados "ortodoxos", en el espacio ideológico del discurso kirchnerista la "racionalidad" es redefinida y asociada con el aumento del empleo y la mejor distribución del ingreso, en oposición a los discursos para los que una economía "racional" implica hacer pactos y acuerdos con los sectores de poder y no generar tensiones.

En esas disputas polémicas con el discurso económico hegemónico en torno al sentido de términos clave como "racionalidad" o "gasto público"[429], el kirchnerismo se posiciona en un espacio ideológico-argumentativo que remite al imaginario nacional-populista, en tanto recupera valores como la distribución del ingreso, la producción, el trabajo, la industria y las inversiones nacionales, y se opone polifónicamente a puntos de vista asociados con modelos "anti-populares" y regresivos, como el implementado durante los noventa.

Dejando de lado el hecho, evidente por sí mismo, de que esas disputas discursivas con los representantes de la "ortodoxia" económica no implican un corrimiento de los marcos generales del sistema de

---

[429] En torno al sintagma "gasto público" también se producen operaciones de refutación/ resemantización. Véase, por caso, el siguiente fragmento, donde el locutor señala una "diferencia semántica" entre las dos visiones que pone en escena: "Por eso reafirmo el concepto y la filosofía, que creo es ya para todos los argentinos, porque basta recorrer la Argentina para ver que gracias a Dios se ha comprendido con claridad, y es hora de que esto sea entendido globalmente, de que la obra pública, la inversión pública, es fundamentalmente un elemento de reconversión, de crecimiento económico y de calidad de país, y no un gasto público improductivo, como durante mucho tiempo algunos pensadores quisieron instalar. Esta diferencia que podemos llamar semántica expresa en su propia dimensión cuánto hemos mejorado en este tiempo" (22/11/2006).

acumulación capitalista (por lo que hay que descartar cualquier posible cercanía con el denominado "socialismo nacional" o socialismo a secas –el horizonte de las organizaciones políticas setentistas–), ellas ponen de manifiesto un intento por apropiarse y redefinir esos términos hegemonizados por el pensamiento económico dominante, desde un posicionamiento más vinculado con el imaginario nacional-populista del peronismo.

Sin embargo, suele decirse que esta retórica nacional–popular aparece ella misma combinada con otras orientaciones en materia de definiciones económicas. Gerchunoff y Aguirre identifican tres perfiles convergentes en el estilo de gestión económica del kirchnerismo: el populista, el nacionalista ortodoxo y el "desarrollista de economía abierta" o neo–desarrollista. Si el primero remite al peronismo más "clásico", el segundo asume ese legado pero al mismo tiempo "reconoce los límites impuestos a la política económica por la experiencia argentina de las últimas décadas"[430] manteniendo, por ejemplo, una orientación ortodoxa en cuestiones monetarias y fiscales en el frente interno[431]; finalmente, el tercero es un perfil conservador en los vínculos con organismos internacionales, con los inversores extranjeros y en términos de apertura económica: se trata así de un estilo de gestión que considera "que no hay salida para Argentina en los extremos del populismo o el neoliberalismo, pero tampoco en la autarquía económica y el aislamiento político"[432].

En ese sentido, para algunos autores hay fuertes incompatibilidades entre la impronta izquierdista y nacional–popular del discurso kirchnerista y algunas de sus propuestas en materia de política económica, caracterizadas como ortodoxas, conservadoras e incluso regresivas, y que en muchos casos manifestarían continuidades, o al menos

---

[430] Gerchunoff y Aguirre, 2004: 1.

[431] Vale señalar que en el lenguaje de la economía el término "ortodoxia" remite a la implementación de políticas ordenadas y conservadoras, o al menos no innovadoras, pero no posee una carga peyorativa. En el caso del gobierno de Kirchner, los economistas suelen destacar que en el plano interno –fiscal, monetario e industrial– la política económica siguió caminos previsibles y poco rupturistas, sumándose al rumbo internacional de la economía y a los consejos de los organismos multilaterales.

[432] Idem: 1.

no claras rupturas, con las políticas aplicadas durante la década del noventa permanentemente denostadas por el discurso presidencial[433]. Superávit fiscal, tipo de cambio competitivo, mantenimiento de la apertura de la economía, saneamiento financiero, intervención en los índices inflacionarios, alianza con sectores empresarios consolidados, pago de la deuda externa con organismos internacionales de crédito, son algunos de los indicios que, en el plano económico, evidenciarían estas ambigüedades y contradicciones.

En este sentido, para Novaro el modelo económico kirchnerista puede definirse como "un mix de ruptura y continuidad con las políticas de los noventa, que combina manejo ortodoxo de las cuentas públicas y el mercado cambiario, con mayor intervención en inversiones y precios"[434], ya que este adopta, en muchos casos, políticas tendientes a reforzar "los mecanismos de un Estado patrimonialista y de un capitalismo rentístico" que no difieren de las aplicadas en la década anterior. De allí que, en varios terrenos, las políticas kirchneristas se hayan vuelto "más y más incompatibles con una agenda de izquierda a medida que él se consolidó en el poder, de 2005 en adelante"[435].

Svampa, por su parte, en su balance sobre de los logros y las cuentas pendientes del gobierno kirchnerista, destaca la coexistencia de

---

[433] Por caso, para Paramio (2006) y Bonvecchi y Giraudi (2008), las políticas macroeconómicas, de "responsabilidad fiscal" y de "estabilidad monetaria" llevadas adelante por el kirchnerismo se alinean con el modelo vigente durante la década del noventa. Azpiazu y Schorr (2010), en su estudio sobre la economía argentina durante la posconvertibilidad, también sostienen que existen "más continuidades que rupturas" con respecto al modelo de acumulación previo. Aunque la acumulación de excedente pasó del sector financiero y de servicios hacia un sector concentrado del empresariado industrial, las políticas de reindustrialización son todavía débiles, y los ingresos continúan distribuyéndose a favor de las fracciones más concentradas y trasnacionalizadas del capital (2010: 286-287). En cuanto a la explotación de recursos naturales, Svampa, por su parte, indica que el kirchnerismo ha adoptado un perfil neodesarrollista extractivo y que no ha desarrollado "una prédica nacionalista, ni reactiva[do] la antinomia 'estatal/privado', pese al reclamo de diferentes organizaciones sociales […], que consideran necesario realizar un cambio fundamental en los marcos regulatorios" (2007: 55).
[434] Novaro, 2006b: 24.
[435] Ibídem.

aspectos innovadores con la persistencia de modelos, prácticas y esquemas heredados del neoliberalismo:

> Así, sin continuidades lineales, y pese a que el escenario político presenta importantes modificaciones respecto del pasado reciente, tanto en lo que se refiere a la proliferación de nuevas prácticas de resistencia como a la circulación de discursos políticos críticos, el modelo neoliberal –y el régimen político que acompañó su instalación– sigue gozando de buena salud. En fin, ambigüedades, tensiones y dobles discursos constituyen entonces el hilo articulador de la política del Gobierno de Kirchner, en un escenario en el cual se entrecruzan y yuxtaponen la consolidación de lo viejo con las aspiraciones de lo nuevo[436].

Como es evidente, estas consideraciones llevan a matizar los enfoques que sostienen que el discurso kirchnerista se articula explícitamente en contra del imaginario neoliberal y mercadocéntrico dominante en décadas previas[437]. Como sostiene Barros, si bien es cierto que en este discurso político "inclusión", "Estado" o "independencia económica" aparecen como significantes clave, eso no implica que el kirchnerista sea un gobierno de izquierda que rompe definitivamente con las políticas económicas neoliberales: en cambio, el autor propone que, aunque en Latinoamérica no parecen estar dadas las condiciones para impulsar un modelo completamente anti–sistémico, el discurso kirchnerista "provee el terreno discursivo en el que estos temas y una estrategia política progresista para lidiar con ellos pueden ser discutidos"[438].

Sin lugar a dudas, las reflexiones precedentes complejizan y enriquecen el análisis presentado hasta aquí, en tanto abren nuevos interrogantes acerca de la identidad del kirchnerismo y de sus principales posicionamientos en materia económica e ideológica. Esa identidad se nutre, en efecto, de diversas memorias, tradiciones y vertientes de pensamiento, que aunque puedan resultar en ciertos puntos contradictorias, son igualmente constitutivas del sentido y la eficacia del

---

[436] Svampa, 2007: 61.
[437] Cf., entre otros, Laclau, 2006 y Biglieri y Perelló, 2007.
[438] Barros, 2006a: 11.

discurso kirchnerista. Este se articula como un discurso que impugna y pone en cuestión algunas premisas del orden neoliberal y reflota valores e ideas–fuerza que anclan en la tradición nacional–popular, en el desarrollismo y en un liberalismo económico que se figura como un "capitalismo en serio", racional, integrador, estatista y con eje en la justicia social.

1.3. Setentismo, republicanismo y liberalismo político

A partir nuestro análisis sobre las continuidades, representaciones, resonancias y reelaboraciones del imaginario setentista en el discurso kirchnerista, se fue desgranando, de manera tal vez incipiente y sutil, una yuxtaposición de posicionamientos discursivos claramente encuadrados en esa memoria, con sentidos, puntos de vista y *topoï* argumentativos que remiten a debates propios de la tradición republicana, institucionalista o liberal en lo político.

Así, cuando abordamos la lectura del kirchnerismo sobre el alfonsinismo, señalamos que aunque ese pasado está en ciertos aspectos callado y silenciado en el discurso kirchnerista, también este se hace eco, aunque más no sea de forma implícita y velada, de esa tradición democrática, republicana y defensora de los derechos humanos.

Por otra parte, también observamos cómo, en su representación de la militancia setentista, el discurso presidencial destacaba el carácter "plural", diverso y democrático de las prácticas y las ideas de las organizaciones políticas de la Nueva Izquierda. La reivindicación de la transgresión, la "diferencia" y el "derecho a disentir" se deslizaba hacia una valoración de la pluralidad y la diversidad como dimensiones esenciales de la democracia, en una recuperación, reelaboración y *aggiornamiento* de encadenamientos tópico–argumentativos setentistas en función de las restricciones y los requerimientos políticos contemporáneos.

Luego, observamos que en distintas polémicas y disputas semánticas, el discurso presidencial se posiciona como un defensor del pluralismo, redefinido –desde la óptica presidencial– como el "derecho a hablar", a disentir, a discutir y a no callarse. Del mismo modo, en los casos de oposición argumentativa, observamos que el locutor reivindica la libertad de expresión y la libertad de elección, ideas–fuerza que reenvían claramente a la tradición republicana o liberal.

Como señalamos oportunamente, existen numerosas distancias y rupturas entre los modos de lectura del pasado que proponen el alfonsinismo y el kirchnerismo. Estas diferencias se hacen visibles en el enfático rechazo presidencial a las "Leyes del Perdón" implementadas por Alfonsín en los ochenta, así como en el posicionamiento del discurso kirchnerista con respecto a la "teoría de los dos demonios" (cuyo repudio se funda en una especial valoración de la práctica y el sentido de la militancia setentista), y en el plano de la concepción de la "justicia" y la "democracia". Concebidas desde una perspectiva diametralmente opuesta, esas nociones son despojadas en el discurso kirchnerista de su carácter formal, neutral o meramente procedimental para redefinirse como categorías plenamente políticas, y por ende fundadas en valores, convicciones, conflictos y escisiones.

Sin embargo, aunque efectivamente el kirchnerista se muestra como un discurso refundacional que pretende romper con el relato alfonsinista revirtiendo el carácter oprobioso de las Leyes del Perdón, reivindicando y revalorizando el estatus político y militante de la generación con la que se identifica y proponiendo una visión "sustancial" y "politizada" de la justicia y la democracia, también creemos que es posible identificar ciertos puntos de continuidad con esa tradición. Como dice Lesgart en relación al cuestionamiento actual del carácter procedimental de la democracia, "varios de los desafíos actuales a dicha democracia provienen del *descrédito a las reglas de procedimiento a las que, sin embargo, se recurre*"[439]. En ese sentido, no visualizamos una ruptura tajante entre kirchnerismo y alfonsinismo sino ciertos ecos y resonancias que marcan una línea de filiación, aunque tácita, silenciosa y velada, entre ambos discursos.

El alfonsinismo aparece, desde esta perspectiva, como otra de las memorias subterráneas que configuran el entramado interdiscursivo del kirchnerismo y que resultan por lo tanto constitutivas de su identidad y de su eficacia discursiva. En ese sentido, puede decirse que el discurso kirchnerista no solo reconstruye nuevas memorias y versiones sobre los años setenta, sino también sobre los ochenta. El discurso presidencial evidencia así una confluencia de memorias que da lugar a un entramado de sentidos peculiares que "agrietan" la aparente homogeneidad de su configuración identitaria: la memoria

---

[439] Lesgart, 2006: 194

setentista, permeada por su impronta izquierdista y nacional–populista, se articula con ciertos aspectos de la memoria alfonsinista, y con su legado republicano, institucionalista y liberal[440].

Adscribimos así a lo que, a su modo, sugieren Aboy Carlés y Semán (2006) en su trabajo sobre el discurso kirchnerista y sus vínculos, reposicionamientos, distancias y resignificaciones con respecto al populismo. Brevemente, los autores definen el kirchnerismo como un "populismo moderado" que, a la vez que busca recomponer una idea de "voluntad política" en torno a la idea de "nación", toma una distancia crítica tanto del nacionalismo autoritario, ultramontano, proteccionista y mesiánico habitualmente asociado con sectores de derecha (y en esa medida se declara "abierto al mundo" y a las demandas globales) como de la tradición populista clásica, habitualmente asociada con la unicidad, la uniformidad, la homogeneidad de la Nación, que conllevaba un rechazo de la pluralidad, la diferencia y la diversidad:

> El discurso de Kirchner se hace eco de la importancia fundamental de los años de transición democrática, afirmando que la implantación del pluralismo es la empresa más durable que haya legado la experiencia iniciada en 1983[441].

En el populismo clásico, tradicionalmente combatido por las vertientes políticas liberales, el institucionalismo y el pluralismo aparecen como amenazas que horadan y minan la comunidad política en tanto atentan contra el principio de unidad. Si, por un lado, la pluralidad puede derivar en fragmentación, anomia, dispersión y desorden, el institucionalismo –el ámbito de la pura y formal "administración de las cosas", desprovisto de voluntad y valores políticos– atenta contra el principio representativo popular, forjado en torno a la voluntad, la figura del líder

---

[440] Esa articulación y confluencia entre una vertiente de izquierda nacional-populista y otra republicana se vuelve visible si consideramos que el discurso kirchnerista se identifica de manera explícita con ciertas corrientes dentro del espectro de organismos de derechos humanos, en particular las Madres de Plaza de Mayo (Novaro, 2006b).

[441] Aboy Carlés y Semán, 2006: 199.

y la movilización permanente. Frente a esta disyuntiva, dicen los autores, la variante "atemperada" del discurso kirchnerista asume

> componentes liberales que fueron tardíamente incorporados en la vasta y tumultuosa tradición democrática argentina. Su amplio campo de operaciones se encuentra en los márgenes, en la disimulación entre las formas de la democracia populista y las de la democracia liberal clásica.
> En ese sentido, la gestión de Kirchner marca un cierto paralelismo con los primeros años del ciclo de restauración democrática emprendidos por el alfonsinismo y la renovación peronista[442].

Los autores señalan que existe, sin embargo, una diferencia nada desdeñable entre ambas tradiciones: en el caso del kirchnerismo el proceso de construcción de una identidad nacional y de reparación de las heridas sociales "ya no se basa en el reconocimiento de derechos correspondientes a todo ser humano [...] sino, más bien, en la promesa de reconocimiento de derechos cívicos, políticos y sociales"[443] y por lo tanto, en la repolitización de distintas esferas de la vida social.

¿En qué aspectos es posible identificar estas continuidades y paralelismos con la memoria cívica, republicana, institucionalista y/o liberal del alfonsinismo? Como intentamos mostrar en los capítulos previos a partir del análisis tópico–argumentativo, existen numerosos lugares discursivos en los que la palabra presidencial asume posicionamientos o se identifica con puntos de vista liberales, institucionalistas o republicanos, pero lo hace en el marco de luchas discursivas en las que busca apropiarse de ciertos significantes o términos claves para resignificarlos e inscribirlos en un nuevo espacio ideológico-argumentativo, que remite, más o menos explícitamente, a la memoria setentista.

Antes de avanzar, es conveniente señalar que gran parte de los cuestionamientos y críticas al tipo de liderazgo y de gobierno kirchneristas proviene de lo que Morresi (2008) denomina el "consenso institucionalista republicano", que consiste en un conjunto de críticas elaboradas, precisamente, en base a argumentos de tipo republicano,

---

[442] Ibídem.
[443] Idem: 199-200.

institucionalista y/o liberal, y que encuentra su representación en distintos sectores políticos y mediáticos. Esos cuestionamientos apuntan al presunto menosprecio por parte del kirchnerismo hacia la doctrina republicana de la división de poderes, a la predominancia del Poder Ejecutivo por sobre el Legislativo y el Judicial –y por lo tanto a la tendencia autoritaria o decisionista del primero y al "avasallamiento" de los otros poderes–, a la tendencia "conflictivista" o agonista" del estilo de gobierno kirchnerista (y populista en general) y a la consecuente disminución de la calidad institucional y democrática. Ese frente polémico ha dado lugar, por otra parte, a una revalorización del alfonsinismo, que ha sido crecientemente reinterpretado –en consonancia con la propia imagen que ese discurso construyó sobre la nueva democracia– como un gobierno "verdaderamente" republicano, liberal e institucionalista, basado en el consenso, la capacidad de negociar, la tolerancia, el imperio de la ley, en oposición a la presunta tendencia autoritaria, intolerante y avasallante del kirchnerismo[444].

En ese contexto, nuestro interés radica menos en desandar teóricamente los argumentos esgrimidos por el "consenso institucional republicano" –de hecho, tanto Morresi (2008) como Rinesi y Muraca (2008) se ocupan de impugnar estos argumentos releyendo la teoría republicana clásica en clave populista– que en dar cuenta del modo en que el discurso kirchnerista ha buscado apropiarse de algunos *topoï* propios de la tradición republicana, institucionalista y liberal para resignificarlos a la luz de un nuevo espacio ideológico–argumentativo.

Este es el caso de la polémica que el discurso presidencial sostuvo, en el año 2007, con el periodista Joaquín Morales Solá: ella giró en torno a la cuestión de si la autoridad presidencial debe o no debe intervenir en materia de justicia, y, en términos generales, en torno al tema de las atribuciones del Poder Ejecutivo en relación con los otros poderes del Estado en democracia[445]. En el fragmento siguiente, donde se

---

[444] Vale destacar que esa imagen y lectura construida, desde la actualidad, en torno al estilo de liderazgo de Alfonsín no carece de recortes o sesgos, en tanto selecciona algunos aspectos de su gobierno y olvida otros, vinculados con su disposición fuertemente confrontativa con respecto a los poderes fácticos. Al respecto, cf. Aboy Carlés (2004) y Novaro (2006b).

[445] La polémica se desató a partir del discurso presidencial del 24 de marzo de 2007 en la inauguración del Museo de la Memoria en La Perla (Córdoba), en el

despliega una lucha política e ideológica por el sentido de ciertos términos clave, se pueden visualizar tanto los puntos de vista sostenidos por el locutor como el modo en que este (re)construye y representa el punto de vista ajeno: uno y otro constituyen dos modos diversos de ver y concebir la política, la democracia y el rol de la autoridad presidencial, en suma, dos espacios ideológico-argumentativos opuestos:

> Yo le quiero decir a todos los argentinos, desde aquí, que *cuando yo digo que se siente una falta de justicia o rapidez de la Justicia no estoy interfiriendo en otro poder.* [...] Pareciera ser que cuando uno habla de la corporación Justicia invade poderes que no se pueden invadir. *Yo no tengo intención de invadir ningún poder, si hemos trabajado arduamente para que recupere su independencia ese poder y hemos trabajado fuertemente para que haya una Corte Suprema independiente en la Argentina.* Y que la hay, gracias a Dios. [...] Y vuelvo a repetir, leí en un diario, que es el diario *La Nación*, que avaló la dictadura militar y los crímenes más atroces, tanto en lo económico como en lo político en este país, hizo seguidismo de los gobiernos de facto, de la peor dictadura que nos tocó vivir y seguramente por ahí esa historia se traslada con toda seguridad por lo menos de lo que uno tiene información y memoria, *diciendo que, en el caso mío en particular, estoy poniendo en juego las instituciones de la República. Señores, por hablar y decir lo que uno piensa, sin hipocresías, ¿estamos poniendo en juego las instituciones de la República o estamos tratando de una vez de que las instituciones de la República se abran para que todos los argentinos vean qué pasa dentro de las instituciones?* (28/03/2007)

Como se ve, la voz presidencial evoca y representa un discurso crítico, vinculado con el mencionado "consenso institucionalista republicano", que cuestiona una intervención pública presidencial sobre la falta de rapidez de la Justicia en materia de juicios a violaciones de derechos humanos, y la vincula con una invasión de los poderes republicanos y un atentado a las instituciones democráticas.

---

que el Presidente instó a la justicia a apurar los juicios por delitos de lesa humanidad. Ver también los diarios *Clarín* y *La Nación* del 27 de marzo de 2007.

Ese discurso crítico se sostiene al menos en dos principios argumentativos (T_1 y T_2), que remiten a su vez a posicionamientos político–ideológicos: "cuando el Presidente habla de la Justicia invade ese poder del Estado" y "cuando el Presidente habla de la Justicia pone en juego las instituciones". Los *topoï* con los que, según la enunciación de L, se identifica al adversario son:

T_1: <+ hablar de la Justicia + invasión de poderes>
T_2: <+ hablar de la Justicia + poner en juego las instituciones>

Al discurso crítico asociado al T_1 el locutor confronta en primer lugar un punto de vista antagónico, con el que se identifica ("cuando digo que se siente una falta de justicia […] no estoy interfiriendo en otro poder"), asociado con un tercer *topos*, que introduce una lectura contrastiva:

T_3: <+ hablar de la Justicia – invasión de poderes>

En cuanto a la refutación del T_2, esta se desencadena a partir de la interrogación retórica, opositiva e interpelativa que, al plantear una disyunción, impone una lectura precisa y restringida orientada al segundo segmento: "Señores, por hablar y decir lo que uno piensa, sin hipocresías, ¿estamos poniendo en juego las instituciones de la República o estamos tratando de una vez de que las instituciones de la República se abran para que todos los argentinos vean qué pasa dentro de las instituciones?". Claramente, el locutor se identifica con el segundo punto de vista, según el cual "hablar de la Justicia permite abrir y transparentar las instituciones", fundado en un *topos* 4, que habilita una lectura diferencial:

T_4: <+ hablar de la Justicia + abrir/transparentar las instituciones>

Se delinea así una oposición entre dos visiones acerca del rol presidencial y de la relación entre los poderes del Estado, plasmadas en distintos marcos argumentativos que remiten a posicionamientos políticos e ideológicos: si para el adversario citado por el locutor el Poder Ejecutivo no debe interferir de ningún modo en los otros poderes del Estado, para el locutor, responsable de la enunciación, por el contrario, la función de toda intervención presidencial en el espacio público es precisamente la de actuar sobre las instituciones, para "abrirlas", transparentarlas y fortalecerlas. Nuevamente, el fragmento remite al *topos* del "derecho a disentir", pero esta vez se articula con el valor de las instituciones y con el respeto a la división de los poderes del Estado, que el locutor no niega ni cuestiona, sino que reafirma.

El discurso presidencial se hace, de ese modo, eco del reclamo institucionalista y republicano por una mayor "institucionalidad", y lo resignifica mediante su articulación con el "derecho a hablar" y a opinar sobre la justicia. En el espacio ideológico–argumentativo en el que el kirchnerismo se inscribe, las opiniones o intervenciones del Poder Ejecutivo sobre el Poder Judicial no aparecen como una invasión de los poderes del estado sino como una "apertura de las instituciones". Estas ya no son representadas entonces como espacios imparciales y neutrales, sino como ámbitos que deben ser "abiertos" y fortalecidos a partir de la acción política.

En efecto, la valoración de las instituciones, de la "calidad institucional" y de la "institucionalidad" constituye otro de los tópicos que el discurso kirchnerista disputa con sus adversarios políticos: también en este punto se desmarca del imaginario militante setentista –que consideraba que las instituciones democráticas eran "máscaras de dominación burguesa"[446]–, para inscribirse en un espacio ideológico–argumentativo en el que la institucionalidad es ponderada, en oposición al autoritarismo y al atropello dictatoriales. Sin embargo, esas instituciones también son redefinidas a partir de su solapamiento con sentidos que anclan en el *topos* de la política como lucha o batalla, en tanto son "politizadas".

Del mismo modo, vale recordar que a lo largo de todo su mandato el kirchnerismo se mostró como un defensor de la pluralidad, el pluralismo, las "verdades relativas", la diversidad y la diferencia, valores y premisas que, en el discurso presidencial, se oponen a las "verdades absolutas", a la "uniformidad militar" y al "pensamiento único" neoliberal:

> …sé que ustedes sienten la patria y la nación como la sentimos nosotros; sé que ustedes *aman la pluralidad y no el discurso uniforme, como lo hacemos nosotros.* (10/07/2003)
> *La Argentina de la uniformidad ya vimos que no sirvió, la Argentina de las verdades absolutas también es una Argentina*

---

[446] Hilb y Lutzky, 1984.

> *de fracasos*. Sea de un lado, sea del otro, quién lo diga, esté en el gobierno o no, todo aquel que cree tener verdades absolutas seguramente corre el riesgo de equivocarse fuertemente y *nosotros optamos por esto: pluralidad, consenso, verdad relativa que nos permita encontrar las verdades superadoras que nos puedan contener a los argentinos* y dar las respuestas que este país está necesitando. (13/11/2003)
>
> *...viva la pluralidad, viva la diversidad, viva el pensar diferente. Pero el pensar diferente significa convivir, significa saber debatir ideas distintas.* No vivimos tiempos de autoritarismos ni de imposición, de si no pensás como pienso yo te agredo. Esa no es la democracia, eso es el fascismo, eso es el estalinismo, esa no es la convivencia democrática que nosotros pretendemos. (12/09/2007)

Asimismo, en la lectura que el kirchnerismo realiza sobre la generación de militantes setentistas en la que se filia, esa generación "avasallada por pensar diferente y distinto" se caracteriza por abrazar y ejercitar la pluralidad y el "derecho a disentir". Así, el discurso kirchnerista resignifica el término "pluralismo" encadenando su sentido con argumentos vinculados con el derecho a hablar, a opinar, a disentir y a confrontar con los poderes fácticos (i.e., la prensa, la oposición, las corporaciones, etc.), y desde allí se posiciona como un "ciudadano común" defensor de la "libertad de expresión" (noción que se opone a pero también se complementa con la de "libertad de prensa"). Reiteramos, en ese sentido, algunos fragmentos que resultan significativos:

> Tenemos que terminar con las hipocresías. *Yo soy defensor de la libertad de prensa, defensor de la libertad y de la verdad relativa, de la construcción de los consensos,* pero tengamos buena memoria, porque no puede ser que nos vengan a decir cómo funciona la libertad de prensa y más aquellos que para imponer sus ideas, mataron, asesinaron, secuestraron y hoy nos quieren venir a hablar de estos temas como hablan en forma casi absolutamente insostenible. *Uno tiene derecho a expresar, así como con toda fuerza algún periodista toma su pluma y escribe, también uno puede decir cuándo se siente extorsionado, cuándo ve inmoralidad y corrupción, de la misma forma.* (04/03/2005)
>
> *Esto no es atacar la libertad de prensa, por el contrario.* Cuando uno dice cosas diferentes a la que puede estar pensando un diario se dice que se ataca la libertad de prensa,

> *estoy ejerciendo la libertad de expresión como presidente o como ciudadano común.* (17/03/2005)
>
> … yo no soy ni confrontativo ni ataco a los medios de prensa, dicen de mí las cosas que quieren, pero *soy un hombre del sur, un argentino más que defiende sus ideas, sus convicciones, y si tengo ideas y convicciones y las quiero discutir democráticamente lo debo hacer porque eso es bueno para el país.* No me van a callar la boca diciendo que soy confrontativo ni me van a callar la boca diciendo que ataco a la prensa. (05/08/2005)

Pluralismo, libertad de prensa y libertad de expresión, nociones típicamente asociadas al ideario liberal, aparecen resignificadas en un nuevo espacio ideológico-argumentativo a partir de su articulación y encadenamiento con puntos de vista que remiten al imaginario rebelde, contestatario y transgresor de la militancia setentista. Así, el discurso kirchnerista recupera ciertos *topoï* asociados con la tradición liberal, pero lo hace definiendo un espacio ideológico-argumentativo propio, en tanto disputa sentidos desde posicionamientos que evocan la memoria militante setentista. Se produce así un encuentro de tradiciones que conviven, se yuxtaponen y están en mutua tensión.

2. Umbrales de decibilidad

¿Cómo interpretar esta convergencia entre un imaginario setentista que tiñe el discurso presidencial con tradiciones o memorias muchas veces antagónicas o al menos divergentes, como el alineamiento en el modelo capitalista, o la articulación con posicionamientos republicanos, institucionalistas o liberales en lo político? Nuestra hipótesis es que, a pesar del renovado ímpetu que la memoria sobre la militancia setentista ha experimentado en las últimas décadas, existen "umbrales de decibilidad" o "fronteras de lo decible" que instauran límites sobre lo que es posible decir y no decir, sobre los tópicos, temas, modos y tonos que es factible y legítimo adoptar en un determinado contexto. Como es evidente, esta idea remite a las nociones de "formación discursiva" de Foucault y "formación ideológica" de Pêcheux[447]: umbrales definidos histórica y políticamente,

---

[447] Cf. Foucault 2002a y Pêcheux 1990.

ellos superan, rodean, delimitan y a la vez restringen los discursos y las coyunturas particulares. Sin embargo, el grado de permeabilidad de esas fronteras varía en función del posicionamiento institucional del locutor: así, mientras un joven militante universitario contemporáneo podría sostener, sin demasiadas restricciones, posicionamientos netamente inscriptos en el imaginario de la Nueva Izquierda setentista, un locutor ubicado en una posición de enunciación presidencial debe en cambio atender a las restricciones, los límites y las fronteras de lo decible.

En ese sentido, aunque el discurso kirchnerista se define fundamentalmente en una relación estrecha y profunda con la memoria setentista, el interdiscurso específico en base al cual configura su propia identidad política, su propio *ethos* y el espacio ideológico-argumentativo que lo sustenta, esa inscripción discursiva encuentra fronteras, límites, umbrales: la lucha armada, la revolución socialista, la eliminación del capitalismo, la violencia y la muerte como formas posibles de la lucha política, el rechazo a la institucionalidad y a valores republicanos como la división de poderes, la tolerancia o el pluralismo constituyen, en la cultura política contemporánea, objetos prohibidos, vedados e indecibles.

Por otra parte, es sabido que ninguna memoria es cerrada ni homogénea, y que ella está siempre surcada por discursos que la subvierten y la reestructuran. De ese modo, la presencia e insistencia, en el discurso kirchnerista, de puntos de vista y perspectivas en tensión con la memoria setentista, se nos revela como una condición de posibilidad de su emergencia: en efecto, ¿cómo concebir el surgimiento de un discurso político que, desde una posición de enunciación presidencial, reivindica y rescata el legado de la militancia setentista, por fuera de la cultura política republicana, institucional y democrática heredada del alfonsinismo? Esa cultura política heredada del '83 se figura como el umbral histórico que el discurso kirchnerista no puede franquear, más allá del cual acecha la recaída en el autoritarismo, la violencia y la discrecionalidad; esa cultura política democrática es al mismo tiempo la condición de posibilidad de emergencia y despliegue de un discurso como el kirchnerista, solamente decible y pensable en ese marco histórico.

Reflexiones finales.
Ethos militante, política y memoria en la Argentina contemporánea

Una característica distintiva del discurso kirchnerista con respecto a otros discursos políticos argentinos contemporáneos es que reivindica, recupera y a la vez reelabora, de manera explícita y articulada, una memoria nunca antes evocada por ningún discurso presidencial, que llamamos "memoria militante setentista", y que remite, a grandes rasgos, a la matriz discursiva, representacional e ideológica de los jóvenes activistas políticos de la década del setenta incluidos en la denominada Nueva Izquierda. En ese marco, buscamos hacer visible que el discurso kirchnerista construye una *memoria representada*, que consiste en un relato y una lectura sobre el pasado reciente. Lejos de reflejar transparentemente un objeto preexistente, nítido y homogéneo, se trata de una elaboración discursiva cuyo efecto de memoria establece un puente entre el pasado y la actualidad.

Nos ocupamos, además, de analizar de qué modo la evocación y reelaboración de esa memoria se incorpora y se encarna en la figura del locutor político: se trata de la *memoria encarnada* y de su incidencia en la configuración del *ethos* presidencial, el cual se muestra y se reconoce como un *ethos* militante. El *ethos*, definido como la imagen que el locutor proyecta de sí mismo en el discurso argumentativo pero también como una serie de disposiciones, "maneras de ser" y actitudes de fuerte impronta política, se plasma, en la materialidad del discurso presidencial, en un conjunto de mecanismos lingüísticos que funcionan como huellas y rastros de la memoria militante. Esas huellas remiten, por un lado, a ciertas *cadenas tópico-argumentativas* y, por otro, a ciertos *gestos de habla* propios del espíritu de época setentista, configurando un *espacio ideológico-argumentativo* en el cual el discurso presidencial encuentra su sustento y fundamento. Así, al construir su propia imagen de enunciador político como la de un *ethos* militante, el locutor se representa a sí mismo como continuador y heredero de la generación de jóvenes activistas en la que abreva. Esa filiación en la memoria setentista no carece, sin embargo, de matices: en efecto, nuestro análisis revela que existen numerosos lugares en los que la evocación de ese imaginario está atravesado por intersticios y grietas que aportan complejidad al fenómeno.

Memoria y argumentación

De nuestra investigación se desprenden dos tipos de conclusiones: las teóricas y las analíticas. En cuanto a las contribuciones en el plano teórico, la revisión del aparato teórico provisto por la semántica argumentativa y su adaptación para el campo del análisis del discurso político es tal vez la más significativa. Por la primacía que otorgan al aspecto argumentativo por sobre el descriptivo y por el énfasis en el análisis de las distintas voces y puntos de vista que forman parte del sentido de un enunciado, la Teoría de la Polifonía Enunciativa, la Teoría de la Argumentación en la Lengua y la Teoría de los *Topoï* permiten "desnaturalizar" el sentido y dar cuenta de los discursos argumentativos que están en la base de la significación. Aun teniendo en cuenta sus aspectos críticos, sobre todo el estatus atribuido al sujeto de la enunciación y los vínculos que establece con el ámbito de lo "extralingüístico" (con la historia, el inconsciente, la ideología y lo político), consideramos que es posible incorporar al aparato teórico de Ducrot una noción de sujeto político de la enunciación, definido, desde esta óptica, como aquel que asume la palabra y que se representa en el propio decir como la fuente de ese decir, y que remite a un lugar social, institucional y político autorizado. Este se constituye como tal en la enunciación, que, por su estatus de acontecimiento (una instancia de acción y decisión que irrumpe en la estructura y la disloca), es plenamente política.

Asimismo, a la luz de las nociones de interdiscurso y memoria discursiva buscamos dar cuenta de la impronta histórica, ideológica y política de los enunciados, que no pueden pensarse fuera de las relaciones interdiscursivas de sentido. La existencia de *topoï* argumentativos, en tanto discursos ideológicos o "ideologemas" que están en la base del sentido de los enunciados o las palabras, son una ilustración cabal de esta dimensión: discursos pertenecientes a la historia, a la tradición y al acervo ideológico y cultural de una comunidad, ellos remiten al interdiscurso y a la *doxa*, o, dicho de otro modo, a las capas de voces que son evocadas polifónicamente en el proceso de construcción de sentidos políticos.

En ese sentido, también buscamos reelaborar la noción de "memoria discursiva", acuñada por Courtine (1981) y Pêcheux (1983), desde un enfoque polifónico-argumentativo. Eso nos permitió analizar las recurrencias interdiscursivas en términos de cadenas tópico–argumentativas y de gestos de habla, huellas lingüísticas que reenvían a la memoria y dan cuenta de la inscripción ideológica del discurso presidencial. Definimos las cadenas tópico–argumentativas como encadenamientos de *topoï* argumentativos, y los gestos de habla como los modos de decir y de hablar que se plasman en modalidades, tonos, léxico y formulaciones específicos, y se hacen visibles en los modos de interpelar a los destinatarios positivos y negativos, de construir adhesión, de polemizar y de configurar la imagen del locutor. La principal ventaja de este enfoque está dada por la posibilidad de observar desplazamientos, deslizamientos y mutaciones en los sentidos evocados, puesto que los *topoï*, compuestos por dos predicados escalares, pueden ser retomados y repetidos de forma completa y empleados con una misma fuerza de aplicación; pueden ser retomados y reelaborados en tanto se aplica una forma tópica distinta; o, por último, pueden ser alterados mediante un cambio de *topos* argumentativo, esto es, mediante la alteración de uno de sus predicados y su inscripción en otro marco discursivo. Por otra parte, este enfoque permite abordar las memorias discursivas tanto en el plano de lo dicho como en el de los modos de decir.

El análisis de las recurrencias en términos tópico–argumentativos y de gestos de habla permite delimitar un espacio ideológico–argumentativo: se trata de una zona de intersección en la que se establecen relaciones de interdiscursividad entre un discurso de referencia –en nuestro caso, el kirchnerista– y un conjunto amplio de discursos, *topoï* o puntos de vista que remiten a un "espíritu de época" con el que el primero comparte un "aire de familia" –el imaginario de la militancia setentista–. Ese espacio ideológico–argumentativo configura un "marco" discursivo (enunciativo y argumentativo) que define a su vez los posicionamientos político-ideológicos desde los cuales el locutor político organiza su discurso, y que permite establecer sentidos ideológicos a partir de la articulación de distintos mecanismos lingüísticos. El espacio ideológico–argumentativo constituye, dicho de otro modo, el reservorio de ideas, representaciones y disposiciones que da sustento al discurso kirchnerista y al *ethos* que este despliega.

En suma, en el libro se pone a prueba la eficacia y utilidad de un marco polifónico-argumentativo ampliado para el análisis del discurso político, en tanto permite identificar y caracterizar espacios ideológico-argumentativos, modos de inscripción lingüística del *ethos* en la materialidad discursiva y formas de evocación y reapropiación de una memoria discursiva. A partir de nuestro análisis, es factible plantear, aunque de manera aún prematura, una hipótesis más abarcativa –que deberá ser profundizada en próximas investigaciones–, que puede hacerse extensiva al dominio del discurso político en general, para pensar la articulación entre lo argumentativo y lo ideológico como un vínculo necesario y constitutivo: según esta hipótesis, la ideología opera, significa y circula de manera argumentativa. Si partimos, con Ducrot, de que el sentido es argumentativo y no descriptivo, y de que nuestras palabras están siempre mediadas por una dimensión argumentativa porque no hay sentidos literales ni referenciales, entonces también podemos pensar que el modo de funcionamiento de la ideología –el ámbito por excelencia de construcción, producción y reproducción de sentidos y evidencias– es fundamentalmente argumentativo.

El discurso kirchnerista y la memoria setentista

En lo que refiere específicamente a nuestro objeto de investigación, este trabajo constituye un intento por caracterizar, describir y analizar, desde un punto de vista inter e intradiscursivo, las propiedades enunciativas y argumentativas del discurso kirchnerista, todavía poco estudiado desde el enfoque teórico que aquí adoptamos.

Así pues, inicialmente abordamos la memoria representada, esto es, la imagen discursiva que el discurso presidencial ofrece sobre el pasado reciente, en tanto relato que busca sentar una lectura "oficial" con respecto a los últimos treinta años de historia argentina. Argumentamos que, dado que esa lectura participa de las luchas simbólicas y políticas por establecer los sentidos sobre el pasado cercano y por distinguirse de otras interpretaciones vigentes en el espacio político, ella pugna por devenir hegemónica y en esa medida contribuye a la configuración de identidades políticas e ideológicas. Así, mostramos que el discurso kirchnerista delinea al menos dos visiones sobre el pasado, opuestas y complementarias: por un lado, un pasado denostado y demonizado, que se figura como un bloque temporal comprendido entre los años 1976 y 2003, con idénticos principios ideológicos, políticos y económicos. En oposición a esa primera visión del pasado se delinea un segundo relato contrapuesto, más personal, subjetivo y testimonial, y que remite a la posición de enunciación del propio locutor: se trata del pasado de la militancia política, que aparece retratado desde un tono eminentemente romántico y afectivo (Sarlo, 2005). En ese segundo relato, el discurso presidencial selecciona y destaca ciertos atributos asociados al universo de la militancia, y en particular a la figura del "héroe" en tanto protagonista indiscutido de esa experiencia. En suma, montadas sobre dos procedimientos discursivos complementarios –condensación y expansión–, ambas interpretaciones conforman una lectura unificada sobre las últimas tres décadas, en un gesto refundacional que constituye el punto de partida para la configuración del *ethos* presidencial.

En cuanto a lo que denominamos memoria incorporada, esto es, los mecanismos lingüísticos de configuración del *ethos* militante, argumentamos que ellos se despliegan en un doble plano de identidad/alteridad, esto es, tanto en los modos de interpelación a los destinatarios positivos y de definición del colectivo de identificación como en los mecanismos polémicos de definición y descalificación de los adversarios. En ambos casos es posible identificar huellas y rastros, en la cadena tópico–argumentativa y en los gestos de habla, que reenvían a la discursividad y al imaginario militante setentista.

El discurso kirchnerista construye su colectivo de identificación sobre la base de dos mecanismos que constituyen el terreno discursivo sobre el cual se erigen los vínculos de creencia e identificación: por un lado, un conjunto de *topoï* o cadenas tópico–argumentativas (la heroicidad, la condena a la traición y a la neutralidad; las convicciones, las utopías y los sueños como fundamento de la acción política y el *topos* del militante como "hombre común"). En este punto, es relevante recordar que los *topoï* evocados por el discurso presidencial pueden ser o bien retomados con igual fuerza argumentativa, empleados bajo otra forma tópica, o bien modificados en uno de sus segmentos, lo que altera por consiguiente el sentido con respecto al encadenamiento original.

Así, observamos que los aspectos vinculados con la muerte del héroe, o con la lucha armada, son reemplazados, en el discurso presidencial, por encadenamientos que orientan hacia el sufrimiento o el esfuerzo del locutor, resignificando así el sentido esencial del ideario setentista. Estos aspectos se vuelcan de manera especular sobre la comunidad política dando forma, así, a un vínculo identitario.

Si este primer modo de articulación del colectivo de identificación se sustenta en una lógica argumentada, existe asimismo un segundo aspecto relevante en el proceso de interpelación de los destinatarios positivos. El discurso kirchnerista se despliega en una modalidad privilegiada, la emotiva y afectiva, que instaura una lógica de la pertenencia en tanto apela a las emociones y los afectos, mediante un registro coloquial e informal que remite a una *doxa* en la que los aspectos vitales, fraternales, alegres y apasionados constituyen la práctica política. Se traza de ese modo un terreno de complicidad y evidencia que galvaniza el vínculo de creencia entre el locutor y sus seguidores. Según comprobamos, estos gestos de habla hacen resonar ecos de la memoria militante setentista, en la que esa modalidad también es dominante.

Pero la filiación del discurso kirchnerista en la memoria militante también puede reconocerse en los diversos mecanismos polémicos de definición, interpelación y descalificación del otro, esto es, de los contradestinatarios. Caracterizado por una dimensión polémica fuertemente exhibida, el discurso presidencial está permeado por la presencia de sus adversarios, cuyas voces y figuras son evocadas, nombradas e interpeladas de distintos modos. En el plano tópico–argumentativo, existen al menos tres *topoï* que el discurso presidencial evoca y reelabora: el espacio político dividido bajo una lógica binaria y dicotómica; la retórica antiliberal y antiimperialista y la retórica antiburocrática. También en este caso, se producen desplazamientos y reelaboraciones que redefinen el sentido de los discursos evocados: por caso, aunque el kirchnerismo recupera cierto imaginario nacionalista, anticapitalista, antiliberal y antiimperialista, como es evidente no se inscribe en las cadenas argumentativas que orientan hacia la adopción de un modelo socialista. En cuanto a los modos de interpelación del destinatario negativo, se destaca el empleo de la contradestinación directa. Mecanismo poco frecuente en los discursos políticos pero corriente en el discurso militante setentista (especialmente visible en las consignas orales) que consiste en interpelar al adversario en segunda persona, este tipo de destinación negativa genera un fuerte impacto en la escena enunciativa. Asimismo, abordamos, desde el punto de vista léxico, aquellos gestos de habla que apuntan a descalificar a la persona del adversario, mediante insultos o vituperios que "apelan a la memoria" en la medida en que cuestionan las características personales del adversario en relación con un pasado vergonzante. Pero la descalificación del adversario no se centra solo en su persona, sino, especialmente, en sus palabras: como vimos, el discurso kirchnerista cita, incorpora y pone en escena voces ajenas para luego cuestionarlas u oponerse a ellas, ya sea mediante mecanismos irónico–sarcásticos, mediante la oposición argumentativa o la refutación/ resemantización. Así, se despliegan numerosos núcleos polémicos sobre los cuales el locutor adopta posiciones argumentativas e ideológicas.

En todos los gestos de habla analizados, observamos que el enemigo político es objetivado y colocado en un lugar de radical externalidad y asimetría. Señalado como un tercero amenazante o interpelado y desafiado directamente, se lo excluye del círculo de lo aceptable y lo legítimo. De este modo, tanto su persona como sus palabras son sistemáticamente descalificadas por su carácter oscuro, falso, erróneo o absurdo, quedando así desfasadas e identificadas como fuera de toda legitimidad y consideración. Sumado a esto, la dicotomización del espacio político bajo una lógica binaria y dual, y el imperativo de "tomar partido" y de no ser "neutral" –propiamente setentistas–, delinean una escena en la que las disputas político–ideológicas tienen un rol estructurante.

Dicho esto, vale la pena señalar que si bien por un lado el discurso presidencial aparece cargado de ecos setentistas, por el otro es evidente que existen significativas diferencias entre ambas discursividades. Diferencias contextuales e histórico-políticas, en primerísimo lugar, pero también distancias escenográficas y político-ideológicas. Así, aunque ambos pueden catalogarse como discursos políticos, es relevante señalar que tanto los dispositivos como los escenarios en los que cada uno de los discursos se inserta imponen marcos y condiciones de producción diferenciales. Por ejemplo, mientras en el discurso militante setentista el locutor hablaba desde un lugar de relativo anonimato, con escasas limitaciones protocolares y con un formato genérico específico (el del panfleto u órgano de prensa militante), el discurso kirchnerista, en cambio, responde a otro formato discursivo –el discurso presidencial– con restricciones tanto genéricas como protocolares y escenográficas, que imponen una mayor solemnidad, organización discursiva, y disposición enunciativa. No obstante, es precisamente el modo singular en que el discurso kirchnerista se sitúa en ese intersticio entre la palabra política presidencial y la palabra militante, y el juego de deslizamientos y reenvíos que este sugiere, lo que se nos aparece como un rasgo propio del estilo y la identidad político–discursiva del kirchnerismo. Así, el *ethos* que allí se proyecta surge de un doble posicionamiento subjetivo, puesto que el locutor habla desde una posición de enunciación dominante (la presidencial) que se identifica con la subjetividad y el imaginario de los jóvenes militantes setentistas, articulado como un discurso anti *statu quo*.

Ciertamente, el movimiento mediante el cual el discurso presidencial hace resonar, en la superficie discursiva, ciertas formas lingüísticas que reenvían al imaginario setentista está necesariamente mediado por procesos históricos y culturales que operan como filtros del sentido, como límites y fronteras que permiten reelaborar, reutilizar y al mismo tiempo resignificar los materiales textuales, simbólicos y discursivos de la memoria. En este punto, debemos agregar que en muchos casos, la evocación/reelaboración de la memoria militante setentista se produce desde el plano de las formas pero no necesariamente en sus sentidos profundos, en sus implicancias político-ideológicas o en sus consecuencias políticas de fondo. Así, al interpretar las recurrencias y resonancias discursivas que surcan el discurso kirchnerista, es imperioso considerar las profundas distancias ideológicas, históricas y políticas que separan a ambos acontecimientos discursivos, así como los proyectos político–ideológicos que están en su origen. De allí que en muchos casos se produzcan desplazamientos tópico-argumentativos que otorgan nuevos sentidos a los *topoï* evocados, especialmente aquellos propiamente setentistas que remiten a la violencia, la muerte, la lucha armada o la instauración del socialismo.

En ese sentido, es relevante subrayar que el discurso kirchnerista está atravesado por "grietas" o intersticios que surcan su aparente homogeneidad, en tanto reenvían a otras tradiciones, actualmente cargadas de legitimidad y en muchos casos hegemónicas, como el (neo)liberalismo económico, el republicanismo o el liberalismo político, con las que se producen disputas de sentido. La alusión a esas otras discursividades, que en ocasiones colisionan y están en tensión con la lógica y el sentido profundo de la memoria militante, debe interpretarse, creemos, como la condición de posibilidad de emergencia del discurso kirchnerista en la coyuntura contemporánea, puesto que dan cuenta de los "umbrales de lo decible". El discurso presidencial se nutre de esa mixtura de discursos para la configuración de la imagen del locutor: si el *ethos* militante que allí se despliega es posible, pensable y aceptable en la actualidad, es porque aparece en cierto modo "tamizado" por las alusiones a esas otras tradiciones.

Ethos militante

Llegados a este punto, es hora de sintetizar y conceptualizar la noción de *ethos* militante que recorre este libro, y que abordamos como una configuración enunciativo-argumentativa pero también como el conjunto de disposiciones valorativas y "éticas" del locutor político.

Como es sabido, los "tipos ideales" son conceptos-tipo, modelos o "ficciones coherentes" construidas por el investigador. Se trata de conjuntos de relaciones que aparecen como suficientemente motivadas y que permiten captar los rasgos generales esenciales y el sentido de los hechos sociales e históricos singulares, con los que luego esas categorías se confrontan (de allí que esos modelos típico-ideales funcionen a la vez como guías para la construcción de hipótesis y como puntos de llegada de una investigación).

No es otra la perspectiva que intentamos adoptar al acuñar la noción de *ethos* militante: en tanto tipo ideal, se trata de un concepto que pretende objetivar, caracterizar y definir los rasgos prototípicos, las posibles relaciones interdiscursivas, el sentido y la eficacia político-ideológica del discurso kirchnerista, un fenómeno complejo, heterogéneo, multifacético y multidimensional. Construcción teórico-conceptual elaborada a partir de la mirada, la perspectiva, las inquietudes, los interrogantes, pero también los supuestos del investigador, la noción de *ethos* militante busca aislar algunas regularidades, constantes y rasgos estables de la imagen del locutor en el discurso kirchnerista, y en esa medida corre, ciertamente, el riesgo de simplificar y de reducir los matices, complejidades y pliegues que hacen al objeto en cuestión. De allí la necesidad de aludir a las posibles mixturas e hibridaciones que caracterizan al *ethos* proyectado por el discurso kirchnerista, aquellas que lo vinculan también con otras tradiciones que desbordan el imaginario y la memoria militante. Considerando, entonces, que toda memoria comporta sus propios olvidos, omisiones, contradicciones y lagunas, observamos que efectivamente existen deslizamientos que crean surcos en el discurso presidencial y que inciden, en consecuencia, en la definición del *ethos* discursivo. En ese marco, ¿cómo definir ese *ethos* militante que se configura en los más de ochocientos discursos presidenciales analizados?

Ese *ethos* se configura en primer lugar, como queda dicho, a partir de su inscripción en la memoria discursiva militante setentista, que aparece no solamente evocada sino, sobre todo, recreada, reapropiada y transformada en la voz presidencial. Reelaborada desde esa nueva perspectiva, esa constelación imaginaria de representaciones, discursos, ideas y creencias –que se plasma en puntos de vista y *topoï* argumentativos–, se incorpora –es decir, se hace cuerpo– en la propia imagen del locutor político, dando lugar a una figura discursiva con características particulares:

- Se trata de una figura joven, y por ello vital, enérgica, rebelde, transgresora, valiente y capaz de desafiar al *statu quo*.
- En la medida en que se identifica con la figura del "militante" político setentista, se trata de un *ethos* heroico, esto es, sacrificado, resistente, no claudicante, valiente, intrépido, y por ello dispuesto a "luchar" por sus ideas.
- Su carácter de joven militante lo define además como simple, humilde, trabajador, popular, desfachatado, irreverente y poco apegado a las "formas" y los "modales".
- También por su raíz militante, el *ethos* desplegado en el discurso kirchnerista se muestra como preponderantemente guiado por convicciones, ideales, emociones y valores, y no por el cálculo racional, pragmático o estratégico.
- En esa medida, es "voluntarista" y no posibilista, beligerante, conflictivo y polémico, y no consensualista ni "pactista".

Esos rasgos se plasman lingüísticamente no sólo en la evocación/ reelaboración de diversos *topoï* o principios argumentativos, sino también en numerosos gestos de habla que reenvían al imaginario político, cultural e ideológico de la militancia setentista, una huella que hace a la configuración subjetiva del locutor político.

Pero, como señalamos, la evocación/ reelaboración de esa memoria setentista no carece de tensiones. En efecto, el *ethos* proyectado por el discurso kirchnerista también abreva en otras memorias, tradiciones o matrices ideológicas que se complementan o, en muchos aspectos, colisionan con la primera, como la tradición nacional-populista, la liberal o la republicana. Según entendemos, esa convergencia de tradiciones debe interpretarse a la luz de los umbrales de decibilidad que cada coyuntura histórica impone, aquellos que establecen los límites de lo que es posible decir y no decir y los marcos de sentido en los cuales un discurso político puede y debe situarse. En el caso del discurso kirchnerista, observamos que esa confluencia de representaciones es posible en tanto y en cuanto las palabras del locutor están completamente permeadas por la perspectiva de ese *ethos* militante encarnado en la figura del ex presidente, el responsable de la enunciación que domina la escena discursiva.

Se delinea así un espacio ideológico-argumentativo: se trata de una zona de intersección en la que se instauran relaciones de interdiscursividad entre un discurso de referencia –en nuestro caso, el kirchnerista– y un conjunto amplio de discursos y puntos de vista que dan cuenta de una memoria discursiva –en nuestro caso la memoria de la militancia setentista–, que a su vez está permeada por otras matrices y tradiciones. Ese espacio discursivo constituye un marco enunciativo, y sobre todo argumentativo, que define el entramado de sentidos en el que el discurso kirchnerista se reconoce y se fundamenta.

No obstante las distancias y las divergencias que se evidencian en la evocación/ reelaboración de la memoria militante setentista, su reemergencia y reactualización en el discurso político contemporáneo, treinta y cinco años más tarde, no deja de ser un dato significativo que arroja luz sobre las especificidades del discurso kirchnerista, que se nos figura "teñido" por esa memoria. En ese marco, el *ethos* del locutor se recorta y define como un sujeto que se nutre de la fuerza de la juventud, intenso y apasionadamente involucrado en los conflictos y los desafíos políticos, animado por pasiones, convicciones, ideales y sueños, transgresor, valiente y voluntarioso, resistente y sacrificado. Al mismo tiempo, se figura como un "hombre común", popular, informal, irreverente y no apegado a las formas. La imagen del locutor y líder político se construye así en un doble juego que lo hace aparecer simultáneamente como "parte del pueblo y fuera de él"[448], como un hombre común e igual a sus compatriotas y compañeros, pero capaz de establecer los límites de lo aceptable y lo intolerable, lo legítimo y lo ilegítimo, en suma, de definir el campo de los amigos y los enemigos. La "fuente" y el fundamento de su legitimi-

---

[448] De Ipola, 1982.

dad y de su autoridad remiten al pasado, a un tiempo pretérito cuyos valores, ideales y sentidos de la política son recuperados, pero también resignificados, en la actualidad.

Pero, dijimos, la noción de *ethos* no se agota en su aspecto discursivo. En efecto, esa categoría comporta asimismo, ya desde la tradición aristotélica pero, sobre todo, en sus acepciones sociológicas y políticas contemporáneas, una dimensión fuertemente actitudinal, valorativa, subjetiva o motivacional, que alude a las virtudes éticas o morales del orador, y a las disposiciones, valores, motivaciones, creencias, maneras de ser, propensiones, inclinaciones, sentidos y razones que generan conductas, prácticas y acciones. Esta última acepción remite a los aportes de Bourdieu (1979; 1995) sobre el *habitus*, en tanto sistema de disposiciones adquiridas, esquemas interiorizados, conjunto de creencias, referencias, técnicas y mecanismos incorporados generadores de prácticas, pero también a los de Weber, en los que aquel abreva.

Conjunto de reglas más o menos implícitas y socialmente construidas, el *ethos* constituye para Weber una ética práctica específica, de allí que la noción weberiana de *ethos* resulte particularmente relevante para nuestra indagación, por cuanto nos introduce en la tipología de disposiciones "éticas" que pueden regir las conductas, prácticas, acciones y valores de los líderes políticos. Esa tipología no pretende establecer juicios de valor sobre los preceptos morales que rigen la acción de los sujetos políticos sino describir y comprender las disposiciones que estructuran y motivan esa acción.

En su ensayo "La política como vocación", donde busca dilucidar "qué clase de hombre hay que ser para tener derecho a poner la mano en la rueda de la Historia"[449], Weber señala que "toda acción éticamente orientada puede ajustarse a dos máximas fundamentalmente distintas e irremediablemente opuestas: puede orientarse conforme a la 'ética de la convicción' o conforme a la 'ética de la responsabilidad'"[450]. Sintéticamente, puede decirse que si el segundo modo de vincularse con el mundo de la política supone una consideración de las consecuencias previsibles de la propia acción, el *ethos* de la convicción funciona en cambio motivado por la pasión, el impulso y el compromiso subjetivo, pero no tiene en cuenta las consecuencias de su

---

[449] Weber, 1998: 154.
[450] Idem: 164

accionar, y en esa medida es un *ethos* romántico, heroico y en cierto modo irracional. Sin embargo, dado el avance de la burocratización y rutinización del mundo político moderno, Weber señala que la verdadera vocación política se define en el encuentro entre estos dos modelos, que en última instancia no son totalmente opuestos sino "elementos complementarios que han de concurrir para formar al hombre auténtico, al hombre que puede tener 'vocación política'"[451]. Así, un verdadero político debe poseer al mismo tiempo un alto grado de madurez, responsabilidad y mesura, pero también elevados ideales, convicciones y valores que "enciendan la llama" de su pasión política, liguen al político a una causa o una "idea" y funcionen como el motor y el sentido de su accionar.

Novaro retoma los aportes de Weber y denomina "político romántico" a aquel que, "agitado por una pasión incontrolada"[452], prioriza la ética de las convicciones por sobre la de la responsabilidad, y ejerce una práctica política "deontológica" consistente en "la exaltación de los propios valores y juicios morales frente a toda otra consideración, incluida la de las consecuencias de los propios actos, que se atribuyen por lo tanto no a la responsabilidad del actor"[453]. El autor denuncia así el fundacionalismo y voluntarismo insitos en la idea del político romántico (rasgos que, según Novaro, recorren toda la historia política argentina), el cual se concibe a sí mismo como una "fuerza moral redentora" capaz de empezar siempre "de nuevo". Guiado por convicciones subjetivas y particulares, el político romántico suele invocar "mitos políticos", ideas–fuerza capaces de movilizar creencias y voluntades colectivas que suponen una visión particular, relativista, inmanentista e irracionalista del mundo, concebido como gobernado por fuerzas morales (bien/mal, vida/muerte). En oposición, un político "representativo", que abraza una ética de la responsabilidad, se caracteriza por su doble filiación: por un lado, a sus convicciones, misiones y causas éticas en tanto ideas compartidas que trascienden su propia figura y, por el otro, a su responsabilidad. La convicción no puede ser "privada" sino que debe ser representativa del "deber moral público"; en cuanto a la responsabi-

---

451 Idem: 177.
452 Novaro, 2000: 188.
453 Idem: 204.

lidad, esta no puede reducirse a las intenciones subjetivas, sino a los resultados, y debe ser juzgada deliberativamente, y por ende estar abierta a la indeterminación y la contingencia.

A partir de las categorías de *ethos* de la convicción y de político romántico parece posible establecer sugerentes vínculos con la noción de *ethos* militante que, según postulamos, caracteriza al discurso kirchnerista. En efecto, vimos que el ex presidente ha hecho del *topos* de la "convicción" un *leitmotiv* que recorre toda su producción discursiva, y que estructura su propio *ethos*, así como la constelación de creencias, valores y representaciones que este evoca y el espacio ideológico–argumentativo en el que se sustenta. En ese marco, y para finalizar, vale la pena interrogarse sobre los efectos y las consecuencias que se derivan, en términos de liderazgo político pero también de construcción una memoria colectiva, a partir de la emergencia de una figura presidencial identificada con ese *ethos* militante.

Perspectivas y desafíos

A lo largo de este libro hemos intentado mostrar que el *ethos* militante que se proyecta en el discurso kirchnerista se figura como la encarnación de un legado y un mandato heredados del pasado, y que enraíza su práctica política en valores, ideas, convicciones, modos de hacer y de decir la política que lo preceden y lo constituyen.

Los efectos de sentido sobre el pasado que ese discurso político abrió en el espacio público a partir de la evocación discursiva del imaginario setentista siguen actualmente vigentes, multiplicando sus ecos y resonancias. La evocación del pasado militante, así como la búsqueda de Memoria, Verdad y Justicia han sido pilares fundamentales en la matriz discursiva kirchnerista, en términos de "convicciones" o ideales políticos. Se trata, sin duda, de ideas-fuerza, por un lado fuertemente representativas (puesto que son demandas reclamadas por gran parte de la sociedad argentina durante muchos años) y, por otro, con una gran impronta cohesiva y formativa de identidades políticas. Pero, al mismo tiempo, por su carácter a veces parcial y autorreferencial, esos ideales participan también de cierto imaginario "mítico" que reenvía al pasado de los años setenta. Esto ha conducido, por momentos, a un ejercicio romántico de la política, que enfatiza el momento de la ruptura y resta importancia a las perspectivas de estabilización y universalización, opacando, en ocasiones, su apertura inherentemente universal. Aunque puede decirse que en muchos casos el modo en que el discurso kirchnerista reelabora el pasado reciente tiene una impronta subjetiva y en ciertos sentidos particularista, también es cierto que esa puesta en circulación de representaciones sobre el pasado reciente ha reinstalado –y, ciertamente, también legitimado– la valoración de los ideales, los compromisos, las prácticas y los modos de concebir la política de aquella generación de jóvenes militantes. Ideales y valores que vuelven a plantear temas como la justicia, la independencia, la soberanía y la igualdad, que no está de más reeditar. De modo que la emergencia del discurso kirchnerista en el espacio público ha reabierto importantes debates, aún no saldados, sobre la experiencia de la militancia en los años setenta, sobre las responsabilidades que les caben a los actores en juego y sobre sus legados pero también sobre sus limitaciones.

En consecuencia, en los últimos años se han reavivado escisiones, debates y divisiones que reenvían a polarizaciones y conflictos del pasado. En efecto, hechos como la desaparición del testigo Jorge Julio López[454] o la aparición pública de agrupaciones como "Memoria completa"[455], entre otros, dan cuenta de los límites de la memoria y demuestran que, aunque minoritarios, en Argentina aún persisten sectores que buscan cerrar el debate acerca del pasado, que se resisten a revisar sus responsabilidades durante el régimen militar y que no condenan las violaciones a los derechos humanos cometidas durante ese período, lo cual compromete los valores democráticos fundamentales. Esos hechos plantean una escisión irreductible, en tanto los puntos de vista sobre lo justo y lo injusto, sobre las nociones de crueldad y compasión parecen no tener medida común: no hay, al parecer, un terreno común de valores sobre los que sea posible tan solo discutir o negociar. La circulación pública de discursos sobre el pasado reciente abre, así, nuevas disputas sobre el sentido de las experiencias pretéritas e invita a

---

[454] Ver la nota 356.

[455] "Memoria completa" es un grupo activista compuesto por militares retirados y sus familiares, que reclaman la condena de los "terroristas" de los años setenta y protege los intereses de los militares acusados, procesados o presos. Su estrategia consiste en "igualar los crímenes del terrorismo de Estado con cualquier acto cometido por las organizaciones armadas" (CELS, 2005). Ver también Campos (2009).

reflexionar acerca de los desafíos en términos de construcción de una memoria colectiva.

Según Hannah Arendt (2007), el acto de recordar es un gesto profundamente político, en tanto implica echar raíces, pone a circular nuevas representaciones sobre uno y los otros, otorga actualidad al acontecimiento e inaugura la posibilidad del perdón y el arrepentimiento. En ese sentido, la memoria y el recuerdo permiten "elaborar" colectivamente el pasado para edificar y consolidar una cultura política democrática. Esto implica reconocer el carácter eminentemente político y conflictivo que todo proceso de construcción de la memoria colectiva involucra, y abordarlo con decisión y convicción, pero sin olvidar la responsabilidad ética que ello entraña y la dimensión intersubjetiva, contingente y abierta de la tarea.

En el encuentro entre un *ethos* de la convicción, fundado en valores trascendentes que hundan sus raíces en un pasado compartido, y un *ethos* de la responsabilidad que considere los legados, los debates pero también las deudas de las experiencias pretéritas desde una perspectiva responsable, crítica y plural, se juega el fortalecimiento de nuestra comunidad política.

Bibliografía

Lingüística y análisis del discurso político

Adam, J.–M. (1999): "Images de soi et schématisation de l'orateur: Pétain et De Gaulle en Juin 1940", en Amossy, R. (dir.), *Images de soi dans le discours. La construction de l'ethos*, París, Delachaux et Niestlé, 101–126.

Adam, J.–M. (2002): "De la grammaticalisation de la rhétorique à la rhétorisation de la linguistique", en Koren, R. y Amossy, R. (eds.), *Après Perelman. Quelles nouvelles politiques pour les nouvelles rhétoriques?*, París, L'Harmattan, 23–55.

Altamirano, C. y B. Sarlo (1993): *Literatura/Sociedad*, Buenos Aires, Edicial.

Angenot, M. (1982): *La parole pamphlétaire. Typologie des discours modernes*, París, Payot.

Angenot, M. (1989): *Un état du discours social*, Montréal, Éditions du Préambule.

Angenot, M. (2000): *Les grands récits militants des XIXe et XXe siècles*, París, L'Harmattan.

Angenot, M. (2010): *El discurso social*, Buenos Aires, Siglo XXI.

Anscombre, J.C. (1990): "Thème, espaces discursifs et représentation événementielle", en Anscombre, J.–C. y G. Zaccaría, *Fonctionalisme et pragmatique. A propos de la notion de thème*, Milano, Unicopli.

Anscombre, J. (ed.) (1995a): *Théorie des topoï*, París, Kimé.

Anscombre, J. (1995b): "Semántica y léxico. *Topoï*, estereotipos y frases genéricas", en *Revista Española de Lingüística* 25– 2, 297–310.

Anscombre, J.C. (1995c): "La théorie des *topoï*: sémantique ou rhétorique?", en *Hermès* 15.

Anscombre, J. y O. Ducrot (1983): *L'argumentation dans la langue*, Bruselas, Pierre Madariaga Éditeur.

Amossy, R. (dir.) (1999a): *Images de soi dans le discours. La construction de l'ethos. París, Delachaux et Niestlé.*

Amossy, R. (1999b): "L'*ethos* au carrefour des disciplines: rhétorique, pragmatique, sociologie des champs", en Amossy, R. (dir.), *Images de soi dans le discours. La construction de l'*ethos. París, Delachaux et Niestlé, 127–149.

Amossy, R. (2000): *L'argumentation dans le discours*, París, Nathan.

Amossy, R. (2005): "De l'apport d'une distinction: dialogisme vs polyphonie dans l'analyse argumentative", en Bres, J. (dir.) y otros, *Actes du Colloque de Cerisy: Dialogisme et polyphonie. Approches linguistiques*, Bruselas, De Boeck– Duculot.

Amossy, R. (2010): "The functions of polemical discourse in the public sphere", en Smith, M. y B. Warnick (eds.), *The Responsibilities of Rhetoric*, Long grove, Waveland Press, 52–61.

Amossy, R. y A. H. Pierrot (2001): *Estereotipos y clichés*, Buenos Aires, Eudeba.

Amossy, R., y R. Koren (eds.) (2002): *Après Perelman. Quelles nouvelles politiques pour les nouvelles rhétoriques?*, París, L'Harmattan.

Amossy, R. y P. Fiala (2004): "Guerre et paix. Débats, combats, polémiques: Présentation", en *Mots. Les langages du politique 7*, 3–5.

Apothéloz, D., P.–Y. Brandt, y G. Quiróz (1992): "Champ et effets de la négation argumentative: contre–argumentation et mise en cause", en *Argumentation 6*, 99–113.

Aristóteles (1998): *Retórica*, Madrid, Alianza.

Arnoux, E. (2008): *El discurso latinoamericanista de Hugo Chávez*, Buenos Aires, Biblos.

Authier–Revuz, J. (1982): "Hétérogénéité montrée et hétérogénéité constitutive, éléments pour une approche de l'autre dans le discours", en *DRLAV 26*, 91–151.

Authier–Revuz, J. (1984): "Hétérogéneité(s) énonciative(s)", en *Langages 73*.

Authier–Revuz, J. (1995): *Ces mots qui ne vont pas de soi. Boucles réflexifs et non–coïncidences du dire*, París, Larousse.

Bally, C. [1932] (1944): *Linguistique générale et linguistique française*, Berne, Fraenke.

Bajtín, M. [1952–1953] (1979): "El problema de los géneros discursivos", en *Estética de la creación verbal*, México, Siglo XXI.

Bajtín, M. [1975] (1989): *Teoría y estética de la novela*, Madrid, Taurus.

Barthes, R. [1970] (1985): *L'aventure sémiologique*, París, du Seuil.

Benveniste, E. (1966): *Problèmes de linguistique générale*, París, Gallimard.

Brait, B. (1996): *Ironia em perspectiva polifônica*, Campinas, Editora DA Unicamp.

Bolívar, A. (2001): "El personalismo en la democracia venezolana y cambios en el diálogo político", en *Discurso y sociedad* 3 (1), 103–134.

Bolívar, A. (ed.) (2003): "Discurso y democracia en Venezuela", en *Discurso y Sociedad* 4 (3), número monográfico.

Bolívar, A. (2008): "'Cachorro del imperio' vs. 'cachorro de Fidel'. Los insultos en la política latinoamericana", en *Discurso y Sociedad* 2 (1), 1-38

Bonnafous, S. (2001): "L'arme de la dérision chez J.-M. Le Pen", en *Hermès* 29, 53-63.

Bres, J. (2005): "Savoir de quoi on parle: dialogue, dialogal, dialogique; dialogisme, polyphonie", en Bres, J. (dir.) y otros, *Actes du Colloque de Cerisy: Dialogisme et polyphonie. Approches linguistiques*, Bruselas, De Boeck-Duculot.

Briz, A. (1998): *El español coloquial en la conversación*, Barcelona, Ariel.

Brown, P. y S. Levinson (1987): *Politeness. Some universals in languages use*, Cambridge, Cambridge University Press.

Carel, M. y O. Ducrot (2005): *La semántica argumentativa. Una introducción a la teoría de los Bloques Semánticos*, Buenos Aires, Colihue.

Charaudeau (2005): *Le discours politique. Les masques du pouvoir*, París, Vuibert.

Charaudeau (2009): "Reflexiones para el análisis del discurso populista", en *Discurso y Sociedad* 3(2), número monográfico, 253-279.

Chumaceiro, I. (2003): "El discurso de Hugo Chávez. Bolívar como estrategia para dividir a los venezolanos", en *Boletín de Lingüística* 20, 22-42.

Courtine, J.J. (1981): "Quelques problèmes théoriques et méthodologiques en analyse du discours, a propos du discours communiste adressé aux chrétiens ", en *Langages* 62, 9-128.

Courtine, J.J. (1994): "Le tissu de la mémoire. Quelques perspectives de travail historique dans les sciences du langage", en *Langages* 114, 5-12.

Courtine, J.J. (2006): *Metamorfoses do discurso político. Derivas da fala pública*, São Paulo, Claraluz.

Culler, J. [1982] (2008): *On deconstruction: theory and criticism after structuralism*, Ithaca, Cornell University Press.

Dagatti, M. (2010): "El hombre común, la situación excepcional. Aportes para un análisis ético de la construcción del liderazgo kirchnerista en la Argentina post–crisis", en *Actas de las I Jornadas Latinoamericanas de Investigación en Estudios Retóricos*, FFyL, Universidad de Buenos Aires.

Ducrot, O. (1972): *Dire et ne pas dire. Principes de sémantique linguistique*, París, Hermann.

Ducrot, O. (1977): "Note sur la présupposition et le sens littéral", *Postface à Henry, P., Le mauvais outil*, París, Klincksieck.

Ducrot, O. (1980): *Les mots du discours*, París, Minuit.

Ducrot, O. (1984): *Le dire et le dit*, París, Minuit.

Ducrot, O. (1988a): *Polifonía y argumentación*, Cali, Universidad de Cali.

Ducrot, O. (1988b): "Argumentación y *topoï* argumentativos", *Lenguaje en Contexto* 1½, 63-84.

Ducrot, O. (1989): "*Topoï* et sens", *Actes du 9ème Colloque d'Albi*, Université de Toulouse Le Mirail.

Ducrot, O. (1998): "Argumentation et inférence", en Verschueren, J., *Selected papers from the 6th International Pragmatics Conference*, Vol. 2, IPra, 117-129.

Ducrot, O. (2001): "La enunciación", en *El decir y lo dicho*, Buenos Aires, Edicial.

Ducrot, O. (2004): "Sentido y argumentación", en Arnoux, E. y M.M. García Negroni (comps.), *Homenaje a Oswald Ducrot*, Buenos Aires, Eudeba.

Eggs, E. (1999): "*Ethos* aristotélicien, conviction et pragmatique moderne", en Amossy, R. (dir.), *Images de soi dans le discours. La construction de l'ethos*, París, Delachaux et Niestlé, 31–59.

Erlich, F. (2005): "La relación interpersonal con la audiencia. El caso del discurso del presidente venezolano Hugo Chávez", en *Signos* 38 (59).

Escandell Vidal, M.V. (1996): *Introducción a la pragmática*, Madrid, Ariel.

Fontanella de Weinberg, M.B. (1999): "Sistemas pronominales de tratamiento usados en el mundo hispánico", en Bosque, J. y Demonte, V. (dirs.), *Gramática descriptiva de la lengua española*, Vol. 1, Madrid, Espasa Calpe, 1399-1425.

Foucault, M. [1969] (2002): *La arqueología del saber*, Buenos Aires, Siglo XXI.

Foucault, M. [1970] (2002b): *El orden del discurso*, Buenos Aires, Tusquets.

Fuentes Rodríguez, C. (1991): "Algunas reflexiones sobre el concepto de modalidad", en *Revista Española de Lingüística Aplicada* 7, 93-108.

García Negroni, M.M. (1988): "La destinación en el discurso político: una categoría múltiple", en *Lenguaje en Contexto I (1/2)*, 85-111.

García Negroni, M.M. (1995): "Scalarité et réinterprétation: les modificateurs surréalisants", en Anscombre, J.-C. (ed.), *Théorie des topoi*, París, Kimé, 101-144.

García Negroni, M.M. (1998): "Argumentación y dinámica discursiva. Acerca de la Teoría de la Argumentación en la Lengua", en *Signo & Seña* 9, 21-43.

García Negroni, M. M. (2003): *Gradualité et réinterprétation*, París, L'Harmattan.

García Negroni, M.M. (2005): "La Teoría de la Argumentación lingüística: De la Teoría de los *Topoï* a la Teoría de los Bloques Semánticos", en Rodríguez, S. (coord.), *Lingüística francesa*, Madrid, Liceus E-Excellence.

García Negroni, M.M. (2009a): "Negación y descalificación: a propósito de la negación metalingüística", en *Ciências & Letras* 45, Porto Alegre, 61-82.

García Negroni, M.M. (2009b): "Dialogismo y polifonía enunciativa. Apuntes para una reelaboración de la distinción discurso / historia", en *Páginas de Guarda* 7.

García Negroni, M.M. y A. Raiter (1988): "La dynamique du discours sur les 'disparus' d'Argentine: le discours du Dr. Tróccoli", en *Mots* 17, 77-101.

García Negroni, M.M. y S. Ramírez (2006): "Acerca del voseo en los manuales escolares argentinos (1970-2004)", en Hummel, M. (ed.), *Formas y fórmulas de tratamiento en el mundo hispano*, México, Colegio de México.

García Negroni, M.M. y M. Zoppi Fontana (1992): *Análisis lingüístico y discurso político. El poder de enunciar*, Buenos Aires, Hachette.

Glozman, M. y A. S. Montero (2010): "Lecturas de nunca acabar: consideraciones sobre la noción de interdiscurso en la obra de Michel Pêcheux", en *Cadernos de Letras da UFF* 40, Río de Janeiro, Editorial da UFF.

Goldman, N. (1989): *El discurso como objeto de la historia. El discurso político de Mariano Moreno*, Buenos Aires, Hachette.

Guimarães, E. (2002): *Semântica do acontecimento*, Campinas, Pontes.

Guimarães, E. (2004): "Argumentación y acontecimiento", en Arnoux, E. y M. M García Negroni (comps.), *Homenaje a Oswald Ducrot*, Buenos Aires, Eudeba.

Henry, P. (1977): *Le mauvais outil*, París, Klincksieck.

Jameson, F. (1972): *The prison-house of language. A critical account of Structuralism and Russian formalism*, Princeton, Princeton university Press.

Kerbrat Orecchioni, C. (1978): *L'ironie*, Lyon, Presses Universitaires de Lyon.

Kerbrat Orecchioni, C. (1980): *Le discours polémique*, Lyon, Presses Universitaires de Lyon.

Kerbrat Orecchioni, C. (1986): *La enunciación. De la subjetividad en el lenguaje*, Buenos Aires, Hachette.

Koren, R. y R. Amossy (eds.) (2002): *Après Perelman. Quelles nouvelles politiques pour les nouvelles rhétoriques?*, París, L'Harmattan.

Kristeva (1969): "La palabra, el diálogo, la novela", en *Semiótica I*, Madrid, Fundamentos.

Levinson, S. (1983): *Pragmatics*, Cambridge, Cambridge University Press.

Lorda, C. U. (2008): "Des *ethos* renversés dans le débat Royal-Sarkozy?", en *Actas del III Simposio Internacional sobre Análise do Discurso. Emoções, Ethos e Argumentação*, UFMG, Brasil.

Maingueneau, D. (1980): *Introducción a los métodos del análisis del discurso*, Buenos Aires, Hachette.

Maingueneau, D. (1983): *Sémantique de la polémique*, Lausanne, L'âge d'homme.

Maingueneau, D. (1987): *Nouvelles tendances en analyse du discours*, París, Hachette.

Maingueneau, D. (1999): "*Ethos*, scénographie, incorporation", en Amossy, R. (dir.), *Images de soi dans le discours. La construction de l'e-thos*, París, Delachaux et Niestlé, 75-100.

Maingueneau, D. (2002): "Problèmes d'*ethos*", *Pratiques*, 113- 114.

Maldidier, D. (1971): "Le discours politique de la guerre d'Algérie: approche synchronique et diachronique ", en *Langages* 23, 57-86.

Maldidier, D., C. Normand y R. Robin (1972): "Discours et idéologie: quelques bases pour une recherche", en *Langue Française* 15, 116-142.

Mangone, C. y J. Warley (eds.) (1994): *El discurso político, del foro a la televisión*, Buenos Aires, Biblos.

Marandin, J.M. (1979): "Problèmes d'analyse du discours. Essai de description du discours français sur la Chine", en *Langages* 55, 17-88.

Marcellesi, J.-B. (1971): "Éléments pour une analyse contrastive du discours politique", en *Langages* 23, 25-56

Mazière, F. (2007): *L'analyse du discours: histoire et pratiques*, París, PUF.

Menéndez, M. y A. Raiter (1986): "El desplazamiento de un signo ideológico (Análisis lingüístico del discurso político)", en *Filología* XX 2.

Miche, E. (2008): "La place de l'émotion dans le débat Royal-Sarkozy", en *Actas del III Simposio Internacional sobre Análise do Discurso. Emoções, Ethos e Argumentação*, UFMG, Brasil.

Milner, J.-C. (1978): *De la syntaxe à l'interprétation. Quantités, insultes, exclamations*, París, Éditions du Seuil.

Moeschler, J. (1982): *Dire et contredire. Pragmatique de la négation et acte de réfutation dans la conversation*, Frankfurt, Peter Lang.

Molero de Cabeza, L. (2002): "El personalismo en el discurso político venezolano. Un enfoque semántico y pragmático", en *Convergencia* 9 (29), México.

Montero, A.S. (2007): "Política y convicción. Memorias discursivas de la militancia setentista en el discurso presidencial argentino", en *Revista de la Asociación Latinoamericana de Estudios del Discurso* 7 (3), Caracas, Venezuela.

Montero, A.S. (2008a): "Justicia y decisión en el discurso presidencial argentino sobre la memoria (2003-2007)", en *Confines. Revista de relaciones internacionales y ciencia política* 7, Monterrey, México, 27-41.

Montero, A.S. (2008b): "'¡Claro que estoy en campaña!': Exclamación, oposición y verdad en el discurso presidencial (Argentina, 2003-2006). Análisis semántico– argumentativo del marcador claro que", en *Oralia: Análisis del discurso Oral* 10, España, 193-212.

Montero, A.S. (2009a): "Puesta en escena, destinación y contradestinación en el discurso kirchnerista (Argentina, 2003-2007)", en *Discurso y Sociedad* 3(2), Caracas, Venezuela, 316-347.

Montero, A.S. (2009b): "Emociones y exclamación. Acerca de la mostración de la subjetividad en el discurso político", en *Lenguajes, Universidad del Valle*, Cali, Colombia.

Montero, A.S. (2009c): "Usos de la memoria en el discurso presidencial argentino (2003-2006)", en *Revista Estudos de sociología* 15(1), UFPE, Brasil.

Montero, A.S. (2009d): "Mémoire, droits de l'homme et résolution de l'héritage autoritaire en Argentine (2003–2007)", en Fourtané, N. y M. Guiraud (dirs.), *Les réélaborations de la mémoire dans le monde luso-hispanophone*, Presses Universitaires de Nancy II.

Nagamine Brandão, H. (1998): Subjetividade, argumentação, polifonia. A propaganda da Petrobrás, São Paulo, Unesp.

Nowakowska, A. (2005): "Dialogisme, polyphonie: des textes russes de M. Bakhtine à la linguistique contemporaine", en Bres, J. (dirs.) y otros, *Actes du Colloque de Cerisy: Dialogisme et polyphonie. Approches linguistiques*, Bruselas, De Boeck– Duculot.

Pêcheux, M. [1969 ; 1971; 1975; 1983] (1990): *L'inquiétude du discours. Textes choisis et présentés par D. Maldidier*, París, des Cendres.

Pêcheux, M. (1975): "Introduction", en *Langages* 37, 3-6.

Pêcheux, M. (1981): "L'étrange miroir de l'analyse du discours", en *Langages* 62.

Pêcheux, M. y C. Fuchs (1975): "Mises au point et perspectives à propos de l'analyse automatique du discours ", en *Langages* 37, 7-80.

Perelman, C. (1997): *El imperio retórico. Retórica y argumentación*, Bogotá, Norma.

Perelman, C. y L. Olbrechts–Tyteca (1989): *Tratado de la argumentación. La nueva retórica*, Editorial Gredos, Madrid.

Plantin, C. (ed.) (1993): *Lieux communs*, topoï, *stéréotypes, clichés*, París, Kimé.

Plantin, C. (1997) "L'argumentation dans l'émotion", en *Pratiques* 96, 81-100.

Plantin, C. (2005): *L'argumentation. Histoire, théorie et perspectives*, París, PUF.

Raiter, A. (1999): *Lingüística y política*, Buenos Aires, Biblos.

Reyes, G. (1994): *Los procedimiento de cita: citas encubiertas y ecos*, Madrid, Arco Libros.

Rinn, M. (dir.) (2008): *L'usage des passions dans la langue*, Rennes, Presses Universitaires de Rennes.

Robin, R. (1973): *Histoire et linguistique*, París, Armand Colin.

Robin, R. (1986): "Postface. L'Analyse du Discours entre la linguistique et les sciences humaines: l'éternel malentendu", en *Langages* 81, 121-128

Roulet, E. (1989): "Une forme peu étudiée d'échange agonal: la controverse", en *Cahiers de Praxématique* 13, 7–18.

Salsmann, M. (2008): "Les marques linguistiques du discours politique: comparaison d'une conférence de presse et d'un projet de loi", EHESS, mimeo.

Sauerwein Spinola, S. (2000): *La représentation critique du discours de l'autre: le questionnement oppositif*, Münster, LIT.

Sériot, P. (1986): "Langue russe et discours politique soviétique: analyse des nominalisations", en *Langages* 81, 11–41

Sigal S. y E. Verón, [1986] (2003): *Perón o muerte. Los fundamentos discursivos del fenómeno peronista*, Buenos Aires, Eudeba.

Sperber, D. y D. Wilson (1978): "Les ironies comme mentions", en Poétique 36, 399-412.

Übersfeld, A. [1977] (1988): *Semiótica teatral*, Madrid, Cátedra.

Verón, E. (1987): "La palabra adversativa. Observaciones sobre la enunciación política", en Verón, E. y otros, *El discurso político. Lenguajes y acontecimientos*, Buenos Aires, Hachette.

Vitale, M.A. (2006): *Prensa escrita y autoritarismo. Las memorias retórico-argumentales de los discursos golpistas en Argentina (1930-1976)*, Tesis de Doctorado, FFyL, Universidad de Buenos Aires.

Zoppi Fontana, M. (1997): *Ciudadaõs Modernos. Discurso é representaçaõ política*, Campinas, Editora da Unicamp.

Historia reciente, discurso militante y derechos humanos

Acuña, C. y C. Smulovitz (1995): "Militares en la transición argentina: del gobierno a la subordinación constitucional", en AA.VV., *Juicios, castigos y memorias. Derechos humanos y justicia en la política argentina*, Buenos Aires, Nueva Visión.

Altamirano, C. (2001): *Bajo el signo de las masas. Estudio preliminar*, Buenos Aires, Ariel.

Altamirano, C. (2007): "Pasado presente", en Lida, C., H. Crespo, y P. Yankelevich, 1976. *Estudios en torno al golpe de estado*, México, Colegio de México-Centro de Estudios Históricos

Baschetti, R. (comp.) (1995): *Documentos (1970-1973). De la guerrilla peronista al gobierno popular*, La Plata, La Campana.

Baschetti R. (comp.) (1996): *Documentos (1973-1976). De Cámpora a la ruptura*, La Plata, La Campana.

Bonvecchi A. y H. Charosky (2004): "Ni olvido ni perdón", en *La ciudad futura* 55.

Calveiro, P. (1998): *Poder y desaparición. Los campos de concentración en Argentina*, Buenos Aires, Colihue.

Calveiro, P. (2005): *Política y/o violencia. Una aproximación a la guerrilla de los años '70*, Buenos Aires, Editorial Norma.

Campos, E. (2009): "¿Es posible una 'memoria completa'? Acerca de olvidos y reacciones conservadoras en la narrativa histórica de los '60/'70 (2006-2009)", en *Revista Afuera* IV (7).

Carnovale, V. (2004): "El concepto de enemigo en el PRT–ERP: discursos colectivos, experiencias individuales y desplazamientos de sentido", en *Lucha Armada en la Argentina* 1(1).

Carnovale, V. (2005): "'Jugarse al cristo': Mandatos y construcción identitaria en el Partido Revolucionario de los Trabajadores-Ejército Revolucionario del Pueblo (PRT-ERP)", en Entrepasados XIV-28.

Carnovale, V. (2006a): "Memorias, espacio público y Estado: la construcción del Museo de la Memoria", en *Estudios AHILA de Historia Latinoamericana* 2, Verveurt.

Carnovale, V. (2006b): "Postulados, sentidos y tensiones de la proletarización en el PRT-ERP", en *Lucha Armada en Argentina* 5, 30-43.

De Riz, L. (1981): *Retorno y derrumbe. El último gobierno peronista*, Buenos Aires, Hyspamérica.

De Santis, D. (2004): *A vencer o morir. Historia del PRT–ERP. Documentos*, Buenos Aires, Editorial Nuestra América.

Franco, M. y F. Levin (comps.) (2007): *Historia reciente. Perspectivas y desafíos para un campo en construcción*, Buenos Aires, Paidós.

Forster, R. (2002): "La memoria como campo de batalla", en *Revista Puentes* 8, Comisión Provincial por la Memoria.

Gasparini, J. (2005): *Montoneros. Final de cuentas*, La Plata, La Campana.

Gillespie, R. [1982] (1998): *Soldados de Perón. Los Montoneros*, Buenos Aires, Grijalbo.

Giussani, P. (1984): *Montoneros. La soberbia armada*, Buenos Aires, Sudamericana.

González, H. (2003): "Los tres textos del Presidente: Kirchner, el Pingüino y Nestítor", en *Revista Debate*, 28, 20-23.

Greco, F. (2007): "Argumentación, retórica y política. La lucha armada como '…único camino hasta el poder obrero y el socialismo'", ponencia presentada en *IV Jornadas de Jóvenes Investigadores "Gino Germani"*, FSoc, Universidad de Buenos Aires

Guglielmucci, A. (2006): "Dar la vida y la muerte por la revolución. Moral y política en la praxis militante", en *Lucha Armada en Argentina* 5, 73-91.

Hilb, C. (2003): "La responsabilidad como legado", en Tcach, C. (comp.), *La política en consignas*, Rosario, Homo Sapiens.

Hilb, C. y D. Lutzky (1984): *La nueva izquierda argentina: 1960-1980 (política y violencia)*, Buenos Aires, CEAL.

Ivancich, N. y M. Wainfield (1983): "El gobierno peronista 1973-1976: los montoneros", en *Revista Unidos* 2.

James, D. [1990] (1999): *Resistencia e integración. El peronismo y la clase trabajadora argentina. 1946-1976*, Buenos Aires, Sudamericana.

Jelin, E. (1995): "La política de la memoria. El movimiento de derechos humanos y la construcción democrática en la Argentina", en AA.VV., *Juicios, castigos y memorias. Derechos humanos y justicia en la política argentina*, Buenos Aires, Nueva Visión.

Jelin, E. (2002): *Los trabajos de la memoria*, Madrid/ Buenos Aires, Siglo XXI.

Jelin, E. (2006): "La justicia después del juicio: legados y desafíos en la Argentina posdictatorial", en *Tribuna Americana* 6, 34–49.

Jelin, E. (2007): "La conflictiva y nunca acabada mirada sobre el pasado", en Franco, M. y F. Levin (comps.), *Historia reciente. Perspectivas y desafíos para un campo en construcción*, Buenos Aires, Paidós.

Lesgart, C. (2006): "Luchas por los sentidos del pasado y el presente. Notas sobre la reconsideración actual de los años '70 y '80", en Quiroga, H. y C. Tcach. (comps.), *Argentina 1976-2006. Entre la sombra de la dictadura y el futuro de la democracia*, Rosario, Homo Sapiens, 167-198.

Levin, F. (2008): "El pasado reciente: entre la historia y la memoria", curso virtual *La historia reciente como desafío a la investigación y el pensamiento en ciencias sociales*, CAICYT– CONICET.

Longoni, A. (2007): *Traiciones. La figura del traidor en los relatos acerca de los sobrevivientes de la represión*, Buenos Aires, Norma.

Mattini, L. (1995): *Hombres y mujeres del PRT–ERP*, La Plata, La Campana.

Novaro, M. (2008): "Derechos humanos y política democrática. Las tareas de la historia y de la Justicia entre populismo y liberalismo", en Eiroa, P. y J. Otero (comps.), *Memoria y derecho penal*, Buenos Aires, Fabián Di Plácido Editor .

Novaro, M. y V. Palermo (comps.) (2004): *La historia reciente. Argentina en democracia*, Buenos Aires, Edhasa.

Ollier, M.M. (1998): *La creencia y la pasión*, Buenos Aires, Ariel.

Ollier, M.M. (2009): *De la revolución a la democracia*, Buenos Aires, Siglo XXI.

Palermo, V. (2004): "Entre la memoria y el olvido: represión, guerra y democracia en la Argentina", en Novaro, M. y V. Palermo (comps.), *La historia reciente. Argentina en democracia*, Buenos Aires, Edhasa.

Pastoriza, L. (2006): "La 'traición' de Roberto Quieto. Treinta años de silencio", en *Lucha Armada en la Argentina 6*.

Peller, M. (2008): "Biografías y política. El uso de relatos de vida de guerrilleros como estrategia argumentativa", ponencia presentada en *IV Jornadas de Trabajo sobre Historia Reciente*, Facultad de Humanidades, Universidad Nacional de Rosario.

Pozzi, P. (2001): "Por las sendas argentinas...". En *El PRT-ERP. La guerrilla marxista*, Buenos Aires, Eudeba.

Pucciarelli, A. (ed.) (1999): *La primacía de la política. Lanusse, Perón y la Nueva Izquierda en tiempos del GAN*, Buenos Aires, Eudeba.

Quiroga, H. y C. Tcach (comps.) (2006): *Argentina 1976-2006. Entre la sombra de la dictadura y el futuro de la democracia*, Rosario, Homo Sapiens.

Ramonet, I. (1995): "La pensée unique", en *Le Monde Diplomatique*.

Romero, L.A. (2003): "La primavera de los setenta", en Tcach, C. (comp.), *La política en consignas. Memorias de los setenta*, Rosario, Homo Sapiens.

Romero, L.A. (2006): "La democracia y la sombra del Proceso", en Quiroga, H. y C. Tcach (comps.), *Argentina 1976– 2006. Entre la sombra de la dictadura y el futuro de la democracia*, Rosario, Homo Sapiens.

Sarlo, B. (2004): "Nunca más el discurso único", en *Página/12*, 28 de marzo de 2004.

Sarlo, B. (2005): *Tiempo pasado: cultura de la memoria y primera persona*, Buenos Aires, Siglo XXI.

Schorr, M. (2006): "La transición a la democracia en la Argentina. La responsabilidad social en la reconstrucción democrática", en Macón, C. (coord.), *Pensar la democracia, imaginar la transición*, Buenos Aires, Ladosur.

Slipak, D. (2010): *Más allá de las armas. Identidad, pasado y violencia en las publicaciones de la organización Montoneros (1973-1974)*, Tesis de Maestría, Universidad Nacional de San Martín.

Smulovitz, C. (2005): "Derechos humanos: ¿se puede resolver definitivamente la cuestión del pasado?, en CEDIT (comp.): *Argentina en perspectiva. Reflexiones sobre nuestro país en democracia*, Buenos Aires, Instituto Torcuato Di Tella-La Crujía.

Svampa, M. (2003): "El populismo imposible y sus actores", en James, D. (dir.), *Nueva Historia Argentina, 1955-1976*, Vol. IX, Buenos Aires, Sudamericana.

Tcach, C. (comp.) (2002): *La política en consignas. Memorias de los setenta*, Rosario, Homo Sapiens.

Tcach, C. (2006): "Entre la lógica del partisano y el imperio del Gólem: dictadores y guerrilleros en Argentina, Brasil, Chile y Uruguay", en Quiroga, H. y C. Tcach (comps.), *Argentina 1976–2006. Entre la sombra de la dictadura y el futuro de la democracia*, Rosario, Homo Sapiens.

Tortti, M.C. (1999): "Protesta social y 'Nueva Izquierda' en la Argentina del Gran Acuerdo Nacional", en Pucciarelli, A. (ed.), *La primacía de la política. Lanusse, Perón y la Nueva Izquierda en tiempos del GAN*, Buenos Aires, Eudeba.

Veiga, R. (1985): *Las organizaciones de derechos humanos*, Buenos Aires, CEAL.

Vezzetti, H. [2002] (2009): *Pasado y presente. Guerra, dictadura y sociedad en la Argentina*, Buenos Aires, Siglo XXI.

Sociología y teoría política

Aboy Carlés, G. (2001): *Las dos fronteras de la democracia argentina. La reformulación de las identidades políticas de Alfonsín a Menem*, Homo Sapiens, Rosario.

Aboy Carlés, G. (2003): "Repensando el populismo", en *Política y Gestión* 4, 9-35.

Aboy Carlés, G. (2004): "La doble ruptura alfonsinista", en Novaro, M. y V. Palermo (comps.), *La historia reciente*, Buenos Aires, Edhasa.

Aboy Carlés, G. (2005): "Populismo y democracia en la Argentina contemporánea. Entre el hegemonismo y la refundación", en *Estudios Sociales (Revista Universitaria Semestral)* 28, Universidad Nacional del Litoral, 125-149.

Aboy Carlés, G. (2007): "La democratización beligerante del populismo", en *Debate. Revista de la Asamblea Nacional de Panamá* 12, 46-58.

Aboy Carlés G. y P. Semán (2006): "Repositionnement et distance du populisme dans le discours de Néstor Kirchner", en Corten, A. (dir.), *La clôture du politique en Amérique Latine. Imaginaires et émancipation*, París, Karthala.

Arfuch, L. (1987): "Dos variantes en el juego de la política en el discurso electoral de 1983", en Verón, E. y otros, *El discurso político. Lenguajes y acontecimientos*, Buenos Aires, Hachette.

Armony, V. (1992): "Discours présidentiel et démocratie en Argentine: une étude préliminaire", en *Discours social/ Social Discourse* Vol. 3 y 4, 37-57.

Azpiazu, D. y M. Schorr (2010): *Hecho en Argentina. Industria y Economía, 1976-2007*, Buenos Aires, Siglo XXI.

Baczko, B. [1984] (2005): *Los imaginarios sociales. Memorias y esperanzas colectivas*, Buenos Aires, Nueva Visión.

Barros, S. (2002): *Orden, democracia y estabilidad. Discurso y política en la Argentina entre 1976 y 1991*, Córdoba, Alción.

Barros, S. (2006a): "Ruptures and continuities in Kirchner's Argentina", ponencia presentada en *LASA XXVI International Congress*, San Juan, Argentina.

Barros, S. (2006b): "Espectralidad e inestabilidad institucional. Acerca de la ruptura populista", en *Estudios Sociales* XVI, Universidad Nacional del Litoral, 145-162.

Barros, S. (2006c): "Inclusión radical y conflicto en la constitución del pueblo populista", en *Confines de relaciones internacionales y ciencia política* 1(3), Instituto Tecnológico y de Estudios Superiores de Monterrey, 65-73.

Barros, S. (2009): "Las continuidades discursivas de la ruptura menemista", en Panizza, F. (comp.), *El populismo como espejo de la democracia*, Buenos Aires, FCE, 351-381.

Basualdo, E. (2006): "La reestructuración de la economía argentina durante las últimas décadas: de la sustitución de importaciones a la valorización financiera", en Basualdo, E. y E. Arceo, *Neoliberalismo y sectores dominantes. Tendencias globales y experiencias nacionales*, Buenos Aires, CLACSO.

Bauzá, H. F. (2007): *El mito del héroe: Morfología y semántica de la figura heroica*, Buenos Aires, FCE.

Biglieri, P. y G. Perelló (eds.) (2007): *En el nombre del pueblo. La emergencia del populismo kirchnerista*, Buenos Aires, UNSAM Edita.

Bonvecchi, A. y A. Giraudi (2008): "Argentina: Victoria presidencial oficialista y tensiones en el esquema macroeconómico", en *Revista de Ciencia Política* 28(1), 35-59.

Bourdieu, P. (1979): *La distinction*, París, Minuit.

Bourdieu, P. (1995): *Respuestas. Por una antropología reflexiva*, México, Grijalbo.

Briones, C. (1994): "'Con la tradición de todas las generaciones pasadas gravitando sobre la mente de los vivos': usos del pasado e invención de la tradición", en *Runa* XXI, 99-129.

Canelo, P. (2002): "La construcción de lo posible: identidades y política durante el menemismo. Argentina, 1989-1995", en Serie Documentos e Informes de Investigación de FLACSO.

Canelo, P. (2003): "¿Dónde está el enemigo?: la rearticulación menemista de los clivajes políticos y la disolución del antagonismo social. Argentina, 1989–1995", en *Red de Bibliotecas Virtuales de Ciencias Sociales de América Latina y el Caribe*, FLACSO.

Canelo, P. (2010): "'Son palabras de Perón'. Continuidades y rupturas discursivas entre peronismo y menemismo", en Pucciarelli, A. (comp.), *Los años de Menem*, Buenos Aires, Siglo XXI.

Canoni, F. (2007): "El pueblo kirchnerista performado por la memoria", en Biglieri, P. y G. Perelló (eds.), *En el nombre del pueblo. La emergencia del populismo kirchnerista*, Buenos Aires, UNSAM Edita.

Cassin, B. (2008): *El efecto sofístico*, Buenos Aires, FCE.

Cheresky, I. (2003): "En nombre del pueblo y de las convicciones: posibilidades y límites del gobierno sustentado en la opinión pública", en *Revista PostData* 9, 83-124.

Cheresky, I. (2004a): "De la crisis de representación al liderazgo personalista. Alcances y límites de la salida electoral de 2003", en Cheresky, I. e I. Pousadela (eds.), *El voto liberado. Elecciones 2003: perspectiva histórica y estudio de casos*, Buenos Aires, Biblos.

Cheresky, I. (2004b): "Elecciones fuera de lo común. Las presidenciales y legislativas nacionales del año 2003", en Cheresky, I. y J.-M. Blanquer (comps.), *¿Qué cambió en la política argentina? Elecciones, instituciones y ciudadanía en perspectiva comparada*, Rosario, Homo Sapiens.

Cheresky, I. (2006): "Elecciones en América Latina: poder presidencial y liderazgo político bajo la presión de la movilización de la opinión pública y la ciudadanía", en *Nueva Sociedad* 206.

Cremonte, J.P. (2007): "El estilo de actuación pública de Néstor Kirchner", en Rinesi, E., G. Nardacchione y G. Vommaro, *Las lentes de Víctor Hugo. Transformaciones políticas y desafíos teóricos en la Argentina reciente*, Buenos Aires, Prometeo–UNGS.

de Ipola, E. (1982): *Ideología y discurso populista*, Buenos Aires, Folios.

de Ipola, E. (1987): "Crisis y discurso político en el peronismo actual: el pozo y el péndulo", en Verón, E. y otros, *El discurso político. Lenguajes y acontecimientos*, Buenos Aires, Hachette.

de Ipola, E. (1989): *Investigaciones políticas*, Buenos Aires, Nueva Visión.

de Ipola, E. (1997): *Las cosas del creer. Creencia, lazo social y comunidad política*, Buenos Aires, Ariel.

de Ipola, E. (2001): *Metáforas de la política*, Rosario, Homo Sapiens.

de Ipola, E. (2004a): "El peronismo en sus orígenes: buscando la palabra ausente", *Jornadas de Historia 'El primer peronismo'*, Buenos Aires, UTDT.

de Ipola, E. (2004b): "Veinte años después (Parque Norte: razones del fracaso de un intento inédito de enfrentar la crisis argentina)", en Novaro, M. y V. Palermo (comps.), *La historia reciente. Argentina en democracia*, Buenos Aires, Edhasa.

de Ipola, E. (2009): "La última utopía. Reflexiones sobre la teoría del populismo de Ernesto Laclau", en Hilb, C. (comp.), *El político y el científico. Ensayos en homenaje a Juan Carlos Portantiero*, Buenos Aires, Siglo XXI.

de Ipola, E. y J.C. Portantiero [1981] (1989): "Lo nacional-popular y los populismos realmente existentes", en de Ipola, E., *Investigaciones políticas*, Buenos Aires, Nueva Visión.

Elías, A. (comp.) (2006): *Los gobiernos progresistas en debate*, Buenos Aires, CLACSO.

Fair, H. (2009): "Los dispositivos de la enunciación menemista y la tradición peronista. Un análisis desde la dimensión ideológica", en *Signa. Revista de la Asociación Española de Semiótica* 18, 251-283.

Gerchunoff, P. y H. Aguirre (2004): "La política económica de Kirchner en la Argentina: varios estilos, una sola agenda", en *Documentos de Trabajo* 35, Real Instituto Elcano de Estudios Internacionales y Estratégicos, en www.realinstitutoelcano.org/documentos

Giménez, G. (1999): "La sociología de Pierre Bourdieu", en *Perspectivas teóricas contemporáneas de las ciencias sociales*, UNAM / FCPyS

Godio, J. (2006): *El tiempo de Kirchner. El devenir de una "revolución desde arriba"*, Buenos Aires, Letra Grifa.

Groppo, A. (2009): *Los dos príncipes: Juan D. Perón y Getulio Vargas. Un estudio comparado del populismo latinoamericano*, Villa María, Eduvim.

Grüner, E. (1995): "Foucault: una política de la interpretación", en *Foucault, M., Nietzsche, Freud, Marx*, Buenos Aires, El Cielo por Asalto.

Halbawchs, M. (1950): *La Mémoire collective*, París, PUF.

Hobsbawm, E. (1983): *La invención de la tradición*, Barcelona, Crítica.

Laclau, E. (1978): "Hacia una teoría del populismo", en *Política e ideología en la teoría marxista. Capitalismo, fascismo, populismo*, Madrid, Siglo XXI.

Laclau, E. (1996): *Emancipación y diferencia*, Buenos Aires, Ariel.

Laclau, E. (1998): "Deconstrucción, pragmatismo, hegemonía", en Mouffe, C. (comp.), *Deconstrucción y pragmatismo*, Buenos Aires, Paidós.

Laclau, E. (2000): *Misticismo, retórica y política*, Buenos Aires, FCE.

Laclau, E. (2005): *La razón populista*, Buenos Aires, FCE.

Laclau, E. (2006): "La deriva populista y la centroizquierda latinoamericana", en *Revista Nueva Sociedad* 206, 57-61.

Laclau, E. (2009): "Populismo: qué nos dice el nombre", en Panizza, F. (comp.), *El populismo como espejo de la democracia*, Buenos Aires, FCE.

Laclau, E. y C. Mouffe [1985] (2004): *Hegemonía y estrategia socialista*, Buenos Aires, FCE.

Landi, O. (1985): *El discurso sobre lo posible (la democracia y el realismo político)*, Buenos Aires, Estudios CEDES.

Landi, O. (1988): *Reconstrucciones. Las nuevas formas de la cultura política*, Buenos Aires, Puntosur.

Lefort, C. (1985): "La cuestión de la democracia", en *Revista Opciones* 6, 73-86.

Lozano, W. (2005): "La izquierda latinoamericana en el poder", en *Nueva Sociedad* 197.

Marchart, O. (2009): *El pensamiento político posfundacional. La diferencia política en Nancy, Lefort, Badiou y Laclau*, Buenos Aires, FCE.

Martínez, M. (2007): *Pierre Bourdieu. Razones y lecciones de una práctica sociológica*, Buenos Aires, Manantial.

Morresi, S. (2008): "Otra 'separación de poderes'. Soluciones democráticas a problemas republicanos", en Rinesi, E., G. Vommaro y M. Muraca (comps.), *Si éste no es el pueblo. Hegemonía, populismo y democracia en Argentina*, Buenos Aires, IEC-UNGS.

Mouffe, C. (2005): *En torno de lo político*, Buenos Aires, FCE.

Muñoz, M.A. y M. Retamozo (2008): "Hegemonía y discurso en la Argentina contemporánea. Efectos políticos de los usos de 'pueblo' en la retórica de Néstor Kirchner", en *Perfiles Latinoamericanos* 31, 121-149.

Mustapic, A.M. (2005): "El decisionismo de Kirchner", en CEDIT (comp.), *Argentina en perspectiva. Reflexiones sobre nuestro país en democracia*, Buenos Aires, La Crujía–UTDT.

Natanson, J. (2004): *El presidente inesperado*, Rosario, Homo Sapiens.

Novaro, M. (1994): *Pilotos de tormentas*, Buenos Aires, Letra Buena.

Novaro, M. (2000): *Representación y liderazgo en las democracias contemporáneas*, Rosario, Homo Sapiens.

Novaro, M. (2006a): *Historia de la Argentina contemporánea. De Perón a Kirchner*, Buenos Aires, Edhasa.

Novaro, M. (2006b): "Izquierda y populismo en la política argentina", en Pérez Herrero, P. (comp.), *La izquierda en América Latina*, Madrid, Instituto Ortega y Gasset-Fundación Pablo Iglesias

Novaro, M. y V. Palermo (1996): *Política y poder en el gobierno de Menem*, Buenos Aires, Norma.

Novaro, M. y V. Palermo (comps.) (2004): *La historia reciente. Argentina en democracia*, Buenos Aires, Edhasa.

Ollier, M.M. (2005): "Liderazgo presidencial y jefatura partidaria: entre la confrontación y el pacto (2003-2005)", en *Revista Temas & Debates* 10, 7-33.

Ollier, M.M. (2009b): "El liderazgo político en democracias de baja institucionalización (el caso del peronismo en Argentina)", Ponencia presentada en el *XXI World Congress of Political Science,* Internacional Political Science Association (IPSA).

Paramio, L. (2006): "Giro a la izquierda y retorno del populismo", en *Nueva Sociedad* 205, 62-75.

Podetti, M., M.E. Qués y C. Sagol (1988): *La palabra acorralada. La constitución discursiva del peronismo renovador,* Buenos Aires, FUCA-DE.

Rancière, J. (1996): *El desacuerdo. Política y filosofía,* Buenos Aires, Nueva Visión.

Rinesi, E. y G. Vommaro (2007): "Notas sobre la democracia, la representación y algunos problemas conexos", en Rinesi, E., G.Nardacchione, y G.Vommaro (eds.), *Las lentes de Víctor Hugo. Transformaciones políticas y desafíos teóricos en la Argentina reciente,* Buenos Aires, Prometeo-UNGS.

Rinesi, E. y M. Muraca (2008): "Populismo y república. Algunos apuntes para un debate actual", en Rinesi, E., G. Vommaro y M. Muraca (comps.), *Si éste no es el pueblo. Hegemonía, populismo y democracia en Argentina,* Buenos Aires, IEC-UNGS.

Sidicaro, R. (1990): "Identidades políticas y adversarios sociales", en *Relato de Hechos e Ideas 1,* Buenos Aires.

Slipak, D. (2005): "Más allá y más acá de las fronteras políticas: apuestas de reconstrucción del vínculo representativo en el discurso kirchnerista", ponencia presentada en las *III Jornadas de Jóvenes Investigadores "Instituto Gino Germani",* FSoc, Universidad de Buenos Aires.

Smulovitz, C. (2005): "Derechos humanos: ¿se puede resolver definitivamente la cuestión del pasado?", en CEDIT (comp.), *Argentina en perspectiva. Reflexiones sobre nuestro país en democracia,* La Crujía-UTDT.

Svampa, M. (2007): "Las fronteras del Gobierno de Kirchner: entre la consolidación de lo viejo y las aspiraciones de lo nuevo", *Cuadernos del CENDES* 24(65), 39-61.

Torre, J.C. (2005): "La operación política de la transversalidad. El presidente Kirchner y el Partido Justicialista", en CEDIT (comp.), *Argentina en perspectiva. Reflexiones sobre nuestro país en democracia,* Buenos Aires, La Crujía-UTDT.

Vilas, C. (2005): "La izquierda latinoamericana y el surgimiento de regímenes nacional-populares", en *Nueva Sociedad* 197.

Vincent, L. (2009): "Política y medios de comunicación en Argentina durante la gestión Kirchner", ponencia presentada en el *II Congreso Uruguayo de Ciencia Política*.

Weber, M. [1903] (1995): *La ética protestante y el espíritu del capitalismo*, Barcelona, Península.

Weber, M. [1919] (1998): *El político y el científico*, Madrid, Alianza.

Weber, M. [1921] (1964): *Economía y sociedad*, México, FCE.

White, H. (1992): *El contenido de la forma. Narrativa, discurso y representación histórica*, Barcelona, Paidós.

Žižek, S. (2003): "El espectro de la ideología", en *Ideología, un mapa de la cuestión*, Buenos Aires, FCE.

Colofón